总顾问　徐显明
总主编　张　伟

中国与联合国人权机制

影响与变革

孙

萌

著

 中国政法大学出版社

2020 · 北京

文库编委会

总顾问
徐显明

总主编
张 伟

学术顾问 (以姓氏拼音为序)

班文战　常 健　陈佑武　陈振功　樊崇义　龚刃韧　韩大元

李步云　李君如　刘海年　刘小楠　柳华文　陆志安　齐延平

曲相霏　单 纯　舒国滢　宋英辉　孙世彦　汪习根　王灿发

夏吟兰　杨宇冠　张爱宁　张晓玲　张永和

国际特邀顾问

Bård A. Andreassen (挪威奥斯陆大学挪威人权中心教授)

Barry Craig (加拿大休伦大学学院校长)

Bert Berkley Lockwood (美国辛辛那提大学教授)

Brian Edwin Burdekin AO (瑞典罗尔·瓦伦堡人权与人道法
研究所客座教授)

Florence Benoît-Rohmer (法国斯特拉斯堡大学教授)

Gudmundur Alfredsson (中国政法大学人权研究院特聘教授)

执行编委
张 翀

"人权文库" 总序

"人权"概念充满理想主义而又争议不断,"人权"实践的历史堪称跌宕起伏、波澜壮阔。但不可否认的是,当今世界,无论是欧美发达国家,还是发展中国家,人权已经成为最为重要的公共话语之一,对人权各个维度的研究成果也蔚为大观,认真对待人权成为了现代社会的普遍共识,尊重和保障人权成为了治国理政的重要原则。正如习近平总书记所强调的:"中国人民实现中华民族伟大复兴中国梦的过程,本质上就是实现社会公平正义和不断推动人权事业发展的进程。"

——人权之梦,是实现民族伟大复兴中国梦的应有之义。改革开放四十年以来,中国政府采取了一系列切实有效的措施,促进人权事业的进步,走出了一条具有中国特色的人权发展道路。在沿着这条道路砥砺前进的过程中,中国人权实践取得了举世瞩目的成就,既让广大人民群众体会到了实实在在的获得感,也向国际社会奉献了天下大同人权发展的"中国方案"。

——人权之梦,是我们对人之为人的尊严和价值的觉悟和追求。过去几年来,中国政府加快推进依法治国的重大战略部署,将"人权得到切实尊重和保障"确立为全面建成小康社会的重要目标,建立和完善保障人权的社会主义法律体系。《民法总则》《慈善法》《反家庭暴力法》《刑事诉讼法》《民事诉讼法》等一系列法律陆续出台或得到修订,中国特色人权发展道路的顶层设计被不断丰富和完善。

——人权之梦,是人类历史发展的必然趋势和时代精神的集中体现。1948年《世界人权宣言》颁布以后,人权事业的普及、发展进入了新的历史阶段。1993年第二次世界人权大会通过的《维也纳宣言和行动纲领》，更是庄严宣称："所有人的一切人权和基本自由……的普遍性不容置疑。"我国于 1991 年发表了第一份人权白皮书《中国的人权状况》，其序言里指出："享有充分的人权，是长期以来人类追求的理想。"2004 年"国家尊重和保障人权"被写入《宪法》，2007 年，人权又被写入《中国共产党章程》。自 2009 年以来，中国先后制定并实施了三期国家人权行动计划，持续加大人权保障力度。

今年适逢我国改革开放四十周年和《世界人权宣言》颁布七十周年，中国政法大学人权研究院决定着手策划出版"人权文库"丛书。文库着眼国内外人权领域，全面汇集新近涌现的优秀著作，囊括专著、译著、文集、案例集等多个系列，力求凝聚东西方智慧，打造成为既具有时代特色，又具备国际视野的大型人权丛书，为构建我国人权话语体系提供高品质的理论资源。这套丛书的筹备和出版得到了中宣部的大力支持，并有赖其他七家国家人权教育基地和国内学界多位专家学者的积极参与，同时还要感谢中国政法大学出版社的倾力相助。

此刻正值一年中收获的季节，文库的第一本著作即将面世，"九万里风鹏正举"，我们期待并且相信"人权文库"将会硕果累累，"人权之梦"终将照入现实。

是为序。

文库编委会　谨识
2018 年 9 月

主要内容

　　联合国人权机制是依据《联合国宪章》《世界人权宣言》和国际人权公约建立的，实施国际人权法和推进世界人权发展的制度框架。该机制以联合国组织为依托，通过多边合作的方法，来督促国家履行国际人权义务和开展国际合作，与国家的主体作用一起构成国际法实施的现代机制以及促进人权发展的平台。受人权主流化以及全球化的影响，联合国人权机制近年来逐渐向安全和发展领域拓展，并成为推动全球人权治理的规则框架体系。联合国人权机制的运行离不开国际政治、经济环境，更受到国际关系的深刻影响。联合国人权机制对于国际人权秩序的构建和实现等问题，既关涉到国际人权法的实施问题，又关涉到国际组织作为多边机制维护国际人权秩序的有效性问题，对于推动全球人权治理以及国际和国内人权的保障亦具有重要意义，因此，该机制的发展与变革是国际法、国际政治、国际关系等学科的重要理论和实践问题。

　　联合国人权机制在推动世界人权发展方面做出了重要的历史贡献，但是由于该机制存在政治化弊病以及制度性缺陷，不断的革新才能强化其自身的人权职能和在全球治理中的核心地位。作为多边机制的重要支柱，同时也是新兴的发展中国家的代表，中国在认真履行国际人权义务，充分与联合国人权机制合作的基础上，既需要突破和变革现有框架的政治化和实施效率的问题，通过机制规则实现中国的人权主张，促进联合国人权机制的包容性和文化多样性发展，同时又要巩固联合国在人权事务中的规范和组织框架作用，促进联合国人权机制的进一步发展，推进世界人权不断进步。鉴于目前国内对于联合国人权机制的系统性研究相对薄弱，从机制规则和实践来探讨国际人权法的构建和实现以及国际关系的研究十分匮乏，而对于中国与联合国人权机制合作实践的梳理以及中国通过联合国人权机制来变革和影响国际人权秩序的研究更是寥若晨星，本书对于这一问题的探讨或可填补这一研究空白，以期充实和丰富相关国际人权法及国际组织法理论，并为中国提升在国际人权事务中的影响力提供智力支持。

本书从联合国人权机制的运行规则、特点和发展历史出发，细致分析了中国在与每一个机制合作中的实践，揭示了联合国人权机制的问题及其规则性价值，以及中国通过与机制的互动，在不断推进国内人权保障和国际合作的同时，对联合国人权事务产生的影响与变革，并在此基础上，对于中国应对联合国人权机制改革，实现国际人权话语权，以及为联合国应对全球治理的挑战助力等问题进行了探讨，从而阐明了中国与联合国人权机制合作的问题、联合国人权机制在重塑和实现国际人权秩序中的价值以及中国提升人权影响力的路径。

通过研究，本书论证了如下的观点：对于联合国人权机制与中国互动实践的研究，展示了联合国人权机制对于国际人权法的实施是对传统的实施国际法实践的突破，同时也受到了国际关系的强烈影响和面临全球化所带来的挑战。中国在联合国人权机制中的实践一方面是履行国际人权义务，另一方面对于变革联合国人权机制的政治化等问题具有重要的意义，同时对于强化这一多边机制发挥着支柱性作用。随着中国综合实力的提高，中国需要充分利用并助力联合国人权机制发挥在人权事务中的作用，对此，中国不仅需要着眼于中国和世界人权发展的共同需要，还要结合中国的人权责任，进一步加强与联合国人权机制的合作，从联合国人权机制的特点和发展趋势，反思以往的经验，不断完善中国的国际人权话语权，在重构国际人权秩序的同时，积极参与全球人权问题的解决和治理，提升中国在人权事务上的影响力。

本书的创新点主要包括如下几个方面：其一，以联合国人权机制的组织规则为基础，从国际政治和国际关系的角度出发，结合中国的实践经验，研究机制的话语平台作用，从而为中国实现新时代的国际人权话语权提供路径。其二，从联合国人权机制的机制运行规则和实践出发，发现机制所存在的制度性漏洞、不公正性以及发展趋势，为联合国人权机制应对全球化冲击应做出的价值取向、工作方法等方面的改革，提出了有助于巩固其核心地位的建议。其三，分析全球治理对于联合国人权机制以及中国实践的挑战和机遇，确定联合国作为多边机制在全球治理中的价值和枢纽地位，并阐释了中国在全球治理和联合国人权机制发展中的贡献。其四，揭示了基于国际地位的提升，中国应该着眼于"构建人类命运共同体"思想及其"发展促人权"等新时代的人权主张以及世界人权发展的需求，探讨中国完善国际人权话语权以及变革与联合国人权机制合作模式的必要性及发展方向，从而强化中国在联合国组织的影响力，并在国际事务中发挥更大的作用。

目　录

导　言

联合国人权机制是监督国际人权法在国内和国际层面实施的重要机制。它的建立和发展表明了联合国保障和促进人权发展的决心和各成员国的政治意愿，也彰显了人权问题在国际层面的重要性及成果。在过去 60 多年的实践中，联合国人权机制经历了一系列的改革和发展，为推动世界各国人权状况的进步做出了卓越的贡献。人权作为与安全、发展并重的三大支柱之一，已经成为联合国在各项国际事务中所要考虑和遵循的重要原则。联合国人权机制发展到今天已经成为覆盖所有国家、地区以及大多数人权问题的较为完备的监督体系，但是在日趋完善的同时，该机制在设计和运行中的缺陷和问题也逐渐显现出来，亟待改革和提升，从而在全球治理中巩固其核心地位。

中国对于联合国人权机制的参与及合作，是中国履行国际人权义务的重要方式，中国的相关实践对于该机制的建立和运行做出了独一无二的贡献。对于联合国人权机制与中国实践的研究，一方面能够深化对联合国人权机制的认识和分析，为探讨联合国人权机制在实施国际人权法的过程中，如何改变和影响国家的人权制度、人权文化和观念，推动人权的保障与发展提供了具体的国家实践和翔实的资料及数据。另一方面，有助于反思和总结中国在联合国人权机制中的实践和经验，针对中国发展的需求，进一步提高中国的国际人权话语权和国际人权形象，助力世界人权事业的发展。

中国在联合国人权机制的实践不仅对于中国塑造大国形象具有重要意义，同时也关系着中国在国际政治、经济关系中的地位和影响。在全球化和世界整体碎片化的今天，随着中国国际地位的日益提升，中国与联合国人权机制的关系需要重新审视和塑造。一方面，中国需要凭借联合国人权机制对于国际人权秩序的构建和实施发挥更大的领导力和影响力；另一方面，受到单边主义冲击的联合国人权机制也需要中国的支持与合作，才能在未来全球治理中继续发挥核心的组织和平台作用。中国与联合国人权机制的合作，既是在国际层面接受人权监督的义务，不断提升国内人权保障的过程，也是在通过这一平台提升国际人权话语，改变国际秩序，实现全球人权治理的实践。中国与联合国人权机制的合作，曾经因为该机制的政治化的影响，经历过一段被动的时期。但是，随着中国经济的发展和综合实力的提高，以及近年来取得的一系列人权成就，中国在联合国人权事务中的作用得到巨大提升。面对西方人权观为主导的联合国人权机制，中国一直致力于改变已有的国际人权秩序的格局，积极参与各项人权机制的合作，充分展现中国人权立场，努力使联合国人权框架下的人权文化更具多样性和代表性，从而提升中国的国际人权话语权，完成中国从国际人权法律秩序的适应者和合作者到引领者的角色转变。在实现这一战略性目标的过程中，中国不但要积极参与和应对联合国人权机制的改革，抓住机遇和挑战来实现中国人权理念和主张，还应着力塑造和完善中国的国际人权话语，并通过改变和强化与联合国合作的立场和实践，以提升人权保障为基础，从而树立良好的人权形象和大国形象。与此同时，作为多边主义的重要支柱，中国还要维护联合国在全球人权治理中的核心地位，积极参加国际人权秩序的构建与实施，强化联合国的人权职能和作用。面对全球化所带来的人权问题，中国提出的"构建人类命运共同体"的思想，不仅是解决国家发展与全球化之间的矛盾和促进全球人权共同进步的"良方"，而且还为联合国在人权领域的发展提供了新的凝聚力，从而需要在联合国人权机制中进一步落实。因此，如何更好地利用联合国所提供的多边机制，加强与世界各国的人权对话与交流，在展示人权成就的同时，推进中国人权的发展和对国际人权事务的影响力，是一个重要的战略发展方向。对此，本书旨在深入探索和跟进联合国人权机制的运行实践及其发展，结合中国的经验进行思考与研究，着眼于世界人权和联合国人权机制发展的需要，从而为中国在国际人权领域制定前瞻性的战略及对策提供支持研究。

一、研究现状、理论价值和现实意义

（一）研究现状

自 20 世纪 90 年代，中国学术界便迎来了人权研究的兴盛时期。尽管学者们对于人权理论和国内人权问题的研究形成了一系列丰硕的学术成果，并推动了以宪法为代表的法律制度对于人权的保障，但是有关国际层面的人权研究却始终异常匮乏。一直以来，由于对国际人权问题政治化认识的偏见、对学科建设的忽视而造成的人才资源和学术资源储备的不足，以及对于相关国际实践缺乏足够的认识和反思，国内对于国际人权法的研讨始终发展缓慢，对于新问题、新变化的跟踪、梳理严重滞后，而对于联合国人权机制的探索更是屈指可数。联合国保障人权的核心机构——人权理事会建立已经有 10 多年的时间，但是国内对于这个相对新兴的机构及其监督机制的系统性探究却付之阙如。这不仅表现在缺乏对于人权理事会框架下的人权机制的重新认识，还表现在对于该机制缺乏全面的考察和评估，更毋庸提及从中国的视角，对于相关互动实践的反思和研究。这一领域系统性研究成果的缺失已经逐步影响到了中国在国际层面履行相关国际义务以及在联合国人权机制中的实践定位和战略部署。一方面，联合国人权机制的发展在全面拓展其人权职能的同时也在面临着全球化的挑战；另一方面，中国的国际地位的提升正在促动着中国在联合国人权事务中的作用和合作立场的战略性转变。面对这些变化，国内学者不仅需要从国际法的框架下对于联合国人权机制与中国实践进行研究，对于联合国人权机制的发展状况和改革趋势进行深究，对于其人权保障中的职能变化和突破有所把握，从而为中国实践提供对策研究；而且还要从国际政治、国际关系的角度来对中国在联合国人权机制中的实践进行全方位的深入分析和反思，以进一步提升中国影响世界人权发展战略和规则构建的能力，从而为中国在联合国人权事务中发挥更重要的作用，推动世界人权的发展提供理论支持。

（二）理论价值

本书在理论上的贡献包括如下几个方面：一是论证了联合国人权机制作为一个多边机制实施国际人权法的价值、特点、局限性及发展趋势。①联合国人权机制的多边作用及突破。不同于传统上主要依靠国家的自我遵守和自助行为的实施模式，联合国人权机制对于国际人权法的实施是联合国依据国际组织法和国际人权法，运用组织内部的整体力量，通过多边合作的制度性安排来敦促国家履行国际人权义务。联合国人权机制对于国际人权法的实施，不仅增加了新的实施主体，而且还丰富了软法治理等实施方式，从而提高了人权监督职能的效力和效率。②联合国人权机制的核心在于国家合作。尽管联合国人权机制的宪章机制和条约机制分别使用政治和法律方法来监督国际人权法的实施，但是联合国人权机制的运行深受成员国政治偏好的影响，并高度依赖于国家的合作，因此为了提升联合国人权机制的人权职能和工作实效性，对于该机制应该扩大人权文化的多样性和代表性，减少对抗，加强合作，并积极采取减轻缔约国报告负担等改革措施，从而强化各国的合作意愿。③联合国人权机制的发展存在独立性。本书的研究揭示了联合国人权机制在制度设计和运行中的局限性等问题，立足联合国人权机制的宏观实践，指明了该机制在人权主流化及国家推动下形成的整合趋势，及其对于各国的机遇及挑战。二是探讨了联合国人权机制作为国际人权话语路径的价值和意义。从联合国人权机制的运行规则和环节出发，探讨了国际人权话语在组织中的形成和传播，以及依靠制度确立，并产生规范影响的过程和价值。三是探讨了联合国人权机制在全球治理中的核心作用。论证了全球化过程中，作为最重要的国际合作平台，联合国仍然发挥着规范和监督以及协调利益的重要作用。与此同时，本书将"构建人类命运共同体"思想与全球人权治理的理论进行对接，论证了该思想对于已有人权价值和观念的超越，以及与联合国宗旨和全球治理发展目标的高度契合性，从而为中国借力和助力联合国人权机制实现全球人权治理提供理论支持。

（三）现实意义

本书研究的现实意义在于，有助于完善中国与联合国人权机制的合作，在推进国内人权进步、树立良好人权形象的基础上，强化中国对于该机制的影响和利用，以及推进联合国人权职能的发展。具体而言，包括如下几个方面：其一，在强化中国与联合国人权机制的合作方面：①对于联合国人权机制职能和效能的评估，有助于对该机制的实际影响力、在世界范围内的接受程度和运行规模进行分析和研究，为联合国人权机制今后的发展趋势研究提供参考数据。②详细分析了联合国人权机制对于中国的人权建议，为中国进一步履行国际人权法提供了详实的资料。③根据中国现有的国际地位和联合国人权机制的发展趋势，为促进中国调整和完善在该机制中的合作立场、人权话语内容和工作方法提供必要性分析。其二，在增强中国对于联合国人权机制的影响力方面：①探索了中国实现国际人权话语权的实践及其路径，为今后中国在联合国实践中逐步掌握主导地位提供经验和分析。②通过对联合国人权机制存在的问题以及发展趋势的分析，为中国立足国内和世界人权的切实需要制定在联合国的人权战略、聚焦生存与发展的核心人权问题，为维护和拓展联合国人权机制的职能提供对策。其三，强化联合国人权机制的职能方面：①从机制运行规则和实践出发，发现机制所存在的制度性漏洞、不公正性以及发展趋势，为机制的改革提供建议。②为联合国人权机制应对全球化的冲击所应该做出的价值取向、工作方法等方面的改革，提出巩固其核心地位的客观分析和建设性对策。

二、主要内容、基本观点及创新之处

（一）主要内容

本书从联合国人权机制的运行规则、特点，及其发展历史出发，细致分析了中国在与每一个机制合作中的实践、立场以及中国的贡献与挑战问题，并在此基础上，对于中国应对联合国人权机制改革，实现国际人权话语权，以及助力并借力联合国实施全球人权治理等问题进行了探讨，从而揭示了中国与联合国人权机制合作的问题和贡献，并论证了中国在全球人权治理中提升影响力的路径。

第一章，联合国人权机制概述。本章从历史的维度，考察了联合国人权机制的建立和中国参与联合国人权机制的实践，并对联合国人权机制的基本框架及其监督作用，以及中国的有关贡献进行了研究，从而为深入分析联合国人权机制中存在的问题和中国目前的实践及有关立场奠定基础。

第二章，联合国宪章机制与中国实践。本章从宪章机制中的人权机构及其职能入手，对宪章机制以及中国的相关实践进行了分析和研究。这一部分首先从普遍定期审议机制、特别程序和申诉机制的职能、运行机制的研究出发，对各项机制的特点和局限性进行了分析，并以此为基础，全面考察了中国在各项人权机制中的实践，分析了中国在机制运行、改革中的作用以及目前存在的优势和挑战。

第三章，联合国条约机制与中国实践。本章对于条约机构体系及其职能进行了考察，分析了条约机制的规模和监督范围等问题，并对条约机制与中国的相关实践进行了研究。这一部分重点对国家报告机制与中国的相关实践进行了研究，通过分析中国在撰写国家报告、接受审议及采取后续行动等各个环节的实践，以及条约机构的国别结论性意见及对中国的挑战，对中国与国家报告机制的合作进行了反思和总结。

第四章，联合国人权机制的改革：整合进程及作用。本章对于联合国人权机制的运行现状及其整合资源的改革进行了分析，并对整合进程对于中国的国际人权实践所产生的冲击以及机遇进行了探讨。这一部分从联合国人权机制整合的必要性出发，分析人权机制整合的方式及其动力，并就这一趋势对于中国实践带来的挑战进行了深入的思考及对策性研究。

第五章，中国通过联合国人权机制实现的国际人权话语权。本章对于联合国人权机制在构建和实现国际人权话语权方面的职能、路径进行了探讨，对于中国在实现国际人权话语权的成就进行了梳理，并对于如何进一步强化与联合国人权机制的合作，提升影响力，引领国际人权发展战略的方向等问题进行了展望。

第六章，中国借力并助力联合国人权机制实现全球人权治理。本章对于联合国人权机制在全球人权治理中的地位和作用进行了分析和探讨，并对联合国人权机制在应对全球治理挑战中的问题进行了分析，继而分析了中国所提出的"构建人类命运共同体"思想以及治理模式对于联合国人权机制应对全球化冲击的意义，并在此基础上探讨了中国将"构建人类命运共同体"思想纳入联合国决议进行传播的实践，以及中国在未来全球人权治理中的积极作用等问题。

（二）主要观点及创新之处

本书对于联合国人权机制与中国互动实践的研究，展示了联合国人权机制对于国际人权法的实施是对传统的实施国际法实践的突破，同时也受到了国际关系的强烈影响和全球化所带来的挑战。中国在联合国人权机制中的实践一方面是履行国际人权义务，另一方面对于变革联合国人权机制的政治化等问题具有重要的意义，同时对于强化这一多边机制发挥着支柱性作用。随着中国综合实力的提高，中国需要最大化地利用并助力联合国人权机制发挥在人权事务中的作用，对此，中国不仅需要着眼于中国和世界人权发展的共同需要，还要结合中国的人权责任，进一步加强与联合国人权机制的合作，从联合国人权机制的特点和发展趋势出发，反思以往的经验，不断完善中国的国际人权话语权，在重构国际人权秩序的同时，积极参与全球人权问题的解决和治理，提升中国在人权事务上的影响力。

本书在理论与实践中的创新主要表现在如下方面：其一，以联合国人权机制的组织规则为基础，从国际关系的角度出发，结合中国的实践经验，研究机制的话语平台作用，从而为中国实现新时代的国际人权话语权提供路径。其二，从联合国人权机制的机制运行规则和实践出发，发现机制所存在的制度性漏洞、不公正性以及发展趋势，为联合国人权机制应对全球化的冲击所应该做出的价值取向、工作方法等方面的改革，提出了巩固其核心地位的建议。其三，分析了全球治理对于联合国人权机制以及中国实践的挑战和机遇，明确联合国作为多边机制在全球治理中的规则价值及核心地位，并阐释了中国在全球治理和联合国人权机制发展中的贡献。其四，揭示了基于国际地位的提升，中国应该着眼于"构建人类命运共同体"思想及其"发展促人权"等新时代的人权主张以及世界人权发展的需求，探讨了中国完善国际人权话语权以及变革与联合国人权机制合作模式的必要性及发展方向，从而强化中国在联合国组织的影响力，并在国际事务中发挥更大的作用。

三、参考文献

目前，国际和国内层面在学术领域的研究大致包括如下成果：在联合国人权机制问题上，虽然国内也有部分研究，但是国际政治和国际关系视角的研究居多，例如，罗艳华教授的《中国参与国际人权合作的历程与展望》等文章，刘波教授的《中国参与国际人权规范的连续性和变动性问题研究》，陈拯教授的《内发的变革：中国与国际人权规范互动的自主性问题》等。在国际法方面则没有体系化的跟进研究，主要是针对性的具体人权机制的研究，虽具创新性，但是缺乏与中国实践互动的思考。其中包括江国青教授的《国际法实施机制与程序法律制度的发展》；王秀梅教授的《国际法体系化机制及其进路》；邱桂荣教授的《联合国人权领域改革及其影响》，曾令良教授的《联合国人权条约实施机制：现状、问题和加强》，张爱宁教授的《联合国人权保护实施监督机制的新动向》，孙世彦教授的《〈经济、社会、文化权利国际公约任择议定书〉生效五年之观察》，黎尔平教授的《国际人权保护机制的构成及发展趋势》，柳华文教授的《联合国与人权的国际人权保护》，朱利江教授的《试论各国议会参与联合国人权普遍定期审议》以及何志鹏教授的《人权全球化与联合国的进程》等。

在国际层面的研究相对丰富，除了部分专家编著的《国际人权法》教程中对于联合国人权机制的研究外，国外关于宪章机制、条约机制的成果比较丰富，但是有的偏重于一般性和介绍性，内容相对陈旧，缺乏新的整体性、系统性的专著，对于联合国人权机制改革的论述比较分散，对于整合的趋势没有洞见。这些著作主要包括：舒特（Olivier De Schutter）教授、巴耶夫斯基（Anne F. Bayefsky）教授分别撰写的《国际人权法》，唐纳利（Donnelly）教授等撰写的《国际人权》，以及奥尔斯顿（Philip Alston）教授与克劳福德（James Crawford）教授编纂的《联合国条约机制的未来》，诺瓦克（Manfred Nowak）教授撰写的《国际人权机制概况》，巴耶夫斯基教授撰写的《联合国条约机制：普适性的挑战》，拉姆查兰（Bertrand G. Ramcharan）撰写的《关于联合国特别程序的作用》，沙巴斯（William A. Schabas）教授等编著的《联合国人权机制的新挑战》。聚焦中国的论文包括：波特（Pitman B. Potter）关于《中国与国际法律体系：参与的挑战》，郭三转关于《中国法院对于国际公约的实施》，比约恩赫（Bjorn Ahl）关于《崛起的中国与国际人权法》，等等。

在国际人权话语方面，国外学者或者英文文献相对丰富，但是部分观点需要重新思考，具有代表性的包括：科特（Ann Kant）教授撰写的《中国、联合国和人权》、郑永年教授的《确立中国外交政策的国际话语权》等著作。中国学者的成果则包括：曾令良教授的《中国国际法学话语体系的当代构建》，韦宗友教授的《国际议程设置：一种初步分析框架》，阎学通等教授的《国际规则设定权与中国位置》，等等。但是国内的研究对于中国的国际人权话语梳理还相对缺乏，对于话语实现的路径没有深入研究。

在全球治理方面，国外的研究相对领先，先后提出了宪政主义、公权力学说以及全球行政法的理论，著作包括：舍默斯（Henry G. Schermers）等教授撰写的《国际组织法》等。相对而言，国内的著述则主要集中于政治领域，法学领域的研究非常匮乏，对于国际法特别是联合国组织在全球治理中的作用缺乏探索和论证。其中具有代表性的包括：俞可平教授的《全球治理引论》，蔡拓教授的《人类命运共同体视角下的全球治理和国家治理》，薛澜教授的《迈向公共管理的范式全球治理》，饶戈平教授的《论全球化进程与国际组织的互动关系》，等等。

第一章　联合国人权机制与中国：
历史维度的考察

第一节　联合国人权机制的框架及作用

　　参与联合国人权机制是中国作为联合国成员国履行《联合国宪章》及有关国际人权法的义务，对于联合国人权机制的建立以及中国与联合国人权机制合作历史的考察，可以为研究中国在该机制中的实践及其立场的演变提供一个认识基础和分析线索。

　　联合国人权机制，从狭义上是指国际人权法的实施机制。广义上是指在联合国框架下保障、实施和推动人权发展的一系列机构、运行机制和制度。它是联合国在人权领域经过多年的实践和发展建立起来的，能够满足不同国家、地区以及不同人权状况需求的完整体系。目前，联合国人权机制既能够通过国家报告的方法，对一国人权状况进行定期审议，也可以通过准司法的方法对具体的人权案件进行审查；既可以对大规模侵犯人权的事件进行调查，也可以给予个人以国际性准司法救济。目前联合国人权机制已经涵盖了世界上所有的国家和地区的绝大多数的人权事项，并发展成为较为完备的人权保障和实施体系。

　　总览联合国人权机制，可以分为两大类：一类是以《联合国宪章》为基础，以联合国负有人权职责的机构为依托建立起来的宪章机制。其监督机制主要包括普遍定期审议机制、特别程序、来文审查机制以及调查机制。宪章机制是旨在将宪章中规定的人权保障原则纳入联合国整体的工作框架中，以人权理事会的工作为核心，通过与联合国大会、安理会、秘书处等主要机构以及专门机构的合作，共同推进人权的尊重与发展的实施机制。另一类是以核心国际人权公约为基础，以其条约机构为依托建立起来的条约机制。其监督机制主要包括国家报告机制、国家来文和个人来文机制以及调查机制。条约机制旨在通过条约机构及其监督机制促进国际人权公约在国际和国内层面的实施。将宪章机制与条约机制进行比较，前者主要是由政府代表通过政治方法进行监督，并将人权事务转换成为公开讨论的国际议题，从而推动《联合国宪章》《世界人权宣言》的人权条款及相关国际人权公约在各国的实施。[1] 而后者则更倾向于由独立工作的专家通过法律方法进行监督，为国际人权法在国际和国内层面的适用和落实提供专业性的、准司法性的保障和救济。

宪章机制和条约机制是相互独立又相互联系的。首先，尽管宪章机制以《联合国宪章》为核心而建立和运行，但是也有权对于国际人权公约的实施进行监督。其次，条约机制的法律基础——各项国际人权公约都是通过宪章机制制定的，而后者也为条约机制的运行提供行政支持。最后，宪章机制和条约机制共同构成联合国人权机制的整体，两者在运行中相互合作、相互补充。

联合国人权机制的各项职能对于国际人权法的制定、实施和发展发挥了如下几个方面的作用：其一，制定了国际人权法及其标准。联合国自建立以来，人权理事会及其前身人权委员会等机构制定了几十项国际人权公约，推动了国际社会对于人权价值和标准的国际共识，为促使世界各国接受和承担国际人权义务发挥了重要的作用。[2] 其中，《儿童权利国际公约》《残疾人权利公约》的签署国分别达到了 190 个和 146 个，相关人权理念和规则几乎获得了全世界的认可和实施。[3] 联合国

---

〔1〕　徐显明主编：《国际人权法》，法律出版社 2004 年版，第 112 页。

〔2〕　David Welssbrodt and Constance de la Vega, *International Human Rights Law: An Introduction*, University of Pennsylvania Press, 2007, p. 255.

〔3〕　各国的签署和批准情况参见 http://tbinternet.ohchr.org/_layouts/TreatyBodyExternal/Treaty.aspx? Treaty＝CRC&Lang＝zh，访问日期：2015 年 7 月 15 日。

对于国际人权公约的编撰，不仅推动了各国在人权问题上的跨文化理解、阐释、交流和共识，细化了国家在保障人权方面的国家责任，还为世界各国在国际人权领域展开国际合作，共同推动人权的实现和发展打下了坚实的基础。其二，建立了以联合国组织为依托的国际人权对话与合作的平台，为促进世界范围内对人权的尊重、保障和实现，以及加强各国的人权能力建设提供了共享的资源和有力的组织保障。联合国负有人权职责的机构，如大会、人权理事会、经济及社会理事会（以下简称经社理事会）以及人权高专等不仅可以积极发动对人权问题的研究，推动有关人权决议的通过，还能够组织和支持世界范围内的人权培训和教育，促进国际交流与合作，以实现各国对人权发展经验的分享和对人权问题的沟通和理解。此外，联合国还通过提供人权基金等方式为各国的人权发展提供资源和智力支持，从而强化各国的人权能力建设。[1] 近年来，联合国人权机制通过特别程序等推进在贫困、发展、性或性别少数者等方面的软法治理以及人权主流化，促进了联合国在人权领域的各项职能，并为安全、发展事务的共同发展提供协作。其三，建立了一整套实施机制，监督国际人权法在国际层面和国内层面的实施。联合国人权机制对国际人权法的监督主要是通过国家报告、来文审查以及调查等方式，来帮助成员国发现存在的人权问题，提供完善的意见和建议，以实现对于国家行为的审查和纠正以及对人权受害者的国际救济，从而推动人权的发展。[2] 总体来讲，联合国人权机制为国际人权法的制定和实施提供了丰富的实践经验，它不仅引领了国际法在实施问题上的实践，部分改变了国际法作为软法的特点，甚至为国际法在主体问题的发展提供了理论与实践支持。

---

〔1〕 Manfred Nowak, *Interdiction to the International Human Rights Regime*, Martinus Nijhoff Publishers, 2002, p. 127.

〔2〕 彭锡华：《〈公民权利和政治权利国际公约〉国际监督制度研究》，吉林人民出版社2001 年版，第 11 页。

第二节　联合国人权机制建立与发展的历史脉络

联合国人权机制的建立和发展并非一蹴而就，在过去 60 多年的实践中，联合国采取了一系列重要举措，并经历了各种突破。纵观联合国人权机制的发展，整个过程体现了从缓步建立到高速发展再到改革前进的历史脉络。

二战后，尽管联合国的建立成为人权国际化的标志，但是该组织在建立之初，并未将保障人权作为最主要的任务予以推进，《联合国宪章》仅仅在第 55 条规定了保障人权的基本原则，并授权经社理事会来负责相关职责。此后，为了弥补《联合国宪章》对人权保障的规定性不足，经社理事会迅速建立了人权委员会并授权其制定《世界人权宣言》，从而为日后国际社会在人权保障方面获得道德和法律共识奠定了基础。为了进一步推进人权的国际保护，使《世界人权宣言》中所宣示的人权成为各国公认的国际法义务并予以实施，人权委员会在宣言通过后即开始致力于相关国际人权公约的制定工作。但是当时国际社会的冷战环境却掣制了联合国在人权领域的整体发展。在条约机制方面，以《世界人权宣言》为蓝本制定国际人权公约的工作，因为各种分歧而一再被拖延，并历经近 20 年的时间，才最终以"分而治之"的方式通过了《公民权利和政治权利国际公约》以及《经济、社会和文化权利国际公约》，此后两项公约又等待了 10 年才予以生效。[1] 至此，条约机制的建立才刚刚起步。在宪章机制方面，人权问题也时常遭遇冷战两大阵营的对抗，联合国各机关每每涉及相关讨论无不以僵局而告终，根本无法顺利地处理和解决有关人权问题。而联合国对于人权委员会的工作定位，更是长时间限制了该委员会的人权保障职能，辜负了世界各地人们对于联合国在实现和发展人权方面的热情期许。回首二战后，鉴于联

---

〔1〕　关于两公约的分歧就在于，有些国家认为公民、政治权利和经济、社会和文化权利属于不同性质的权利，因此，不能将这两类权利纳入同一个公约中予以保障和实施。

合国在维持世界和平领域的全面发展以及在国际人权公约制定方面做出的卓越贡献，世界各地的民众纷纷向人权委员会提交人权申诉，希望联合国审议有关国家的人权状况并给予国际救济，但是出于种种顾虑和冷战双方的分歧，联合国却通过了人权委员会无权审查国别人权的决议，并将人权委员会的职能局限于研究、制定国际人权标准，以及通过对人权问题的一般性讨论和提供咨询服务的方式来保障人权。[1] 此后迫于国际压力，1959 年经社理事会虽通过决议授予人权委员会收集和就有关来文与国家展开沟通的权力，但是仍然强调委员会无权采取行动。总而言之，经社理事会对于人权委员会的职能限制以及东西方的对峙，让宪章机制的运行举步维艰。

20 世纪 60 年代，民族独立运动的发展和第三世界国家的兴起，改变了联合国组织内部原有的政治力量结构，从而为联合国人权机制的发展提供了契机，此后，联合国对于人权的保障和发展迎来了快速发展时期。这首先表现为国际人权公约的制定和通过实现了跨越式发展，现有的多数核心国际人权公约都是在 20 世纪 60 年代到 80 年代通过并生效的，相关的条约机构及其监督机制随即纷纷建立并运转起来。[2] 与此同时，宪章机制也得益于民族独立运动的推动，实现了巨大的发展。联合国对于非殖民化问题的关注，极大地推动了对人权问题保障的纵深发展。1967 年，经社理事会通过第 1235 号决议，解除了对于人权委员会的禁锢，授权其对于国别人权问题进行公开讨论，并建立了特别程序和 1503 程序（即现在的申诉机制），从而充实了宪章机制的监督方式。在这一时期，联合国人权机制在职能方面实现了从国际人权法的制定到国际人权法的实施的跨越式发展。

---

〔1〕 由于建立之初，联合国未将人权问题作为重要的工作予以实施，同时为了避免成为超越主权的国际实体，联合国通过了较为保守的决议。

〔2〕《消除一切形式种族歧视公约》于 1966 年通过，并于 1969 年生效；《公民权利和政治权利国际公约》于 1966 年通过，并于 1976 年生效；《经济、社会和文化权利国际公约》于 1966 年通过，并于 1976 年生效；《消除对妇女一切形式歧视公约》于 1979 年通过，并于 1981 年生效；《禁止酷刑和其他残忍、不人道或有辱人格的待遇或处罚公约》于 1984 年通过，并于 1987 年生效；《儿童权利公约》于 1989 年通过，并于 1990 年生效。

　　至此，联合国人权机制日益丰富和发展，并开始向覆盖所有国家、地区和所有人权问题的监督目标奋进。但是，随着快速发展、职能的增加以及国际政治环境的变化，联合国人权机制自身的问题也逐步凸显。在宪章机制方面，铁幕的倒塌使联合国内部的政治力量对比发生巨变。因为失去有力的权力制衡，人权委员会在国别人权问题上的选择性和政治性弊病发展到无以复加的地步。在宪章机制中，逐步形成发达国家对发展中国家进行"人权审判"，却规避人权监督的局面。联合国人权机制对于成员国在人权问题上的不平等待遇和双重标准引起了多数发展中国家的不满、批评和联手反抗，使宪章机制几近瘫痪。[1]　与此同时，随着更多条约机构的逐步建立和运行，机构间的职能和人权任务的重叠以及工作效率的低下等问题也日益受到关注，而条约机制仅对缔约国具有管辖权的自限性，也为该机制发展成为监督世界各国人权状况的人权体系设置了无法突破的屏障，从而牵制了条约机制的发展。因此，整个联合国人权机制及其运行状态都呈现出不同的脱轨和停滞状态，各种障碍因素的存在使这个庞大的体系仍然无法对于全世界所有人权的问题实现全面监督，并对严重违反人权的事件缺乏有效的制止和干预。由于严重的政治化倾向、巨大的监督漏洞、缓慢的行动效率以及沉重的工作负荷，严重影响了联合国人权机制发挥正常的作用，因此相关的改革被提上了议事日程。[2]

　　联合国对于条约机制的完善始于 20 世纪 90 年代对于国家报告重叠及沉积问题的解决，而 2009 年启动的"加强条约机制监督职能的改革"

---

〔1〕　Paul Sergio Pinheiro, "Being A Special Rapporteur: a Delicate Balancing Act", *The international Journal of human rights*, 2011, vol. 15: 2, p. 165; Oliver Hoehne, "Special Procedures and the New Human Rights Council-A Need for Strategic Positioning", *Essex human rights review*, vol. 4, no. 1, 2007, p. 3; Oliver Hoehne, "Building A Universal System for the Protection of Human Rights: the Way Forward", in M. Cherif Bassiouni and William A. Schabas, *New Challenges for the UN Human Rights Machinery*, Intersentia, 2011, p. 242.

〔2〕　James Crawford, "The UN Human Rights Treaty System: A System in Crisis", in Philip Alston and James Crawford ed., *The Future of UN Human Rights Treaty Monitoring*, Cambridge University Press, 2000, pp. 4~10; Petter F. Wille, "The United Nations' Human Rights Machinery: developments and Challenges", in Gudmundur Alfredsson ed., *International Human Rights Monitoring Mechanisms*, 2nd edition, Martinus Nijhoff Pulishers, 2009, pp. 10-12.

则旨在减轻国家的报告负担，协调条约机构的工作，并提高整个条约机制的工作效率。[1] 与此同时，对于宪章机制的改革则被嵌入联合国的整体改革方案之中予以实施。鉴于原人权委员会执行任务的能力和信誉下降而使整个联合国系统名誉受损，前联合国秘书长安南在其名为《大自由：为人人共享发展、安全和人权而奋斗》的改革报告中，建议建立新的人权理事会取而代之，并推动人权事务的主流化进程。[2] 作为改革措施的成果，联合国在大会下设立了人权理事会以取代原设在经社理事会下面的人权委员会，这一方面提高了该人权机构在联合国组织中的地位，改变了其成员构成，并促使人权事务成为联合国工作的三大支柱；[3] 另一方面则通过建立普遍定期审议机制加强了对联合国人权机制的建设，重塑了国际社会对于联合国保障人权的信心。普遍定期审议机制建立的目的和意义就在于史无前例地将世界各国全部平等地置于同一个人权监督机制之下，并打破了以往设置在公民、政治权利以及经济、社会和文化权利之间的藩篱，通过对话与合作的形式，来推动人权在国际和国内层面的尊重、保障和实现，从一定程度上弥补和纠正了原有的宪章机制和条约机制存在的监督空白及弊病。

第三节　中国参与联合国人权机制的历史及贡献

一、中国参与联合国人权机制的历史

　　纵观中国参与联合国人权机制的历史，中国对于该机制的建立和发展做出了独一无二的贡献。二战后，为了防止惨绝人寰的世界大战再次

---

　　〔1〕　载 http：//www.ohchr.org/CH/HRBodies/HRTD/Pages/TBStrengthening.aspx，访问日期：2015 年 1 月 15 日。

　　〔2〕　In Larger Freedom：Towards Development，Security and Human Rights for all，Report of the Secretary-General，UN.doc.S/59/2005.

　　〔3〕　Ladan Rahmani-Ocora，"Giving the Emperor Real Clothes：The UN Human Rights Council"，*Global Governance*，2006，vol.12，pp.17-18；Yvonne Terlingen，"The Human Rights Council：A New Era in UN Human Rights Work？"*Ethics and International Affairs*，2006，vol.21，pp.170-171.

发生，促进世界和平发展，中国作为世界反法西斯同盟的重要成员和战胜国，不仅参与了联合国的建立，还参与了《世界人权宣言》的制定，并将中国文化对人权的理解和人权价值的主张融入这一重要的国际人权文件中，从而为人权话语找到了新的理论及合法基础。中国对于《世界人权宣言》所宣扬的普世价值提出的多元性文化解释，促进了国际社会对于人权价值达成更广泛的共识。因此，中国的参与在联合国创立伊始，就为联合国人权机制的建立和发展奠定了组织基础、国际法基础和制度基础。[1]

中华人民共和国成立后，中国对于联合国人权机制的参与和贡献随即掀开了新的篇章。作为人口最多的发展中国家，中国为国际人权法的制定和实施提供了特殊的经验，为促进世界人权状况的总体提高做出了巨大的贡献。中国在经济方面的快速发展让世界 1/3 的人口脱离贫困，在提高生活水准的同时，推动了健康权、教育权和社会保障权等各项人权的突破性发展，缩短了国际社会推动人权发展的进程。与此同时，中国的参与不仅丰富了世界各国对于人权概念和价值的多元化认识，还影响了联合国人权机制对于公平和公正的价值追求。通过对于中国与联合国人权机制互动实践的历史沿革考察，可以为理解和改进中国的人权实践提供一些新的思路。对此，学者们通常把中国参与联合国人权机制的历史分为如下 4 个阶段：[2]

（一）1949 年~1978 年

中华人民共和国成立伊始，国家建设百废待兴，受当时国内极左思想以及冷战时期国际政治环境的影响，以及部分国家对新中国的战略封锁，中国较少参与国际人权领域的活动。尽管联合国大会自 1949 年即

---

〔1〕 参见鞠成伟："儒家思想对世界新人权理论的贡献——从张彭春对《世界人权宣言》订立的贡献出发"，载《环球法律评论》2011 年第 1 期，第 141-149 页；参见黄建武："儒家传统与现代人权建设——以张彭春对《世界人权宣言》形成的贡献为视角"，载《中山大学学报（社会科学版）》2012 年第 6 期。

〔2〕 相关研究参见：罗艳华："中国参与国际人权合作的历程与展望"，载《思想理论教育导刊》2005 年第 1 期；刘波："中国参与国际人权规范的连续性和变动性问题研究"，载《人权》2012 年第 6 期。

已开始考虑新中国的代表资格问题，但是直至 1971 年，中国才恢复在联合国的合法席位，并派遣使团参加联合国大会和经社会理事会的会议。然而对于人权问题，中国基本持一种回避的态度，因此在这一时期，中国在联合国人权机制中的地位和作用是非常有限的。[1]

尽管参与联合国人权机制的实践受到了一定的限制，但是中国并没有放弃在其他国际场合表达支持人权保障的机会，并产生了一定的国际影响。例如，在 1955 年通过的《亚非会议最后公报》和《万隆宣言》中，有关"尊重基本人权、尊重《联合国宪章》"的原则和内容，既是中国与参会各国对于人权原则的宣示和承诺，同时也是对于周恩来总理提出的"和平共处五项原则"的发展和延伸。[2] 又如，中国于 20 世纪 50 年代在亚非拉地区的反殖民地和民族解放运动中，对于自决权问题的声援和支持也发挥了重要的国际影响。此外，中国还非常重视1968 年在伊朗召开的第一次世界人权大会，因为该会议通过的《德黑兰宣言》反映了第三世界国家把人权同反帝国主义、反殖民主义和反种族主义联系起来的愿望，肯定了经济、社会和文化权利与公民政治权利应具有同等重要的地位并予以保障的观点，而这也正是我国日后对于国际人权问题的基本立场和主张。

（二）1978 年~1989 年

从改革开放初期到 20 世纪 80 年代末，是中国参与联合国人权机制的起步阶段，主要是以了解和适应联合国人权机制及其有关活动为主，并逐步开始接受国际人权法，履行国际人权义务。在当时反思"文化大革命"、拨乱反正的过程中，中国出现了思想解放的高潮，阶级分析等极"左"思潮从主流政治话语中逐渐弱化，国内舆论转而开始强调"人民""民主"和"法治"等思想。在这种国内政治氛围的影响下，中国在联合国人权领域的实践也日趋活跃。

---

〔1〕 陈士球："中国积极参与国际人权活动三十年"，载 http://www.humanrights-china.org/cn/zt/qita/rqxz/chenshiqiu/1/t20090121_408212.htm，最后访问日期：2015 年 1 月 15 日。

〔2〕 国务院新闻办公室编：《中国的人权状况》，中央文献出版社 1991 年版，第 65 页。

从 1979 年开始，中国派代表团以观察员身份分别参加了联合国人权委员会第 35、36 和 37 届会议，并于 1981 年正式当选为该委员会成员国。随着中国在人权委员会中地位的提高，中国派出的专家也从 1984 年起开始连续当选人权小组委员会委员，而且还先后担任了该机构下属的土著居民问题工作组和原 1503 程序来文工作组的成员，从而使中国全面深入参与到人权委员会的工作中。[1] 中国代表不仅参与了多个国际人权公约的起草和编纂工作，还参与了对部分国家人权问题的审议。

与此同时，中国也逐步开始接受国际人权标准，先后签署和批准了《防止及惩治灭绝种族罪公约》《消除一切形式种族歧视国际公约》《禁止并惩治种族隔离罪行国际公约》《反对体育课领域种族隔离国际公约》《消除对妇女一切形式歧视公约》《禁止酷刑性和其他残忍、不人道或有辱人格的待遇或处罚公约》《关于难民地位的公约》等国际人权公约，并定期向条约机构递交国家报告，接受审查，从而扩大对于联合国人权机制的参与和影响。

在此期间，中国对于国际人权法发展的另一个最大贡献应当是对于生存权和发展权的倡导和支持。作为发展中国家的代表，中国承担着维护这些国家的利益和需求并提出相关人权主张的重任。对此，中国早在 20 世纪 70 年代就派代表参与了有关发展权的编纂工作。自 1981 年起，中国参加了联合国人权委员会起草《发展权宣言》政府专家组的历届会议，并积极提出意见。[2] 在《发展权宣言》起草和通过的 10 年过程中，中国代表坚定地支持了人权委员会发动的所有关于实现发展权问题的全球磋商，主张将发展权问题作为一个单独的议题在人权委员会加以审议，并始终作为该问题的共同提案国来促动相关讨论及决议，从而在联合国人权机制的框架内有效地推动了生存权和发展权的保障和发展。在中国的大力支持下，《发展权宣言》于 1986 年在第四十一届联大获得

---

〔1〕 参见罗艳华："中国参与国际人权合作的历程与展望"，载《思想理论教育导刊》2005 年第 1 期，第 17 页。

〔2〕 国务院新闻办公室编：《中国的人权状况》，中央文献出版社 1991 年版，第 65 页。

通过，并成为联合国保障发展权的重要基础。

因此，在改革开放的头十年中，中国逐渐在联合国人权机制中发挥积极有效的作用，对国际人权法的接受持非常开放的态度，切实促进了国际人权法在部分领域的发展。此外，在冷战期间，中国成为冷战双方都积极争取的对象，并参与了一系列重要人权问题的审议，中国当时的有利地位为平衡国际社会的政治势力发挥了积极作用，维护了联合国人权机制的运行所需的相对平稳的政治环境。

（三）1989 年～2004 年

冷战结束后到人权理事会建立之前，是联合国组织内部人权问题政治化最为严重的一段时期。人权沦落成为当时国际斗争的工具，而联合国人权机制，特别是人权委员会俨然成为政治斗争的舞台，并最终导致了联合国的一系列人权改革。中国在这一时期的国际人权实践主要是围绕着联合广大发展中国家，挫败美国的"反华提案"所进行的一系列的工作。1989 年，苏联解体后，国际社会呈现出单极化发展趋势。1991 年～2004 年，美国持续提出了审查中国人权状况的提案，对此，中国团结广大发展中国家进行反击，成功地使美国的人权外交计划落空。正是基于这 10 年的实践，中国明确并坚定了本国的人权立场，更加积极地投入到推动生存权和发展权的工作中，并捍卫广大发展中国家的共同利益。在中国的努力推动下，1993 年维也纳世界人权大会通过的《维也纳宣言和行动纲领》对于发展权进行了重申，再次肯定了这一人权的价值和意义。

中国在人权委员会这一历史时期的经历和实践，一方面限制了中国对于联合国人权机制的认同和接受，影响了中国在国际人权事务中的定位，奠定了中国以防御为主的外交策略，并影响了国内对于人权问题的认识；另一方面也激发了中国进一步融入联合国人权机制，更好地应对国际层面人权挑战的决心。在这一时期，中国在条约机制框架下的实践取得了长足的进步，不仅签署或批准了《经济、社会和文化权利国际公约》《公民权利和政治权利国际公约》《儿童权利公约》及其议定书以及《跨国收养方面保护儿童及合作公约》《男女同工同酬公约》等人权公约，还积极增强了与联合国人权高专的交流与合作，并举办了多次人权的多边和双边对话，以逐步推进与国际社会的人权交流。其中，特别值得一提的是中国于 1995 年成功举办的世界妇女大会，此次会议不仅让世界各地的妇女齐聚一堂并广泛地讨论了妇女人权问题，还提出《北京宣言和行动纲领》，为维护世界范围的妇女人权做出了重要贡献，并产生了深远的历史影响。

（四）2004 年~2011 年

"人权入宪"成为中国推进人权保障的一个划时代的里程碑，国内对于人权的尊重和保障，在国际层面中也得到映射。随着这一时期经济的发展和综合实力的提高，中国在国际人权事务中也开始发挥越来越重要的作用。而联合国在人权领域的改革也恰逢其时，它为中国在联合国人权机制中发挥更大的作用提供了契机。在宪章机制方面，中国支持联合国在人权问题上的改革，积极参与人权理事会的建立及相关体制建设。自 2006 年开始，中国连任两届理事会成员国，并于 2013 年、2016 年再次高票当选。中国支持建立人权理事会以取代原人权委员会，从而为联合国人权机制提供一个更加公平、透明、民主的交流平台。对此，前外交部部长杨洁篪在第一届人权理事会大会的发言就中国在国际人权事务中的发展提出了 6 项基本原则，在继承一贯人权立场的同时，也为中国未来在联合国人权理事会中的合作与发展奠定了重要基础。[1]

在条约机制方面，中国迎来了批准各项国际人权公约的密集期。中国先后批准了多项国际人权公约，例如，《联合国人员和有关人权安全公约》（2004 年 8 月 28 日交存批准书）；《消除就业和职业歧视公约》（2005 年 8 月 28 日批准）；《〈儿童权利公约〉关于儿童卷入武装冲突问题的任择议定书》（2007 年 12 月 29 日批准）；《残疾人权利国际公约》（2007 年 3 月 30 日签署，2008 年 6 月 26 日批准）；《〈经修正的 1974 年

---

〔1〕 前外交部长杨洁篪在联合国人权理事会第一届会议上关于《中国政府就国际人权事业提出五点主张》的发言代表中国政府提出了如下几项主张：①享受人权需要和平的环境。②享受人权需要可持续的发展。③享受人权需要和谐包容的社会。④享受人权需要建设性对话与合作。⑤享受人权需要有效的机制保障。参见 http：//www.china.com.cn/chinese/PI-c/1249664.htm，访问日期：2015 年 9 月 3 日。

国际海上人命安全公约）的修正案》（2008 年 12 月 4 日签订，2011 年 1 月 1 日生效）；《〈经修正的 1974 年国际海上人命安全公约〉的修正案》（2009 年 6 月 5 日签订，2011 年 1 月 1 日生效）；《〈联合国打击跨国有组织犯罪公约〉关于预防、禁止和惩治贩运人口特别是妇女和儿童行为的补充议定书》（2009 年 12 月 26 日批准）。此外，中国更多的代表当选为条约机构的专家成员并参与了条约机构的人权保障与监督工作。[1]

（五）2012 年至今

随着综合实力的提高，中国在联合国人权事务中的地位更加突出，于联合国人权机制中的合作更加深入。在外交政策从"韬光养晦"逐渐向"有所作为"转变的同时，中国在国际人权事务上也逐步实现从被动参与、充分融入到主动引领的转型。实践中，中国开展国际人权交流与合作的力度不断扩大，积极设置国际人权议题的能力和主动性也在随之逐步加强。2017 年，中国面对全球化所带来的世界格局的裂变，提出了"构建人类命运共同体"思想，[2] 旨在通过和平促发展，通过发展促人权，倡导通过构建平等合作的新型国际关系，来解决全人类的人权问题，并加深合作，增强平等互信，共建共商，共同推进世界人权的进步。该思想嗣后相继在联合国人权理事会、大会、安理会的决议中得到确认，并取得普遍认可。[3] 这一思想在人权领域的贡献主要表现为它超越了以往西方主导的人权文化，以共同的人权发展需求为目的，指导中国在未来的人权发展方向，也为全球人权治理提供了中国的智慧

---

[1]　当时在条约机构中任职的专家包括：丛军任经济、社会及文化权利委员会委员，2016 年 12 月 31 日任期届满，现由陈士球担任；黄永安任消除种族歧视委员会委员，2016 年 1 月 19 日任期届满，现由李燕端担任；邹晓巧任消除对妇女歧视委员会委员，2016 年 12 月 31 日任期届满，现由宋文艳担任。

[2]　2017 年 1 月 18 日，习近平主席在日内瓦出席"共商共筑人类命运共同体"高级别会议，并发表题为《共同构建人类命运共同体》的主旨演讲，深刻、全面、系统阐述构建人类命运共同体的理念。

[3]　2017 年 3 月 1 日，中国常驻联合国日内瓦办事处和瑞士其他国际组织代表马朝旭大使在联合国人权理事会第 34 次会议上，代表 140 个国家发表题为"促进和保护人权，共建人类命运共同体"的联合声明。

和方案。

综上所述，中国参与联合国人权机制经历了一个历史演变的过程，早期由于对该机制认识的局限性、国际政治力量的此消彼长以及国内的人权保障状况等问题，中国对于联合国人权机制的参与是非常有限的，而后得益于改革开放、人权保障的加强以及国际地位的提高，中国与联合国人权机制的合作则逐渐由消极被动状态转变为积极对话与合作的主动姿态。尽管中国参与联合国人权机制的道路是非常曲折的，但是中国的贡献却是可圈可点的，随着联合国人权机制的改革以及中国在国际上的地位提升，中国必定会在国际人权事务中发挥更大的作用和影响。

二、中国对于联合国人权机制的贡献

中国通过参与联合国的建立、《世界人权宣言》的撰写以及其后与联合国人权机制的合作，从而对该机制的建立和发展发挥了重要的作用，有关实践不仅丰富了国际人权法的概念和标准，而且还对联合国人权机制的顺利运行及改革提供了必要的支持。中国对于联合国人权机制的贡献主要包括如下几个方面：

第一，中国对于人权文化多元化的倡导夯实了各国与联合国人权机制合作的基础。

联合国组织的生命力就在于国家间的密切合作，这种凝聚力不仅源于国际义务的约束力，更植根于联合国所倡导的人权价值和文化的代表性和广泛认同。由于政治、经济、社会和文化的不同，世界各国对于人权的认识存在较大的分歧，而在冷战思维以及霸权主义的共同作用下，这种人权观的差异性却曾经成为了国际政治斗争的焦点，致使联合国人权机制一度沦为西方国家指责他国人权状况的工具，严重影响了联合国的信誉。面对人权问题的政治化和人权文化的单一性所造成的信任和合作危机，中国一贯坚持普遍原则与特殊情况相结合的人权原则，始终致力于推进开放、包容的人权发展思路，提倡相互尊重，文明互鉴，促进各国广泛参与联合国人权机制的国际合作。其中，推动发展权在联合国框架中的确立和实施，是中国对于世界人权文化的最大贡献，它不仅突破了原有的人权体系，指明了发展作为一项人权及其保障模式的重要意义，并为个人和各国人民的整体发展发出了人权呼吁的最强音。发展权代表的是发展中国家的核心利益，揭示了这些国家在促进人权方面的深层障碍及发达国家的相关人权义务，具有增进团结协作的重要意义。中国将发展权纳入联合国人权机制框架的努力，不仅使联合国对于人权的发展能够兼顾发展中国家的人权需求，使贫穷落后的地区和人民共享人类发展的成果，而且促进了不同文明之间的交流与互动。此外，中国对于人权整体性的强调，特别是经济、社会和文化权利平等保障的主张，弥合了国家间在人权观上的差异，稳固了合作共识。在联合国建立之初，由于受到西方人权观念的影响，联合国人权机制一直存在着重公民、政治权利，轻经济、社会和文化权利的问题。这种对于人权保障的片面认识无视发展中国家的人权现实和需求，撕裂了国家间的互信与合作，甚至导致联合国人权机制的瘫痪。对此，中国始终坚持两类权利同等重要的原则，积极推动国际社会对于经济、社会和文化权利的重视和发展，从而增强了联合国人权机制对于人权整体性的保障，有效缓和了因人权观的分歧而产生的价值冲突和政治纷争，并促进了联合国人权机制对于人权政治化的反思和改革。

第二，中国认真履行国际人权义务，不断推进联合国人权机制的有效性和公正性。

中国一贯支持联合国在促进和保障人权方面的努力与行动，积极参与各项活动。中国不仅签署了一系列国际人权公约，并且积极与普遍定期审议机制、特别程序和条约机制等开展对话与交流，在切实履行国际人权建议的同时，不断提升人权发展水平。为了进一步强化联合国的人权职能，中国已跃升为联合国常规和维和两项预算的第二大经费提供国，并大幅度增加了对于联合国人权事务高级专员办事处的经费投入，得到了国际社会的普遍赞赏。与此同时，中国还秉持公正的态度，认真参与对于国际人权法的实施工作，并且始终坚持尊重国家主权，对于所有国家不论大小和强弱一律平等对待的人权审查原则。在国别人权问题上，中国反对人权监督的选择性和双重标准，努力维护弱小国家的尊严，成为制衡霸权的重要力量，整体改变了发展中国家在人权问题上普遍备受指责的被动局面，推进了联合国人权机制的公平和正义，有效提高了各国合作的积极性。近年来，中国积极参与联合国人权机制的改革，以史为鉴，针砭时弊，不断为增强联合国人权机制的职能和有效性提出富有建设性的意见和建议。中国在联合国人权机制改革的问题上，坚守平等与合作的宗旨，提倡广泛民主参与的精神，引导着联合国人权机制的工作方法由指责和对抗，朝着对话与交流的方向不断迈进，从而加强了联合国应对世界多极化下人权挑战的能力建设。中国关于联合国人权机制改革的种种建议，也得到了国际社会的积极肯定，人权理事会及其普遍定期审议机制的建立都充分实现了中国的改革理念和顶层设计。而连续高票当选人权理事会成员的事实，则再次证明了中国在联合国人权事务中的重要地位，以及国际社会对于中国推进世界人权事业发展的期待。

第三，中国坚持维护以联合国为核心的多边机制，为联合国人权机制实施全球人权治理而助力。

当今社会，全球化以及世界政体的碎片化使国际秩序的演进出现了诸多不确定性因素，对于联合国组织在未来的发展也产生了全面的挑战。作为多边主义最重要的支柱，同时也是联合国人权事业最大的支持者，中国积极参与联合国框架下国际人权秩序的构建与实施，不断强化联合国人权机制在全球人权治理中的核心地位。在实践中，中国不仅积极参与国际人权条约的编撰和制定，而且还通过特别程序的专题机制等途径，促进联合国在消除贫困、促进发展、改善环境等人权问题上进行软法治理，不断推进联合国的人权职能在各个领域中的充分发挥，巩固联合国在全球治理中的重要地位。全球化时代，面对粮食安全、资源短缺、气候变化、环境污染、疾病流行、跨国犯罪等人类共同的人权挑战，中国提出了"构建人类命运共同体"的思想，倡导和平促发展，发展促人权的新理念，并通过合作共赢的新型国际关系来促进人权问题的解决，推动全球人权事业的发展。

联合国人权机制的建立是各国谋求尊重和保障人权从而推进世界和平进程的结果，它推动了人权的国际保护。作为联合国组织框架下的人权制度，联合国人权机制顺利运行的核心基础是国家的合作，同时又不可避免地受到国际政治环境的影响。作为联合国的创始国之一，中国对于联合国人权机制的建立和发展做出了独一无二的贡献，不但为国际人权法注入了新的概念和多元化的价值，同时也为各项机制的平稳运行提供了政治平衡的条件，并争取了相对公平的环境。在过去的几十年中，中国在联合国人权机制中的实践由被动参与到主动合作经历了一个曲折的过程，并且受到了国际政治关系和国内政治环境的影响。"人权入宪"后，中国迎来了一个新的人权发展时期。中国应该认真梳理以往联合国人权机制中的实践，在对于新的机制变化进行跟进的同时，对存在的问题进行反思，在借鉴他国做法的同时，进一步加强与联合国人权机制的合作，从而发挥更大的促进人权发展的作用。

第二章　联合国宪章机制与中国实践

宪章机制是以《联合国宪章》为基础，以联合国的主要机关为组织基础，通过联合国大会等机关的决议或决定等方式，对其成员国及其他地区是否尊重国际人权法进行监督，从而推动人权尊重和保障的人权机制。目前，联合国宪章机制包括普遍定期审议机制、特别程序、来文审查机制以及调查机制。其监督方式具有如下几个显著的特点：其一，被监督对象的广泛性。宪章机制的监督对象涵盖世界各国及地区，不仅包括其成员国，还包括发生大规模侵犯人权事件的非成员国地区。其监督的法律根据主要是《联合国宪章》《世界人权宣言》以及其他国际人权习惯法、国际人权公约，甚至是没有效力的国际文件。因此，宪章机制的监督对象，不必囿于其是否为一项国际人权公约的缔约国，甚至不必囿于其是否具有联合国成员国资格，由此具有较为广泛的"管辖权"。其二，监督审查对象具有一定的选择性。在宪章机制中，除普遍定期审议机制之外的具体的审查对象是通过联合国机关的决议产生的，因此宪章机制的监督职能不可避免地带有政治选择性。其三，监督方法的政治性。宪章机制中部分审议主体是国家代表的事实以及通过政治决议进行监督的工作方式决定了该机制的政治性特点。因此，在宪章机制中，从被审查对象的产生到审查的整个过程以及结论性意见的通过都掺杂着政治力量的博弈，该机制的公平性和公正性会受到一定的政治影响。

第一节 宪章机制的职能机构及实施机制

宪章机制是以联合国机构为依托而运行的机制，从广义上讲，它包括联合国的六大机关，即大会、安理会、秘书处、国际法院、托管理事会（已撤销）、经社理事会；而从狭义上讲，宪章机制则主要是指联合国人权理事会框架下的监督机制。鉴于宪章机制在联合国框架下的运行是一个完整的运作过程和运行系统，涉及各个机构的协作，因此对于该机制的考察和研究需要涵盖联合国所有直接或者间接涉及人权问题的机构。

一、宪章机制的职能机构

（一）联合国大会、人权理事会及前人权委员会

1. 联合国大会

大会是联合国主要的审议、监督和决策机构，并在保障人权问题上发挥着重要作用。根据《联合国宪章》第 13 条的规定，大会的职能包括"发动研究并提出建议，以促进经济、社会、文化、教育及卫生部门之国际合作，且不分种族、性别、语言或宗教，促成全体人类之人权基本自由之实现"。联合国大会在人权方面所负有的上述议事和决议职责部分由其下属机构——第三委员会来完成。该委员会主要负责讨论广泛的人权议程，并向大会报告，再由后者通过相关人权决议。具体而言，大会在人权审议和决策方面的职能主要包括如下几个方面：其一，作为联合国的立法机构，所有的国际性人权规则，包括《世界人权宣言》以及各项国际人权公约，都必须经由联合国大会通过，才能开放签署及批准，并具有国际法效力。其二，审议涉及各国、地区的人权状况及世界性人权问题，包括各国履行国际人权公约的情况、人权理事会以及条约机构提交的报告等，并在必要时通过有关国别以及专题性人权审查决议，为采取后续人权行动提供根据。尽管大会的决议不具有国际法效力，但是它赋予有关人权决议以国际组织内部法的地位和效力，为其在

联合国框架内的实施提供法律根据和组织保障。其三，联合国大会通过一些常设项目、基金、研究机构来推动人权的发展。例如，联合国儿童基金会、联合国妇女基金会等均对世界各国人权状况的提高做出了卓越的贡献。其四，通过特别会议加强对某一方面人权的推动和发展。例如，2000 年以及 2015 年在联合国分别召开的关于《千年发展目标》以及《2030 可持续发展议程》的特别会议，这两个世界峰会为国际社会共同推动人类的发展设立了具体的议程，其与实现基本人权的目标是基本一致的，体现了联合国在发展方面的人权原则。此后联合国又召开了一系列的评估和实施会议，以促进人权计划和目标的顺利实现。回首过去 15 年，各国通过实施《千年发展目标》，对于消除贫困、提高生活水准，以及性别平等等人权的发展发挥了巨大作用。

总之，联合国大会在人权保障与发展方面，既发挥着"立法性"的、导向性的作用，又发挥着实施性的、决定性的作用。因此，人权在联合国框架下的发展，离不开联合国大会的全面促进。

2. 人权理事会及前人权委员会

人权理事会是大会的附属机构，它接替人权委员会，是负责联合国人权事务的主要机关。而对于人权理事会的研究则离不开对于其前身人权委员会相关工作的回顾。人权委员会是由经社理事会根据《联合国宪章》第 68 条的授权，于 1946 年建立的负责联合国框架内的人权事务的附属机关。人权委员会作为当时最主要的人权机关之一，是由政府代表组成的政府间组织。该委员会下设的促进和保护人权小组委员会（又称人权小组），即前防止歧视和保护少数小组委员会，由独立专家组成，以独立身份进行工作，曾发挥着人权委员会智库的作用。

人权委员会在保障和实施人权方面的职能主要包括如下几个方面：①起草国际人权文件，在全球范围内，就人权问题，协调各方利益、不同价值观，以取得共识，并制定国际法人权规则。②建立国际人权法的实施机制，通过特别程序、申诉程序（1503 程序）、调查机制等，在全球范围内处理和受理侵犯人权的事件。③作为联合国框架内主要负责人权事务的具体机关，所有提交经社理事会及大会的人权建议，最初都是由人权委员会拟定的。因此，人权委员会在联合国人权机制中发挥着非常具体的、实务性的作用。

人权委员会上述职能的实现离不开小组委员会的支持。该小组委员会曾因有权通过国别人权议题及决议而备受国际社会关注，并一度试图超越人权委员会的政治框架，以独立专家的身份和名义，实现国际人权监督职能。人权小组委员会被赋予较为广泛的职能，不仅包括承担相关的人权研究项目，还可以就联合国人权机制中的全部人权问题进行研究并报告。除了参加国际人权文件的编纂之外，该小组委员会还致力于通过申诉程序（1503 程序）审查大规模侵犯人权的事件。小组委员会每年在日内瓦举行为期 3 周的会议，审议包括国别人权在内的各种人权问题，并形成决议，采取后续的行动。小组委员会的相关工作及其决议是人权委员会的工作指导，因此曾经发挥着巨大的影响力，但是由于小组委员会通过决议谴责一国人权状况的做法，从某种意义上重复了人权委员会的工作，并不可避免地被政治化，从而受到国际社会的批判。

从整体上评价，人权委员会为国际人权法的制定和实施，尤其是在维护殖民地的人民自决权以及消除种族歧视等方面做出极大的贡献。它不仅建立了一系列核心的国际人权法规则，开创性地将人权问题转化成为国际议程中的问题，成为世界公开讨论的国际事务，还在联合国宪章机制下建立了具体的监督机制，确保国际人权法在国内的实施。

2006 年设立的人权理事会与其前身人权委员会相比，在法律地位、组织结构和工作机制等方面都进行了革新，凸显其力求更加透明、公平、公正的目标，也体现了人权主流化的改革方向。其一，在法律地位方面，人权理事会是建立在大会下的附属机构，其在联合国组织中的地位有所提升。其二，在成员国资格方面，人权委员会的代表是由经社理事会提名进行选举的，人权理事会的理事国是按照地域分配的名额，由联合国成员国直接进行选举产生的，成员国的组成结构更加合理，其中亚洲区域国家的代表名额显著增加，西欧国家代表名额减少。[1] 目前，人权理事会的成员国有 47 个，每年更新 1/3 的成员国，理事会成员国任期 3 年，连续两届连任后不再参加连任竞选。与人权委员会无权解除成员资格不同，成员国如存在严重和系统性侵犯人权的行为，联合国大会可以成员国 2/3 多数通过的决定暂停其理事会成员资格。成员国资格方面的上述改革增添了人权理事会内部的平等性和公平性。其三，在工作会议制度方面，人权理事会由原来每年一次会议，增加为三次会议，每次的会期从 3 周延长至不少于 10 周，保证了工作时间，增强了人权理事会对人权事务的处理能力。此外，人权理事会还建立特别会议制度，加强对于紧急人权事项的应对能力。根据第 5/1 号决议的规定，经 1/3 会员国的同意，人权理事会可以召开特别会议。其四，在机构职能方面，原人权委员会下设的小组委员会由咨询委员会代替，主要负责根据人权理事会要求的方法和形式进行研究并提供咨询意见。但是该咨询委员会的职能在人权理事会的框架下已经大大弱化，既无权批准设立附属机构，也无权再作任何表决或决定，而只能在职责范围内提出研究计划。目前的咨询委员会由 18 位委员组成，皆是从联合国五大区域（非洲、亚洲、东欧、拉丁美洲和加勒比海、西欧及其他地区）中按比例推选出来的专家。委员们以个人身份任职，任期 3 年，只能连任一次。其五，在工作机制方面，人权理事会接管了所有原人权委员会的职能，但是就具体的监督机制进行了改革。

人权理事会建立的意义在于通过普遍定期审议机制的建立等改革，提高宪章机制运行的公平性、透明性和工作效率及效果，以提高人权事务在联合国组织内部的地位，促进人权事务的主流化进程，从而进一步推动联合国组织对于人权的保障和发展。

---

　　〔1〕 人权理事会的 47 个成员分布如下：亚洲和非洲各有 13 个席位，拉美及加勒比地区有 8 个席位，西欧（包括北美及大洋洲发达国家）和东欧分别获得 7 个和 6 个席位。而人权委员会有 53 个成员国，分布情况为非洲 15 个席位，亚洲 12 个席位，拉美及加勒比地区 11 个席位，西欧（包括北美及大洋洲发达国家）10 个席位，东欧 5 个席位。

（二）经济暨社会理事及其妇女地位委员会

1. 经济暨社会理事（简称为经社理事会）

在联合国对人权委员会改革之前，经社理事会是在联合国组织内负责人权问题的最主要的机构。根据《联合国宪章》第 55 条，联合国对于推动人权的进步负有如下的职责："为造成国际间以尊重人民平等权利及自决原则为根据之和平友好关系所必要之安定及福利条件起见，联合国应促进：①较高之生活程度，全民就业，及经济与社会进展。②国际间经济、社会、卫生及有关问题之解决；国际间文化及教育合作。③全体人类之人权及基本自由之普遍尊重与遵守，不分种族、性别、语言或宗教。"而根据联合国六大机关的各自分工，这些职责主要是由经社理事会来承担的。对此，《联合国宪章》第 62 条规定："①经济暨社会理事会得作成或发动关于国际经济、社会、文化、教育、卫生及其他有关事项之研究及报告；并得向大会、联合国会员国及关系专门机关、提出关于此种事项之建议案。②本理事会为增进全体人类之人权及基本自由之尊重及维护起见，得作成建议案。③本理事会得拟具关于其职权范围内事项之协约草案，提交大会。④本理事会得依联合国所定之规则召集本理事会职务范围以内事项之国际会议。"为了完成上述广泛的职责，经社理事会主要是将相关工作交于其设立的司职委员会或辅助机关来完成，具体包括如下工作：其一，向大会提交人权议案。理事会的议案通常是在审议原人权委员会以及条约机构的报告或议案的基础上形成的，相关议程会在经社理事会第二委员会的春季会议进行讨论，并核准递交联合国大会通过。其二，建立附属机构。为了推动人权的发展，经社理事会建立了若干司职委员会来完成相关任务。这包括原人权委员会、妇女地位委员会以及预防犯罪和刑事司法委员会等。其三，作为原人权委员会的上一级机构，经社理事会领导人权委员会的工作，并对其负有如下职责：①核准原人权委员会起草的人权文件草案。②授权人权委员会审查国别人权状况，并核准人权委员会关于国别以及专题人权问题的决议。③建立受理大规模侵犯人权事件的申诉程序（原 1503 程序）。④就组织事项、财政事务为人权委员会提供协调和支持。例如，原人权委员会的成员均由经社理事会提名并进行选举。又如，人权委员会在征得经社理事会的同意下，才能任命特别程序的专家。再如，一个非政府组织是否有权在人权委员会的会议上进行发言，取决于其是否在经社理事会具有咨商地位。实践中，尽管经社理事会对于人权委员会的领导和支持是非常重要的，但是由于其工作会议的限制，其对人权委员会的工作在实际上也造成了拖延，甚至作为拖延术而被滥用。[1] 因此，建立人权理事会，将人权事务从其他的经济与合作事项中脱离出来，有利于联合国人权职能的发展和工作效率的提升。

随着人权委员会被人权理事会代替，经社理事会在人权方面的职能也被大大削弱，但是由于其所负有的推动经济、社会和文化发展的职责与推动各项人权存在着密切的关系，因此，经社理事会仍然负有诸多保障人权的职能，只是这种保障少了一份监督和实施的职权，多了一份推动和实现的责任。

2. 妇女地位委员会

妇女地位委员会是经社理事会根据《联合国宪章》第 68 条于 1946 年建立的一个司职委员会。该委员会有 45 个成员国，是促进妇女地位发展的主要机关。经社理事会专门建立一个与人权委员会并行的妇女地位委员会足以证明联合国在促进男女平等和保障妇女人权问题上的决心，但是这也为妇女问题的边缘化埋下了伏笔。而妇女地位委员会的机构设置等问题，又进一步妨碍了该委员会工作的效率。首先，妇女地位委员会的存在，让妇女问题从整个人权问题中分离出来，并被忽视。其次，在将近 60 年的时间里，妇女地位委员会的办公地点都是联合国总部纽约，而不是人权委员会的驻地日内瓦，直到最近几年才得以迁址。因此为该委员会提供服务的并不是人权高专，而是提高妇女地位司。这就造成了妇女人权问题无论是在地缘上还是在联合国总体发展的结构上都与整个人权框架割裂开来。最后，妇女地位委员会的会期非常短，每年一届，每届只有 8 天，因此，其工作效率也十分有限。鉴于此，妇女

---

〔1〕 ［奥］曼弗雷德·诺瓦克：《国际人权制度导论》，柳华文译，北京大学出版社 2010 年版，第 124 页。

地位委员会一直在谋求被纳入人权主流化的进程当中，但是效果却不够理想。

尽管存在上述组织上的缺陷，妇女地位委员会却担负着非常重要的保障妇女权利的职责：起草有关妇女权利的国际文件，包括 1952 年《妇女政治权利公约》和 1979 年《消除对妇女一切形式歧视公约》及其议定书等文件；推动妇女问题在联合国事务中的发展，包括向经社理事会建议以及举办世界妇女大会，实施和监督世界妇女大会提出的发展纲领等，推动妇女人权问题的改善；审理大规模侵犯妇女人权的事件，并向联大进行报告；组成 5 人小组，审查大规模侵犯妇女人权的事件，并在此基础上向联合国大会报告等。

（三）秘书长、秘书处及人权事务高级专员办事处

1. 秘书长和秘书处

作为联合国的行政首长，秘书长是大会根据安全理事会的推荐而任命的，任期为 5 年。秘书长除向安理会提出有关国际和平与安全的建议外，还负责执行其他机构委托的事项，其中包括涉及严重侵犯人权事件的调查；在冲突地区进行斡旋，提供人道救援；应要求提交国别人权审查报告；推动对条约机构的改革进程，以及举办各种会议以推动国际社会对于人权的重视和保障；等等。历届秘书长在任期内均对人权事业做出了自己的贡献。其中，前任联合国秘书长科菲·安南启动和实施的改革不仅推动了人权事务在联合国组织内的主流化进程，也对联合国人权机制进行了战略性和格局性的变革。而在人权业已成为联合国事务重要支柱的今天，联合国秘书长对于人权问题的关注和影响更是毋庸置疑。

秘书处是由联合国秘书长领导的，由多个机构组成的、负责联合国日常事务，并为其他机构提供服务的机关。秘书处的职责同联合国所处理的问题一样多种多样，其职责范围从管理维和行动到调停国际争端、从调查经济及社会发展趋势和问题到编写关于人权和可持续发展问题的研究报告等，无所不及。其中，人权事务主要是由人权事务高级专员办事处来完成。

2. 人权事务高级专员及其办事处

人权事务高级专员是由联合国秘书长任命的、在其领导下负责人权

事务的官员。人权高级专员办公室是联合国秘书处的组成部分，负责协助人权高专的工作，它的前身是秘书处的人权中心。设立人权高专的想法源于法国代表于 1947 年提出的设立总检察长来捍卫人权的提议，后来几经论证，人权高专的职能终被定位于联合国系统内负责人权事务的、高水平的政治性权威，并对国际人权公约的实施发挥监督作用。由此，人权高专被授权促进和保护《联合国宪章》和国际人权法所确立的全部权利，因此具有广泛的人权职责。1993 年，第一位高级专员由联大通过第 48/141 号决议任命，次年，人权高级专员办事处正式开展工作。人权高专的行动依据包括联合国大会第 48/141 号决议、《联合国宪章》《世界人权宣言》、国际人权公约、1993 年世界人权大会通过的《维也纳宣言和行动纲领》，以及 2005 年世界首脑会议成果文件。其职责涉及防止人权侵犯行为，保证所有人权得到尊重，促进国际合作以保护人权，协调联合国内所有相关活动以及加强、简化和整合联合国系统人权领域的工作。具体而言，人权高专主要通过如下三个方面来履行相关职责。其一，监督国际人权法的实施，人权高专有权监督宪章机制、条约机制所保障的全部权利，以及所有对这些权利尊重、保障和实施的情况。人权高专不仅有权对于某些人权事件进行处理，而且还有权进行调查和批评，以敦促有关国家和地区对于人权问题进行关注。自设立以来，历任人权高专均能积极履行相关职责，其中，著名的罗宾逊夫人更是在许多有争议的人权问题上发表了独立的观点和看法，并发挥了积极的影响。在具体实践中，人权高专不仅建立了人权危机处理机制，还着力打造一套人权危机的预防性机制，旨在对侵害人权的事件进行快速反应的同时，减少导致人权危机的外在环境和社会因素。正是通过这样的一系列行动，人权高专作为一个独立的人权机构，被国际社会所重视和承认，并得到广泛的尊重与合作。其二，制定联合国人权事务规划。人权高专作为秘书处的一部分，实际扮演着领导和推动人权事业发展的政治权威的角色，指导着联合国人权工作的发展方向和进程。其三，为条约机构和宪章机制提供行政支持。人权高专不仅需要为普遍定期审议机制、特别程序、国家报告机制提供相关报告，还要协助有关专家和工作组撰写最后的结论性意见。客观地讲，如果没有人权高专的支持，整个联合国人权机制都无法正常地运转。其四，建立全球范围内政府与非政府组织间的合作机制。人权高专的建立为国家间的人权交流与合作搭建了高级别对话平台，而其与非政府组织建立的联系则有助于推动非政府组织发挥监督国内人权的作用。其五，搭建联合国人权机构与联合国其他机关的联系桥梁，并推进人权主流化进程。人权高专的位置决定了它的人权决策的视野和高度，人权高专为了推进人权主流化的进程，努力促进人权机构间以及与联合国组织的资源整合和合作，尽力将人权问题置于联合国全球行动中的中心位置，予以重视和解决。[1]

综上所述，人权高专在联合国人权机制中发挥着独一无二的作用，它是联合国人权发展战略的主要制定者和领导者，它最大的贡献之一就是将人权问题及人权机制与联合国机构和发展目标相对接，使其嵌入联合国总体事务的进程中并得以发展。

（四）安全理事会

安全理事会是联合国负责国际和平事务的主要机关，有权作出具有约束力的决议。它是联合国集体安全体制的执行机关，当一国或者地区人权问题波及地区和世界和平时，安理会有权采取行动制止冲突及冲突中可能存在的大规模侵犯人权的状况。鉴于目前世界部分地区发生的武装冲突事件大多数伴随着对人权的严重侵犯，例如，乌干达和前南斯拉夫内战中的种族屠杀等，因此，安理会对于许多国际和国内冲突的干预行为不仅是实施《联合国宪章》、维持和缔造和平的行动，同时也是实施国际人权法的强制性行动，但是这种实施行动仅仅在严重违反国际人权法进而危害世界和平的情势下方能启动。

具体而言，安理会可以通过如下措施对于侵犯人权的行为予以干涉：①援用《联合国宪章》第六章的规定，通过维持和平行动对一国或地区的人权状况进行干预。实践证明，经过几十年的发展，联合国维和行动已经从隔离冲突、维护和平逐步发展到建立和平的阶段，而这一

---

〔1〕 Janusz Synibudes, *Human Rights：International Protection，Monitoring，Enforcement*，UNESCO Publishing, p. 27.

系列复杂任务的实现势必与改善当地的人权状况密切相关。②援用《联合国宪章》第七章规定，通过武力行为恢复国内或地区秩序，制止冲突中大规模侵犯人权的事件。③建立国际刑事法庭，对于严重侵犯人权的战犯进行刑事处罚。例如前南刑事法庭对犯有反人类罪等的战犯进行了惩罚，被认为是对惩治侵犯人权行为的制裁措施的突破。因此，安理会的主要职责是维护世界和平，而实践中，只有更好地维护人权，才能实现长久的安全与和平。

综上所述，联合国安理会并不是联合国人权机制的主要实施机关，但是安理会的决议和相关行动在处理危及世界和平的大规模侵犯人权行为方面发挥着强制作用。

（五）托管理事会

托管理事会曾经是联合国的六大机构之一。它是联合国监督置于托管制度之下的托管领土的管理机构，由安理会5个常任理事国组成。托管理事会负责托管领域内的所有事务，并会同管理国接受和审查托管领土具名请愿书，按期视察托管领土。托管制度除了促进国际和平及安全、促进托管领土居民的发展并增进其趋向自治或独立之外，依据《联合国宪章》第76条第3项，也致力于"不分种族、性别、语言或宗教，提倡全体人类之人权及基本自由之尊重，并激发世界人民互相维系之意识"。但是随着最后一个托管领土的交付，托管理事会已经正式撤销。

（六）国际法院

国际法院是联合国的主要司法机构，所有联合国会员国都是国际法院的当事国，除非做出声明不接受其管辖。根据《联合国宪章》第94条，"联合国每一会员国为任何案件之当事国者，承诺遵行国际法院之判决"。根据第96条，"大会或安全理事会对于任何法律问题得请国际法院发表咨询意见。联合国其他机关及各种专门机关，对于其工作范围内之任何法律问题，得随时以大会之授权，请求国际法院发表咨询意见"。尽管人权事务因其特殊性和政治敏感性，并不是国际法院主要管辖的事项，但是国际法院在实践中不可避免地还是会涉及诸多人权问题的裁判和解释。首先，国际法院有权受理专门涉及国际人权公约解释和履行方面的争端。许多人权公约都规定缔约国有关该文件的解释、适用或履行的任何争端可根据该争端任何一方的请求提交国际法院。它们包括《防止及惩治灭绝种族罪公约》《禁止贩卖人口及取缔意图营利使人卖淫的公约》《关于难民地位的公约》《妇女政治权利公约》《禁奴条约》《关于无国籍人地位的条约》《废止奴隶制、奴隶贩卖及类似奴隶制的制度与习俗补充公约》《已婚妇女国籍公约》《取缔教育歧视公约》《减少无国籍状态公约》《关于婚姻的同意、结婚最低年龄及婚姻登记的公约》《消除一切形式种族歧视国际公约》《禁止并惩治种族隔离罪行国际公约》《消除对妇女一切形式歧视公约》。其次，国际法院在受理其他国际争端时可对于相关人权问题进行裁判。这些案件涉及外国人的权利、儿童权利、种族歧视问题等多个方面。例如，在"刚果境内的武装活动案"中，国际法院认为乌干达违反国际人权法及国际人道法的行为给刚果及刚果境内的人民造成了损害，因此乌干达应承担赔偿义务，若双方无法就赔偿问题达成协议，法院对案件具有管辖权并可以启动赔偿诉讼程序。[1] 再如，"在被占领的巴勒斯坦领土建立隔离墙的法律后果案"中，[2] 国际法院则专门论述了核心国际人权公约的域外适用问题。法院认为，"在当前情况下，为了保护被占领领土内的居民，对于缔约国在这些领土上的官方行为，凡影响到公约权利和依据国际公法原则属于以色列的国家责任范围之内的，适用《经济、社会和文化权利国际公约》"。最后，国际人权法院就人权问题发表咨询意见。例如，在"关于以核武器进行威胁或使用核武器的合法性案"的咨询意见中，法院指出："《公民权利和政治权利国际公约》提供的保护在战时并未停止，除非根据公约第 4 条规定，在国家处于紧急状态时某些权利可以克减。[3] 然而，生命权不属于这种克减范围。原则上，不能任意

---

[1] Armed Activities on the Territory of the Congo (Democratic Republic of the Congo v. Uganda), ICJ Judgment of 19 December 2005, pp. 259 -261.

[2] International Court of Justice, Legal Consequences of the Construction of a Wall in the Occupied Palestinian Territory, Advisory Opinion (9 July 2004), I. C. J. Reports 2004, para. 107-113.

[3] Legality of Threat or Use of Nuclear Weapons [1996] ICJ Reports 66, Advisory Opinion of 8 July 1996, para. 25.

剥夺生命的义务在敌对状态时也适用。不过，如何界定任意剥夺生命权的问题应当由可适用的特别法加以确定，即在武装冲突中可以适用的、旨在管制敌对行动的法律。"

综上所述，由于和平、安全与发展是联合国的三大主题，任何一个问题都与人权具有密切的联系，在人权主流化的今天，联合国的主要机关均负有在各自职能范围内保障和实施人权的职能。因此，宪章机制是以人权理事会为核心的统一整体，该机制的运作离不开联合国主要机构的协调与配合。

二、宪章机制的实施机制

宪章机制的实施机制包括普遍定期审议机制、特别程序、申诉程序以及调查机制（调查委员会）。这些机制主要由人权理事会负责运行，但是与联合国其他主要机构发生着密切的联系。宪章机制并不是随着联合国的建立而建立起来的，它是基于联合国在人权领域的实践基础，通过一系列决议而逐步完成的。

宪章机制的建立主要归功于两个重要认识：一是对于二战的反思，各国认识到为使后代免遭惨绝人寰之战争，对人权的尊重是维护世界和平不可割裂的重要因素；二是对于国联因缺乏实施机制而未能阻止二战的反思，各国认识到对于人权的保障也必须设计一套实施方案，从而将纸面上的人权落实到行动当中，有效地保障和推动人权的发展。正是基于这样的观点和共识，世界各国不仅在《联合国宪章》中书写下了保障人权的基本原则，还弥合各种分歧逐步建立了宪章机制，对国家保障人权的行为进行有效的监督和实施。

对于中国与普遍定期审查机制、特别程序以及审查机制的实践研究，不仅有利于加深对上述机制的认识，把握这些机制在各个进程中的新变化，而且有助于结合相关实践，进一步加强中国与联合国人权机制的合作，从而提高中国在联合国人权理事会中的领导作用。

第二节　普遍定期审议机制与中国实践

普遍定期审议是伴随着人权理事会的到来而建立的新机制，主要是通过全面定期审议联合国所有成员国履行人权义务和承诺的情况并提出建议来推动人权的发展。根据联合国大会第 60/251 号决议和人权理事会第 5/1 号决议，普遍定期审议是"根据客观和可靠的信息，以确保普遍、平等地对待并尊重所有国家的方式，定期普遍审议每个国家履行人权义务和承诺的情况；该审议机制是由联合国会员国驱动、通过相关国家充分参与，开展互动对话的合作机制"。[1] 具体而言，该机制旨在帮助国家确定在人权方面的积极进展和面临的挑战，通过提供改善人权的建议、技术支持和能力建设，以及分享和交流保障人权的经验，支持国家间的人权合作，促进世界范围内人权的发展。普遍定期审议机制的建立体现了联合国在人权等问题上谋求多边对话与合作来解决国际事务的思想。

一、普遍定期审议机制的审议依据、对象及模式

普遍定期审议机制被引入人权理事会强化了对于联合国人权机制的建设，旨在消除原人权委员会在国别人权上的政治化弊病，从而无差别地公平审议各国人权状况，重塑国际社会对于联合国保障人权职能的信心，并恢复联合国人权机制原有的面貌。

（一）审议依据、对象和内容

根据联合国人权理事会第 5/1 号决议，普遍定期审议机制的审议依据是《联合国宪章》《世界人权宣言》、各国加入的国际人权公约及自愿做出的人权保证和承诺，以及国际人道主义法等。

普遍定期审议机制的审议对象是联合国所有成员国，这也是该机制具有普遍性的要义所在。根据联合国大会第 60/251 号决议，普遍定期

---

〔1〕 Human Rights Council, UN Doc. A/RES/60/251, 2014, para 22; Institution-building of the United Nations Human Rights Council, UN Doc. A/HRC/RES/5/1, 2007, para. 3.

审议机制"在审议人权问题时要确保普遍性、客观性和非选择性"。[1]
而人权理事会第 5/1 号决议也重申了"确保普遍涉及并且平等对待所有
国家"的原则，从而保证各国在人权问题面前得到公平对待。

　　普遍定期审议的内容包括三类报告：国家报告[2]、联合国人权高
专编纂的报告[3]以及利益攸关方提交的报告[4]。其中，国家报告主要
包括受审议国家的国家制度概况、人权立场、保障和促进人权的法律制
度框架及相关的人权政策、实践和国家在人权问题上的困难及工作目标
等内容，反映的是一国在人权问题上的进步、困难和障碍等情况。此
外，根据人权理事会第 5/1 号以及第 6/102 号决议有关"准备普遍定期
审议资料的一般准则"的规定，"国家报告的撰写应该鼓励各国通过在
国家一级与所有相关的利益攸关方广泛磋商准备这种资料，以确保所有
相关的利益攸关方、包括非政府组织和国家人权机构的参与"。[5]

　　联合国人权高专提供的报告主要汇编了条约机构、特别程序以及其
他联合国机构关于受审议国人权状况报告的内容。该报告除了人权高专

---

　　〔1〕　Human Rights Council, UN Doc. A/RES/60/251, para 16

　　〔2〕　根据《联合国人权理事会体制建设》第 5/1 号决议，所涉国家根据理事会第六届会
议拟将通过的一般准则准备的资料，其形式可以是国家报告以及所涉国家认为相关的任何其
他资料，这些资料既可以口头陈述，也可以书面提交；但归纳此种资料的书面材料不超过 20
页，以确保所有国家得到同等对待，并且不给审议机制造成过大负担。理事会鼓励各国通过
在国家一级与所有相关的利益攸关方广泛磋商准备这种资料；对准备材料的方法及广泛磋商
的过程进行描述。主要内容包括：有关促进和保护人权的国内背景和框架，尤其是在制度和
体制方面，宪法、法规、政策措施、判例、人权基础设施以及国际人权义务的范围；基层促
进和保护人权的情况，包括落实作为国际人权义务、国内法律、自愿性承诺、国家人权机构
的活动、人权公众意识、与人权机制的合作以及相关成果、最佳做法、挑战与限制。各个国
家还应就下列事项提供信息：克服挑战和限制以及改善基层人权状况的国家重点优先事项、
措施和承诺；能力建设方面的期望以及技术援助方面的要求等；如属于再次审议，还需介绍
国家针对上一次审议所采取的后续行动。Institution-building of the United Nations Human Rights
Council, UN Doc. A/HRC/RES/5/1, para. 15.

　　〔3〕　人权事务高级专员办事处汇总各条约机构、特别程序报告中所载资料，包括所涉国
家的意见和评论及其他相关的联合国正式文件编成的一份汇编，其篇幅不得超过 10 页。Insti-
tution-building of the United Nations Human Rights Council, UN Doc. A/HRC/RES/5/1, para. 15.

　　〔4〕　人权理事会在审议工作中还应考虑其他利益攸关方为普遍定期审议提供的可信和可
靠的资料。人权事务高级专员办公室编制这类资料的概述，篇幅不超过 10 页。

　　〔5〕　Follow-up to Human Rights Council Resolution 5/1, UN Doc. A/HRC/RES/6/102.

对外发布的报告中所载意见、观点或建议外，不包含人权高专办的其他任何意见、观点或建议。该报告同样应按照"准备普遍定期审议资料的一般准则"撰写，其包含的内容与国家报告基本相似，也包括受审议国家的人权制度框架、国际人权义务以及人权实践及困难等问题。但是人权高专的报告与国家报告相比存在如下根本的不同：其一，立足点不同，该报告是人权高专站在国际立场上，对于受审议国有关国际和国内层面的人权制度和实践的观察，在汇编特别程序和条约机制等提供的资料的基础上撰写而成。尽管该报告中也有对一国人权进步的认可和赞许，但是反应和强调一国需要改进的人权问题却是该报告的主流声音。其二，视角的不同，该报告的内容不仅包括受审议国家在国内层面保障人权的状况，还包括在国际层面履行国际人权义务的情况，特别是接受特别程序和条约机制监督的情况。因此，人权高专的报告不但涉及受审议国家保障人权的法律和制度问题，而且还特别注重该国在人权问题上的国际立场、实践以及相关外交政策等一系列问题。

包括非政府组织在内的利益攸关方的报告主要是从社会组织的角度来反映受审议国家的人权状况和问题的报告，它是国家报告的有益补充。普遍定期审议机制对于利益攸关方报告的正式审议，使此类报告不再像非政府组织向条约机构提交的"影子报告"那样，任由审议专家取舍，而成为合法的信息来源。普遍定期审议机制的这一规定，不仅确立了国际或非国际组织等利益攸关方参与联合国人权机制的合法性，使其法律地位发生了质的飞跃，同时也肯定了他们在国际和国内层面监督人权的重要作用。

（二）普遍定期审议机制的运行模式

1. 审查的周期及顺序

普遍定期审议机制在运行方面订有严格的时间规划，既有关于审议周期的框架性规定，也有针对国家审议时间的具体性规定，甚至还包括每个参会国家发言时间的规定。普遍定期审议的最初设计为：在审议时间上，给予每个受审议国家 3 个小时的审议时间，先后完成国家报告陈述以及与参会国家的互动对话等步骤。在审议周期上，在每次人权理事会会议期间审议 16 个国家，每年分三次会议共审议 48 个国家，通过 4 年的时间来完成对所有国家的审议。当然，普遍定期审议工作的周期性安排和顺序并不是一成不变的。人权理事会第 5/1 号决议指出，"普遍定期审议是一个不断演化的进程；在第一个审议期结束后，理事会可依据最佳做法和经验教训，审查这个机制的模式和周期性安排"。[1]

审议的顺序依普遍性和平等对待的原则制定，所有成员国在任期内都应接受审议。理事会的初始成员，特别是当选任期为 1 年或 2 年的成员，应首先接受审议。接受审议的既应有理事会的成员国，也应有理事会的观察员国。在选择受审议的国家时，按照公平地域分配原则通过抽签进行决定，[2] 并从抽签选出的国家开始，按国名字母顺序进行安排，排列出接受审议的国家顺序日程表。

2. 审议的程序及结果

普遍定期审议机制的审议工作主要由理事会 47 个成员国组成的工作组负责完成。人权理事会的观察国、受审议国家的利益攸关方均有权参加审议会议，但是只有与会并登记发言的国家可以提问并且进行评论和建议，国家之外的组织和个人只能进行观摩，不具有发言资格。普遍定期审议机制不仅仅包括在日内瓦的审议阶段，它还包括之前的审议材料的准备阶段和之后的跟进和履行审议建议的后续行动阶段。在整个审议工作中，有几个运行机制和环节值得关注。

（1）三国小组。为了更好地引导和协调整个工作组的审议工作，普遍定期审议机制规定针对每个国家的审议都要设立一个由三国代表组成的报告小组，即三国小组，来领导审议工作，具体职责包括汇集并转交向受审议国家提出的问题单；在互动对话过程中力促重点突出，同时保障审议工作的公正和透明；在人权高专的支持下撰写审议工作报告等。三国小组中的三国代表均从不同区域组的成员国中抽签选出，受审

---

〔1〕 Institution-building of the United Nations Human Rights Council, UN Doc. A/HRC/RES/5/1, 2007, note a.

〔2〕 Institution-building of the United Nations Human Rights Council, UN Doc. A/HRC/RES/5/1, 2007, para. 12.

议国家有权要求其中一名国家代表选自其所属区域组，并有一次机会请求替换一名代表。同时，三国代表也可要求回避参加某一次审议工作。

（2）发言机制。普遍定期审议机制是一个强调成员国为主导，促进成员国进行交流的审议机制。该机制旨在提供一个平等的国际人权对话平台，因此非常重视审议过程中的发言机制，并鼓励联合国的每一个成员国都能够参与到审议工作中。参加审议会议的国家，经登记可以提问、评论并建议。联合国成员国对于普遍定期审议机制的参与不仅能够提供更多的人权信息，促使一国的人权问题引起广泛关注，实现不同经验的分享和人权观点的碰撞，同时也显示了多元化的价值取向，并产生平衡政治博弈的作用。

（3）审议工作报告的撰写及通过。对一国审议结果的工作报告是由三国小组在人权高专秘书处的协助及受审议国的参与下共同完成的。审议工作报告包括审议工作的议事纪要、结论和建议。具体内容包括受审议国家的人权状况、在人权方面的发展和挑战、国家自愿作出的人权承诺和保证，对有关人权问题的评论和建议，以及在征得国家同意后提供的技术援助和能力建设等。[1] 该报告通常在审议会议结束 48 小时后，由工作组进行审议并通过。在此期间，受审议国有机会对其所接受或拒绝的建议发表初步评论，并被载入报告中。该报告在工作组通过后的 2 周内，允许受审议国家对报告中发言的部分文字进行编辑和修改，之后提交人权理事会全体会议通过。根据第 5/1 号决议，人权理事会要在下一届全体会议中安排 1 个小时的时间审议关于一国审议结果的工作组报告。在该会议上，特别是结果文件通过前，受审议国家还有机会针对结论、建议和自愿性许诺与承诺发表意见，并就工作组互动对话期间未充分解决的一些问题或关注事项作出答复。与此同时，人权理事会成员国、观察员国以及其他利益攸关方（包括国家人权机构和拥有经社理事会咨商地位的非政府组织）也均有机会就审议结果发表意见或者发表一般性评论，从而确保受审议的国家能够充分参与审议结果的产生过程

---

〔1〕 Institution-building of the United Nations Human Rights Council, UN Doc. A/HRC/RES/5/1, 2007.

及与其他国家或非政府组织的互动。人权理事会在审议普遍定期审议结果的同时，决定是否及何时采取具体的后续行动。

（4）审议工作的后续行动。普遍定期审议机制的后续行动是有关国家在接受审议后，对所接受的建议以及承诺的执行措施。作为一种特别强调合作的机制，普遍定期审议的审议结果首先应由受审议国的政府来落实，而该国国内社会各方也应参与实施以及监督相关的后续行动，以推进其国内的人权状况的进步。为了强化普遍定期审议机制后续行动的执行力，人权理事会不仅将后续行动问题设立为常设项目进行广泛的讨论，并且强调在普遍定期审议会议上着重审查国家对前次审议建议的落实情况，从而加强对后续行动的监督效力。

二、普遍定期审议机制的特点及局限性

作为最新的人权保障机制，普遍定期审议机制是联合国与成员国追求公平公正的国际人权法实施机制的结果，反映了联合国人权机制在实践中的历史积淀和最新的发展趋势。与其他人权保障机制相比，普遍定期审议机制具有一系列的特点，同时也存在一定的局限性。

（一）普遍定期审议机制的特点

1. 公平性和合作性

普遍定期审议机制的公平性蕴含在对所有国家进行审查的普遍性之中，即所有国家无论大小强弱，无一例外地成为受审查的对象。普遍定期审议机制所拥有的这种普遍性和公平性是其他人权保障机制所无法企及的，它体现了联合国改革的宗旨和对公平价值的追求。

在联合国人权理事会建立之前，原人权委员会在审议国别人权问题上的"选择性"和双重人权标准颇受诟病，该委员会的政治倾向已经严重阻碍了联合国在人权领域发挥正常的监督作用。[1] 对此，前联合国秘书长安南建议通过普遍定期审议机制对所有国家履行国际人权义务

---

〔1〕 学者的评论参见：Paul Sergio Pinheiro, "Being a Special Rapporteur: a Delicate Balancing Act", *The international Journal of Human Rights*, 2011, vol. 15: 2, p. 165; Oliver Hoehne, "Special Procedures and the New Human Rights Council—a Need for Strategic Positioning", *Essex Human Rights Review*, vol. 4, no. 1, 2007, p. 3.

的状况进行客观、全面的评估，以提高联合国在人权保障方面的监督能力。[1] 普遍定期审议机制的公平性，不仅部分解决了原人权委员会的政治化问题，还使该机制史无前例地实现了对所有成员国的全面人权审查。该机制的建立对于联合国审查某些极端国家及霸权国家的人权状况具有重要的意义。[2]

普遍定期审议机制对于联合国所有成员国的审议是一个庞大的工程，为了彻底改变成员国对于原国别人权审查机制的排斥态度，该机制较之其他联合国人权机制更加强调缔约国合作的重要性，并规定了具体的措施来提高各国的参与性和合作意愿。其一，平等地审议所有缔约国而不是选择性地审查从根本上激发了成员国政府进行合作的主动性。其二，普遍定期审议机制注重在审议过程中对于成员国主导性的强调。在这一机制中，审议的主体既不是独立的专家，也不是少数国家，而是联合国人权理事会的成员国。在整个审议过程中，联合国所有成员国都可以参会发言。这种国家的主导性，由于扩大了参与主体的范围，平衡了受审议国家与其他国家间的对抗性，并防止了专家审查可能带来的政治倾向性和片面性，从而增强了受审议主体与审议主体之间的平等性。其三，普遍定期审议机制规定了受审议国家具有否定"三国小组"代表的资格和程序，从而为实现与受审议国家的真正对话并提高对话质量提供了保障。其四，普遍定期审议机制还规定了受审议国家参与结论性意见的撰写过程，并提出相关意见的权利，从而加强结论性意见的可接受性和日后实施的可操作性。[3]

总体来讲，普遍性与合作性体现了普遍定期审议机制尊重和公平对待成员国的态度，这两个特点旨在消除原国别审查的选择性、对抗性，

---

〔1〕 In Larger Freedom: towards Development, Security and Human Rights for all, Report of the Secretary-General, UN. doc. S/59/2005, paras. 182–183.

〔2〕 Constance De la Vega, Tamara N. Lewis, "Peer Review in the Mix: How the UPR Transforms Human Rights Discourse", in M. Chierif Bassiouni, William A. Schabas (eds.), *New Challenges for the UN Human Rights Machinery*, 2011, p. 369.

〔3〕 Institution-building of the United Nations Human Rights Council, UN Doc. A/HRC/RES/5/1, 2007, paras. 28–32.

并通过促进成员国的充分参与及合作来提高成员国对于该机制的接受和认同，从而确保国家间对话的切实有效性。这既是普遍定期审议机制发展的内在动力也是整个联合国人权机制的发展方向。

2. 同侪审查的平等性

纵观整个联合国人权机制，普遍定期审议机制另一突出的特点就是它是一种同侪审查。不同于传统的人权保障机制的审查模式，普遍定期审议机制是一个在平等的国家主体之间的人权监督机制，即通过成员国之间的互信合作和相互监督，针对受审议国家存在的人权问题，进行互动对话，并提供建议以供借鉴，从而促进各国人权的全面发展。该机制打破了在其他人权保障机制中由一个组织或者专家权威主导审议的模式，而是将审议主体和受审议主体放置在平等的位置上，通过对话的形式进行人权监督。普遍定期审议机制实际上为各国提供了一个平等的对话机会和环境，在这个平台之上，成员国就一国的人权问题进行讨论，发现问题，集思广益，提供改善建议和有关实践经验，以供受审议国家参考，从而推进人权的发展。该机制建立了不同的责任机制，以促进和加强受审议国家对人权问题的责任。相对于特别程序与条约机制等，普遍定期审议机制是一个政府间的合作机制，成员国履行保障人权的义务的压力，来源于其他国家的监督，而不是向某一个机构或者专家负责，虽然它并不是通过批判或者惩罚的手段让一个国家来履行人权义务，但是国际舆论的压力增强了该责任机制。普遍定期审议机制的作用就在于通过国家间平等的讨论和表达意见，和谐地取得对人权价值和原则的认同，力图实现一国在人权政策上的微调，从而推动一国人权和世界人权的整体发展。[1]

---

〔1〕 普遍定期审议机制是平等主体之间进行人权对话的过程，它通过国家间的对话互动，在肯定一国人权成就的同时，就该国人权实践中不符合国际人权法的问题提出关切和建议，从而推动人权的发展。这一机制对于和谐地争取人权原则的广泛认同是具有效率的途径和方法。它不同于传统人权机制的做法就在于为参与审议的各国提供了平等的环境和氛围，以类似同侪之间互信合作的方式进行人权对话，而取代了传统的"审判式"的国别人权审查方法，因此普遍定期审议机制中的审议主体和接受审议的国家之间是一种平等的关系，受审议国家的责任压力来源于平等的成员国的监督，而不是一个机构或者独立的专家。

人权事务是一个非常复杂的国际事务，具有相当高的政治敏感性，由于国家法律制度和传统文化的差异，世界各国在人权问题上持有不同的价值观。如何在国际层面成功运行一种监督机制是对设计者智慧的考验，之所以采取这种"同侪审查"的模式来建立普遍定期审议机制，主要是基于对政府间机构和人权机制运行历史的总结和反思。经验表明在一个多元化的人权价值观和不同的社会制度以及外交政策交汇的国际场合中，"同侪审查"应该是实现平等的沟通与理解，从而取得共识的最好的办法。

3. 全面性和一般性

全面性也是普遍定期审议机制的最大特点之一，它主要表现在该机制对所审议的人权内容的全面覆盖性。首先，与其他人权保障机制相比，普遍定期审议机制不再囿于二分法对人权分类的限制，而是将公民、政治权利以及经济、社会和文化权利作为一个整体，对于一国人权状况进行审查，竭力"促进所有人权的普遍性、相互依存性、不可分割性以及相互关联"的价值，[1] 从而推动一国人权的全面发展。其审查的国际法根据包括国际人权公约、《世界人权宣言》以及国家关于人权义务的承诺等。因此，普遍审议机制是对所有人权的全面审查，彻底突破了条约机构基于职权范围的限制，避免了对各类人权进行逐一审议的弊端。其次，普遍定期审议机制对于一国人权状况的审议不仅包括该国尊重和保障人权的情况，还包括该国与联合国人权机制合作的情况。根据人权理事会关于《联合国人权理事会的体制建设》的第 5/1 号决议，普遍定期审议机制审议的文件不仅包括国家报告，还包括人权事务高级专员办事处编纂的报告，旨在展现该国履行国际人权义务的情况。最后，普遍定期审议机制审议的文件还包括非政府组织提供的报告，力求通过倾听不同的声音来实现对于一国人权状况更加客观、全面的审查。普遍定期审议的全面性特点，使该机制突破了已有人权机制的监督权限，开创性地向国际社会呈现出全世界人权状况的全貌，普遍定期审议

---

〔1〕 Institution-building of the United Nations Human Rights Council, UN Doc. A/HRC/RES/5/1, 2007, para 3.

机制对于丰富和全面的人权信息的收集，为评估各国人权状况以及世界性人权发展的进程提供了客观的基础。

普遍定期审议机制的全面性同时意味着该机制对于各国的人权状况只能是一般性审查。尽管对于一国人权状况的审议与具体的人权问题无法截然分开，但是普遍定期审议机制从总体上讲，对于人权的保障和促进不是个案性的推动，而是旨在与一国展开全面对话的基础上，实现对整体人权状况的监督。作为宪章机制之一，该机制自身的运作具有政治性特点，其所关注的角度和实现的监督目标，并不是具体个案的合理性，而是国家法律制度的公平性、人权发展战略的先进性，以及人权外交政策的合理性，以期通过国家间的开放对话，从总体上监督和提高一国对于人权的保障和推动水平。

4. 补充性和增值性

根据人权理事会第 5/1 号决议，人权理事会对于普遍定期审议机制的定位是"补充而不是重复其他人权机制"。普遍定期审议机制的补充性的真正含义就在于其在现有的人权保障机制无法覆盖的国家、地区或者人权事项上，提供补充性的监督和保障作用。该机制的运行既不能影响其他机制处理个案的能力，也不能替代其他已有的任何人权保障机制。而事实证明，普遍定期审议机制本身确非一种重复建设，其在弥补现有的联合国人权机制在审查对象和审查内容的漏洞方面确实发挥了前所未有的作用。由于目前的宪章机制主要运用政治方法来保障人权，这其中不可避免地会出现某些国家通过外交战术逃避人权监督的问题，而条约机制也要受制于国家对于公约的接受，因此都无法实现对所有国家或地区及所有人权问题的全面监督。而普遍定期审议机制的建立则使联合国终有机会来审查这些"漏网之鱼"，由此弥补了现有人权保障体系的监督死角。

实践中，普遍定期审议机制的建立和运行不仅发挥了补充其他人权保障机制的作用，还带来一种特有的增值效应。这种增值效应主要表现在该机制强化了其他人权保障机制的实施力，增强了联合国人权机制的整体监督力度。由于普遍定期审查机制不仅审议相关的国家报告，还审议联合国人权高专编纂的该国与其他人权机制合作情况的报告，因此，它在对其他机制进行整合以实现监督目的的同时，实际上也为其他机制的工作成果提供了一个更大的展示舞台。如此一来，它自身不仅是一种单纯的人权监督机制，还是其他人权保障机制后续行动的一部分。从这个意义上讲，普遍定期审议机制不仅是其他机制的补充，该机制的运行还增强了条约机制、特别程序的后续执行力，在增强了机制间的合作的同时，实现了整体提升联合国人权机制监督力度的多重价值。

综上所述，与其他人权机制相比，普遍审议机制更强调促进所有人权的普适性、相互依存性、不可分割性以及相互关联性，它突破了地域性、专题性，从而实现了对人权进行有效的监督和保障。此外，普遍审议机制特别注重确保覆盖且平等对待所有国家，整个机制的运行客观、透明、非选择性、建设性、非对抗性、非政治化，并力求做到不冗长，切合实际，以及照顾到各国的不同国情。

（二）普遍定期审议机制的局限性

1. 难以突破的政治性

尽管普遍定期审议机制开创性地将所有联合国成员国纳入了受审议的范围，实现了对世界性人权问题进行全面监督的目标，但是它自身携带的政治基因却没有得到根本改变。这也是很多学者对这一新机制持有保留意见的根本原因。某些学者认为，尽管人权理事会的建立具有很多的进步性因素，但始终没有突破原人权委员会的政治性架构。这种负面影响表现在如下几个方面：其一，普遍定期审议机制的运行和对一国的审议表现出了明显的集团化特征。其二，普遍定期审议机制的审议主体——人权理事会成员国的选举并没有给予人权纪录良好的国家以任何竞争空间，政治影响力大的国家即便缺乏良好的人权纪录也能够当选理事会成员国的问题，影响了普遍定期审议机制的信誉，并影响了对他国人权审议的公正性。其三，根据《联合国宪章》《世界人权宣言》以及各国遵守的国际人权条约，对一国的人权状况的审议理应是一个法律实施的问题，这对于由政治代表组成的审议主体来讲，其无法像条约机构的专家一样给予全面的、专业性的人权评估；此外，普遍定期审议机制由于政治因素对于受审议国家人权进步与发展的肯定还可能与条约机制的国别性意见相左，甚至产生负面作用。

2. 缺乏后续执行力

对于普遍定期审议机制缺乏执行力的担忧始于对该机制的构想伊始。当时成员国中对于普遍定期审议机制的看法就是喜忧参半。其中，有些国家力挺普遍审议机制的建立，以实现公平的监督，但是有些国家则担忧对所有国家审议等同于剥夺了该机制的执行力度，而使该机制流于形式，成为一个浪费人力、物力，并重复其他人权机制工作的机制。尽管普遍定期审议机制具有无可替代的价值，但是其在后续执行力方面确实需要进一步完善。首先，国家对于审议结果中的人权建议具有完全自主的选择权，也从客观上限制了该机制的实施力。其次，普遍定期审议机制缺乏对于后续行动的强制性汇报义务。实践中，虽然有些国家主动提交报告，但是多数国家对于建议的履行具有较大的自由性，缺乏后续行动的监督机制，削弱了普遍定期审议成果的价值，割断了该机制监督的连续性。

三、中国在普遍定期审议机制中的实践

（一）中国对于普遍定期审议机制的立场

人权理事会及其普遍定期审议机制的建立是联合国针对原人权委员会将人权问题政治化以及行动不力等问题所做的改革。这一变革所体现的公平、公正、透明等理念符合中国对于联合国改革问题的基本立场和一贯的人权原则，顺应了中国关于提高联合国的权威、公正和效率，推动多边主义发展解决问题的主张，以及在联合国人权机制中的战略发展要求，因此，中国对于普遍定期审议机制持有合作的积极态度。[1]具体而言，可以从如下三方面来理解中国的这一立场。

第一，与普遍定期审议机制合作是中国作为联合国成员国和人权理事会会员国的国际义务，也是中国竞选历届人权理事会成员国的郑重承诺。根据《联合国宪章》第 2 条第 2 款，"各会员国应一秉善意，履行

---

〔1〕 "中国关于联合国改革问题的立场文件"，载 http：//www.fmprc.gov.cn/mfa_ chn/ziliao_ 611306/tytj_ 611312/zcwj_ 611316/t199083.shtml，访问日期：2015 年 1 月 15 日。

其依本宪章所担负之义务，以保证全体会员国由加入本组织而发生之权益"。而根据人权理事会第 60/251 号决议，人权理事会"决定当选为理事会成员者在促进和保护人权方面应坚持最高标准，与理事会充分合作，并在任期内接受定期普遍审查机制的审查"。此外，中国自报名竞选首届成员国时就做出了庄重的承诺："中国政府一贯致力于促进和保护人权及基本自由，并积极参与国际人权对话与合作。中国政府支持人权理事会以公正、客观和非选择性方式处理人权问题，加强不同文明、文化、宗教间的建设性对话与合作。"[1] 中国在第二次竞选连任成员国时，则进行了如下发言："自 2006 年当选首届人权理事会成员以来，中国人权事业取得显著进步，兑现了竞选首届人权理事会时所作的承诺。中国为人权理事会建章立制工作做出重要贡献，以开放、坦诚和高度负责任的态度接受理事会国别人权审查机制对中国的首次审议。"[2] 一言以蔽之，中国对于上述义务的履行以及公开的态度都表明了对普遍定期审议机制的支持。

第二，普遍定期审议机制的审议主体——人权理事会所有成员国组成的工作组，具有一定的公正性，基本符合发展中国家的利益。新建立的人权理事会为了实现组织内部的政治力量平衡，在成员国资格遴选方面进行了改革，不仅规定了成员国应以公平地域分配原则为基础进行遴选，从而改变了亚洲代表在人权理事会中的比例，突出了发展中国家在国际人权事务中的影响，而且还规定了成员国不得连选连任两次，从而杜绝了任何国家长期控制人权理事会的可能性，因此，赢得了包括中国在内的广大发展中国家的信任。[3]

第三，普遍定期审议机制的宗旨、目的和运行机制符合中国对于人

---

〔1〕 "中国等 64 国竞选联合国人权理事会的首届成员"，载 http：//www. js. xinhuanet. com/xin_ wen_ zhong_ xin/2006-05/09/content_ 6927280. htm，访问日期：2015 年 1 月 20 日。

〔2〕 "中国再次当选联合国人权理事会成员国"，载 http：//news. xinhuanet. com/world/ 2009-05/13/content_ 11362756. htm，访问日期：2015 年 1 月 15 日。

〔3〕 "第 60 届联大通过人权理事会决议草案，中国常驻联合国副代表张义山作解释性发言"，载 http：//www. fmprc. gov. cn/ce/ceun/chn/zgylhg/shhrq/rqsw/t240622. htm，访问日期：2015 年 1 月 15 日。

权问题的一贯立场。首先，普遍定期审议机制强调所有国家无论大小强弱，无一例外地成为受审查的对象。这一特点从根本上契合了中国关于联合国人权机制应保障主权平等的基本主张。中国认为，联合国改革的关键是扭转将人权问题政治化的现状，不搞双重标准，减少和避免对抗，促进合作。[1] 普遍定期审议机制因彻底根除了以往国别人权审查问题上的"选择性"弊病，确保各国能够得到公平对待，因此提高了该机制的普遍接受程度和公信力。其次，普遍定期审议机制将公民、政治权利以及经济、社会和文化权利作为一个整体进行全面审议，打破了其他联合国人权机制分割人权的整体性、分别进行国际监督的现状。这一做法符合中国关于同等重视经济、社会、文化权利和公民、政治权利两类人权保障的一贯立场和相关实践。最后，普遍定期审议机制的设计本质定位于同侪审查，即基于成员国之间的互信合作，针对受审议国家存在的人权问题进行互动沟通，并提供建议，从而促进一国人权的发展。[2] 这一特点契合了中国关于联合国的改革应有利于推动多边主义，促进国际合作的立场，以及对于人权应该加强对话与合作的主张。

（二）中国接受普遍定期审议机制的实践

1. 中国第一次参与普遍定期审议机制的实践

作为人权理事会的首届成员国，中国原定于 2008 年接受普遍定期审议，但是由于当年适逢中国举办奥运会，因此便于次年在日内瓦接受了审议。对于第一次接受普遍定期审议，中国给予了极大的重视。在国家报告撰写阶段，外交部牵头组织了 30 多个部委等单位共同撰写了报告，并向 15 个非政府组织进行了咨询，以丰富国家报告的内容。这份报告具体包括国家概况、人权立场、保障和促进人权的法律、制度框架及相关的人权政策、实践和国家在人权问题上的困难及工作目标等，不仅展现了中国在 2004~2008 年发生的"人权入宪"、第一个国家行动计

---

〔1〕 "中国关于联合国改革问题的立场文件"，载 http://www.fmprc.gov.cn/mfa_ chn/ziliao_ 611306/tytj_ 611312/zcwj_ 611316/t199083.shtml，访问日期：2015 年 1 月 15 日。

〔2〕 In Larger Freedom: towards Development, Security and Human Rights for all, Addendum: Human Rights Council, Explanatory note by the Secretary-General, UN Doc. A/59/2005/Add. 1.

划的制定及颁布等重要的人权事件以及国家在各个领域取得的人权进步，而且还反映了中国在保障和推进就业、医疗卫生、社会保障、食品安全等方面遇到的困难。[1] 与此同时，联合国人权高专和来自国内外的国际和国内非政府组织也分别提供了报告，从不同的立足点和视角对中国在国际和国内层面履行国际人权义务以及与联合国人权机制的合作情况进行了综述、评价和建议。[2] 上述三种报告共同组成了对于中国进行普遍定期审议的主要内容和对话基础。

2009年2月9日，加拿大、印度和尼日利亚三国小组领导普遍定期审议机制工作组对中国进行了审议。中国驻日内瓦大使刘保东先生带领由43个成员组成的代表团参与了本次审议。在本次会议上，中国在阐述国家报告的基础上，根据各国事先提出的问题单以及现场提出的问题进行了说明和解释，并就有关人权问题与到会的国家代表进行了沟通。在本次审议中，多数代表团纷纷欢迎中国积极接受普遍定期审议，向人权理事会提供了内容丰富、全面的国家报告，为与世界各国的人权对话打下了良好的基础；有的代表团对于中国在经济、社会和文化权利方面取得的卓越成就表示赞赏，并希望得到中国的支援和合作；还有代表团注意到中国与非政府组织所开展的日益广泛的咨询和协商，肯定了中国在人权方面的进步。与此同时，部分代表团也对中国的人权状况提出了关切和建议。它们主要包括如下几个方面：①生命权、免于酷刑的权利、人身自由、表达自由、宗教信仰自由以及公正审判权等公民和政治权利。②健康权、社会保障权、教育权等经济、社会和文化权利。③妇女、儿童、少数者等特殊群体主体的人权问题。④中国对于国际人权义务的接受、履行以及与联合国人权机制的合作问题。⑤其他与人权相关

〔1〕 National Report Submitted In Accordance With Paragraph 15 (A) of the Annex To Human Rights Council Resolution 5/1: China, UN Doc. A/HRC/WG. 6/4/CHN/1, 2008.

〔2〕 Compilation prepared by the Office of the High Commissioner for Human Rights in accordance with paragraph 15 (b) of the annex to Human Rights Council resolution 5/1 and paragraph 5 of the annex to Council Resolution 16/21, China, UN Doc. A/HRC/WG. 6/4/CHN/2, 2008; Summary prepared by the Office of the High Commissioner for Human Rights in accordance with paragraph 15 (b) of the annex to Human Rights Council resolution 5/1 and paragraph 5 of the annex to Council resolution 16/21, China, UN Doc. A/HRC/WG. 6/4/CHN/3, 2009.

的问题。诸如，刑事司法改革问题、户籍问题以及国家人权机构的建立等。对于上述建议，中国在接受了绝大多数关于经济、社会和文化权利的建议的同时，限于当时的国内法律制度及人权状况等原因，对于如下建议不予接受：废除、暂停和缩小死刑及其范围；消除对信息和表达自由的限制；废除所有形式的行政性监禁；简化宗教活动的官方审批手续；保证每个未决被囚者有权定期会见来访者并始终有权获得法律顾问与有效的申诉机制；改革监狱或强制医疗照顾制度；尽早批准《公民权利和政治权利国际公约》并接受核心国际人权公约的议定书；建立国家人权机构；废除户籍制度等。[1]随着中国人权保障的发展，上述部分建议在此后的实践中也得到了逐步落实。

2. 中国第二次参与普遍定期审议机制的实践

按照普遍定期审议的工作日程表，对中国的第二次审议安排在2013年的10月22日。中国一如既往地按时提交了国家报告，反映了2008~2012年中国在人权方面的进步、遇到的困难和障碍，并汇报了中国对第一轮普遍定期审议的各项建议的落实情况。[2]与第一轮国家报告相比，第二轮审议的国家报告有一个比较明显的特点，就是咨询和吸纳了更多非政府组织的观点。这不仅体现在将非政府组织提供的数据直接纳入国家报告之中的做法，还体现在增加了接受咨询的非政府组织的数量。[3]这种做法不仅提升了国家报告在观点和数据上的全面性，而且也表明了中国政府对非政府组织人权监督作用的肯定。

联合国人权高专提供的报告仍旧对中国与联合国人权机制的合作情况以及相关人权问题进行了综述。与第一轮报告相比，该报告在撰写框

---

〔1〕　总览中国拒绝的建议，第一类是其他国家由于不了解或者误解中国人权现状而提出的建议，第二类是与国内的法律制度和现实存在差距的建议。

〔2〕　National Report Submitted in accordance with Paragraph 5 of the annex to Human Rights Council Resolution 16/21；China, UN Doc. A/HRC/WG. 6/17/CHN/1, 2013.

〔3〕　第一轮国家报告的撰写咨询了15个非政府组织，第二轮国家报告的撰写则咨询了22个非政府组织。

架和内容上并没有太大的差别，仅仅是关注的人权问题有所不同而已。[1]

　　而此轮非政府组织提交的报告无论从报告数量还是参与报告的主体数量来看，都呈现翻倍增长的态势，它反映了非政府组织对普遍定期审议机制的重视度和参与度的大幅提升。深入分析两轮审议所收到的非政府组织的报告的相关信息，可以发现如下几个特点：其一，在第二轮审议中，提交报告的非政府组织飞速增长，这不仅从报告的数量上得到直观地反映，而且还可以从报告署名的机构数量上得到印证。在第一轮审议中，来自国际和国内的非政府组织递交了 46 份有关中国的人权报告，而在第二轮审议中，非政府组织的报告数量则几乎成倍增长，达到了82 份。其中，独立和联合向第一轮审议提交报告的非政府组织约为 60个，而第二轮则约为 114 个。其二，非政府组织向第二轮审议提交的联合报告的数量急剧增加。相较于第一轮的 3 份联合报告，第二轮的 16份报告增长了 4 倍之多，这一方面解释了参与报告的非政府组织数量激增的原因，同时体现了非政府组织对于普遍定期审议的普遍重视和积极参与的意愿。其三，来自国内和国外的非政府组织的报告数量同时急剧增加。比较两轮报告的数量，基本达到 1∶1 的比例。其中，第一轮审议为 21 份∶25 份，第二轮为 40 份∶42 份，来自国际或者国外非政府组织的报告数量略胜一筹，它清楚地表明了来自世界范围的非政府组织对中国人权的关注。其四，香港非政府组织提交的报告数量急剧攀升。第一轮审议时才只有 4 份，而第二轮则增加到 11 份，占国内非政府组织报告的 1/4。[2] 上述分析表明，普遍定期审议机制为非政府组织直接参加联合国人权机制提供了一个捷径，越来越多的非政府组织开

　　〔1〕 Compilation prepared by the Office of the High Commissioner for Human Rights in accordance with paragraph 15 (b) of the annex to Human Rights Council resolution 5/1 and paragraph 5 of the annex to Council Resolution 16/21, China, UN Doc. A/HRC/WG. 6/17/CHN/2, 2013.

　　〔2〕 Compilation Prepared by the Office of the High Commissioner For Human Rights, In Accordance With Paragraph 15 (B) of the Annex To Human Rights Council Resolution 5/1, UN Doc. A/HRC/WG. 6/4/CHN/2, 2008; Compilation Prepared by the Office of the High Commissioner For Human Rights, In Accordance With Paragraph 15 (B) of the Annex to Human Rights Council Resolution 5/1, China, UN Doc. A/HRC/WG. 6/17/CHN/2, 2013.

始重视通过普遍定期审议机制掌握一定的人权话语权,发挥监督作用,并影响对一国人权状况的审议结果。此外,围绕着中国的审议时间,中国的非政府组织在日内瓦举办的辅助会议成为一大亮点,全面展示了中国国内的人权状况和问题,成为中国代表团的有益补充。

　　本次审议在波兰、塞拉利昂和阿拉伯联合酋长国三国代表的主导下进行。中国驻日内瓦的郑海龙大使带领由 43 个成员组成的代表团参加了审议。中国在完成了陈述国家报告的基础上就国际关注的人权问题与各国进行了交流。由于本次审议改变了发言制度,将互动环节的时间平均分配给所有登记发言的国家,因此有 137 个国家到会发言并向中国提出了建议。[1] 与第一次审议的状况相同,许多代表团纷纷欢迎了中国与普遍定期审议机制的对话与合作,赞赏中国取得的巨大人权成就,同时也提出了促进中国人权发展的种种建议。其中,部分建议重复了第一轮建议的观点和内容,但是更加深入和细化。关于生命权、人身自由和宗教信仰自由等公民和政治权利的建议仍旧在所有建议中占据较大的比例。妇女、儿童以及少数者等特殊主体的人权继续受到极大的关注。而残疾人的权利、网络上的表达自由、人权教育问题则成为新的人权焦点。此外,在经济、社会和文化权利方面,各国对于保障教育权、健康权、社会保障权的建议更加详细和全面,并着重强调了对于城乡差距的关注和对弱势群体的平等保障。[2] 对于各国在第二轮普遍定期审议中提出的所有 252 条建议,中国经过逐一分析和研究后,接受了其中的 204 条,接受率达到 80.9%。[3] 相较于第一轮,这一较高的接受比例一方面表明了中国在某些人权问题上确实取得了巨大的进步,这些人权状况的提高增强了中国的自信和对各种人权建议的接受力度和范围。例

---

　　[1]　Report of the Working Group on the Universal Periodic Review: China, UN Doc. A/HRC/25/5, 2013.

　　[2]　Report of the Working Group on the Universal Periodic Review: China, UN Doc. A/HRC/25/5, 2013.

　　[3]　Report of the Working Group on the Universal Periodic Review: China, Addendum: Views on Conclusions and/or Recommendations, Voluntary Commitments and Replies Presented by the State under Review, UN Doc. A/HRC/25/5/Add. 1, 2014.

如，在第二轮建议中，中国改变了原有的立场接受了废除劳教、加强对表达自由及记者的保护以及修改相关法律制度以推进人权保障的多数建议。另一方面则表明了中国与普遍定期审议机制的合作态度有所加强。中国尽最大可能接受了各国提出的绝大多数的建议，即使是那些以往被认为是较为敏感的人权问题，以及已经得到适当保障的人权问题，只要是从积极和正面的角度和方式提出的建议，中国都给予了肯定，体现了中国在提升人权状况方面开放、坦诚和积极合作的态度。但是与此同时，中国对于某些人权问题，无论在观念上，还是制度上始终与某些国家存在着一定的分歧，并对如下建议不予接受：废除死刑；尽早批准《公民权利和政治权利国际公约》等国际人权公约及其议定书；向特别程序发出长期邀请；采取措施，使社会的所有成员都可不受限制地使用互联网；永久撤销对访问少数民族地区的限制；等等。[1] 本着与普遍定期审议机制合作的态度，中国对于上述不接受的建议进行了解释和说明，并表示对某些建议进行认真思考，尽可能采取合理的措施，进一步改善有关人权状况。

3. 中国第三次参与普遍定期审议机制的实践

2018 年 11 月 6 日，中国迎来了第三次普遍定期审议。在起草国家报告的过程中，外交部牵头成立了由近 30 家立法、司法、行政部门组成的跨部门工作组，严格按照联合国人权理事会有关"准备国别人权审查材料的指导原则"，在借鉴各国良好实践，征询了近 40 家非政府组织和学术机构的意见的基础上，通过分工协作完成撰写工作，并首次在外交部网站上广泛征求了公众意见。

本轮国家报告中分别介绍了报告撰写方法、协商程序和背景情况、促进和保护人权的法律与制度框架、促进和保护人权的成就和实践以及挑战和未来工作目标等内容。报告着重阐释了中国特色人权观和人权理论体系，提出了构建相互尊重、公平正义、合作共赢的新型国际关系，构建人类命运共同体的思想，为推动国际人权事业健康发展提供中国方

---

〔1〕 Report of the Working Group on the Universal Periodic Review: China, UN Doc. A/HRC/25/5, 2013.

案。此外，中国还结合第二轮审议的人权建议，对于中国人权立法、国内人权司法保障、各项人权政策和措施、与联合国人权机制的合作情况等方面进行了介绍。主要包括：中国减贫工作与发展权的落实；工作权、社会保障权、住房权的改善；受教育权、文化权的普遍提高，尤其是农民工子女就学状况的变化；卫生健康、生态环境的好转；在保障生命权、人身自由方面的进步；在禁止酷刑方面的制度的进步；对于政治参与、宗教信仰自由以及表达自由方面的提升；以及对于特定群体的人权保障的加强；等等。在总结进步的基础上，中国还对发展不平衡、社会矛盾复杂、法治有待完善等障碍进行了分析。

在联合国信息汇编报告中，人权高专对于以往的写作框架进行了整合，从中国的国际人权义务及与联合国机制的合作入手，概括介绍了中国的人权框架，并结合国际人权标准以及条约机构、特别程序的意见和建议，对于中国在各领域的人权状况和人权问题进行了梳理。本次报告首次强调了贯穿各领域的人权问题，例如平等和不歧视，发展、环境及工商业与人权以及反恐与人权问题，重申了联合国领域对于中国人权问题的基本看法，但是报告缩减了对于中国与联合国人权机制合作情况的介绍，重点突出了各机构对于人权问题的关切。[1]

在本轮审议过程中，非政府组织提交的报告相比于前两次审议，在报告数量上和组织参与规模上又有所上升，展现了非政府组织在普遍定期审议机制中的监督作用不断强化的趋势。概括比较第三轮和第二轮报告的部分数据，情况分析如下：其一，参与报告的非政府组织数量持续增长，达到 200 多个，其中联合报告数量从前一轮的 16 份增长到 40 份。其二，第三轮报告数量增长为 124 份，相比于第二轮 82 份报告，又增长了 50%。其三，在独立报告中，国内外非政府组织提交的报告数量比例基本持平，为 43∶41，国外非政府组织的报告数量略多；但是

---

〔1〕 The Present Report was Prepared Pursuant to Human Rights Council resolutions 5/1 and 16/21, Compilation on China, UN Doc. A/HRC/WG. 6/31/CHN/2, 2018.

在联合报告中，国外非政府组织占据多数。[1] 这显示出国外非政府组织对于中国人权状况的关注持续增强，也从侧面反映了中国在国际人权事务中的影响力在不断加大。

本轮审议由匈牙利、肯尼亚和沙特阿拉伯的代表组成三国小组，主导对于中国的审议工作。中国代表团由外交部副部长乐玉成及 66 位来自各部门的成员组成，并给予审议工作高度重视。中国代表团本着开放、包容、坦诚、合作态度，同来自 150 个国家的代表团就中国的人权状况和问题进行了全面的探讨，尤其对于一些国际关注的事项展开了深入的交流。[2] 与前两次审议相比，各国代表在本次会议上的发言人数进一步增多，与会代表均对中国的人权保护事业的进步以及人权成就给予了积极认可，并在减贫、法治、民生、反恐、宗教、国际合作等 20 多个领域提出了人权建议。[3] 这些建议包括：在与联合国人权机构的合作方面，建议加入并批准核心人权公约及其议定书；继续增强与人权高专办、人权理事会特别程序等机制的密切合作，为人权调查工作提供便利和有效的帮助；完善和改进国家法律制度中保护人权的机制，以全面符合国际人权法的标准；等等。在特定群体的权利方面，建议将对妇女、儿童、老年人、残疾人、少数民族、性少数者等弱势群体的权利保护贯穿于社会领域的各个方面，形成一整套保护体系，强化立法、司法、社会三重保障，并通过公众教育、社会认可等方式逐步实现消除一切形式的歧视，提高特定群体对于人权享有和实现的水平。在经济、社

〔1〕 The Present Report was Prepared Pursuant to Human Rights Council resolutions 5/1 and 16/21, Compilation on China, UN Doc. A/HRC/WG. 6/31/CHN/2, 2018; Universal Periodic Review – China – Reference Documents, 载 https：//www. ohchr. org/EN/HRBodies/UPR/Pages/UP-RCNStakeholdersInfoS31. aspx, 最后访问日期：2015 年 3 月 24 日。

〔2〕 Report of the Working Group on the Universal Periodic Review：China, UN Doc. A/HRC/25/5, 2013; Report of the Working Group on the Universal Periodic Review：China, Addendum：Views on conclusions and/or recommendations, voluntary commitments and replies presented by the State under review, UN Doc. A/HRC/25/5/Add. 1, 2014.

〔3〕 Report of the Working Group on the Universal Periodic Review：China, Addendum, Views on Conclusions and/or Recommendations, Voluntary Commitments and Replies Presented by the State under Review, UN Doc. A/HRC/40/6/Add. 1.

会和文化权利方面，各国在保障健康权、受教育权和社会保障权等方面对于中国的人权建议大致与第二轮相似，建议中国进一步加强社会保障、提高社会福祉，消除贫富差距、城乡差距，并对于特定群体享有健康、教育、福利等各个领域的权利给予关注，督促国家提供切实保障。此次，环境权的相关话题也受到了极大的重视。在公民和政治权利方面，建议废除或者暂停死刑，切实强化国内对于宗教信仰自由、言论自由等权利的实现，尤其是对于西藏、新疆等少数民族有关人权的保障，并通过制度进行落实。

对于各国在第三轮普遍定期审议中所提出的 346 条建议，中国在考虑相关国情和法律，结合具体事实的基础上逐一筛选后接受了 284 条建议，接受率为 82.1%，略高于上一轮 1.2%。[1] 对此中国认为，人权不是一个固定的模式，它具有特殊性、普遍性，属于历史范畴，一个国家需要实行怎样的人权必须做到"实事求是"，而不是盲目跟从主流。因此，中国秉持与普遍定期审议机制合作的精神，尽最大可能接受了各国所提出的建议，例如，坚持人权教育在各个方面的大力推进，并将人权教育扩展到各个领域的每个岗位；继续促进多边人权机制框架内的建设性对话和互利合作，并积极尊重主权和领土完整；继续与其他发展中国家分享发展和促进人权的最佳做法和经验；持续加强对弱势群体、少数群体权利的保护，保护整体人权、促进和充分确保妇女儿童和残疾人的权利；通过全面立法，消除一切形式、一切领域的基于性别、宗教、族裔、性取向等因素的歧视，特别是关于性取向与传统文化的冲突问题都得到了中国的积极响应和郑重承诺。尽管有一些新的人权问题在不断产生，但只要是基于尊重中国主权和领土完整所提出的建议，符合中国国情和现实事实情况的，中国都欣然接受，体现出了中国在人权状况方面所展现的大国担当和责任。

当然在某些人权问题上，中国依然坚持独立的人权立场，并对下列

---

〔1〕 Report of the Working Group on the Universal Periodic Review: China, Addendum, Views on Conclusions and/or Recommendations, Voluntary Commitments and Replies Presented by the State under Review, UN Doc. A/HRC/40/6/Add. 1.

建议持否定观点：①对于各国要求尽快批准《公民权利和政治权利国际公约》等公约及其议定书的问题，中国回应国内正在积极为公约的接受进行改革，需要等待各项条件的进一步成熟。而对于申诉机制问题，中国认为履行国际人权公约的首要责任在于各国政府，如公民遭受权利侵害，应通过本国申诉机制得到救济和解决。②对于废除死刑问题，中国认为国家有权在国际法框架内决定是否适用死刑，而保留死刑、严格限制和慎重适用死刑是中国的基本死刑政策。③关于接受联合国有关机构或人员不受限制的入境和监督问题。中国认为，联合国组织的国别访问应该得到受访国家的同意。④设立国家人权机构的问题，中国认为国内许多部门已经承担了类似的职责。

综上所述，中国在第三轮普遍定期审议中，不仅秉持了积极合作的精神和对人权问题开放的态度，同时对于中国的人权观更加自信、对于某些人权问题的立场更加坚定。

（三）从中国的实践看普遍定期审议机制的变化

1. 周期的变化

第一轮普遍定期审议结束后，综合分析相关的经验和教训，为了给予每一个被审议国家更多的互动时间，普遍定期审议机制对审议时间和审议周期进行了如下改革，即，将每个国家的受审议时间由原来的 3 个小时调整为 3.5 个小时；普遍审议机制的审议周期则从每 4 年审议 193 个国家的方案，相应地调整为每 4 年半来完成，从而通过延长审议时间和周期的方式，来确保实现充分的对话。[1]

2. 发言机制的变化

普遍定期审议机制定位于国家人权论坛式人权保障机制，因此其在创建和运行伊始就非常注重发言机制的设计，并在第二轮审议中及时进行了适当的调整。原则上讲，普遍定期审议机制的发言机会是公平和开

---

〔1〕 人权理事会通过第 16/21 号决议和第 17/119 号决议对普遍定期审议机制进一步完善。这两个文件为第二轮及以后的审查周期进行必要的修订。Review of the Work and Functioning of the Human Rights Council, UN Doc. A/HRC/RES/16/21, para. 23; Follow-up to the Human Rights Council resolution 16/21 with regard to the Universal Periodic Review, UN Doc. A/HRC/DEC/17/119, 2011.

放的，只要登记发言的国家都有平等的机会发言。但是在第一轮对某些国家的审议过程中，由于缺乏预见性和相关的经验，出现了登记发言的国家数量过多，但是时间有限无法保障所有国家实现发言权的问题，造成了国家间争抢靠前的发言位置的现象，引发了对发言机制公平性的争论，甚至为审议增添了一定的政治倾斜性的风险。以中国为例，第一轮普遍审议期间，115 个国家进行了发言登记，但是最终只有前 56 个登记国家获得公开发言的机会，后 59 个国家则没有机会发言。[1] 这一做法显然引起了很多国家的不满。为了公平地对待所有成员国，满足每个国家在普遍审议中进行评价和建议的需求，第二轮审议改变了发言规则，将发言时间平均分配给所有登记国家。[2] 第三轮的发言机制与第二轮相同。但是这种形式上的平等，只是利弊兼具的选择。虽然它表面上尊重了所有国家的发言权，但是由于时间过于局促，每个国家都没有足够的时间来表达各自的观点，导致相关人权建议略显仓促甚或武断。各国代表为了在有限的时间内充分说明相关建议，都高度提炼了发言的内容。一般来讲，参会国家的发言包括对人权状况的评论和建议两个部分，但是有些国家深谙普遍定期审议机制关于建议的规定，即当场提出的建议才能够写入工作报告建议部分，并提请受审议国家答复是否接受，因此，为了确保其提出的所有建议均记录在案，有些国家省略了外交性评论的环节，而直接进行建议，以此提高发言的效率和效果，但这也破坏了人权对话的氛围，强化了指责和批评的意味。而有些国家则由于顾虑发言时间及外交影响等问题，采取较为婉转的方式表达了对中国人权问题的关切，即通过在审议现场向所有到会者发散文件的方式引起国际社会对于有关人权问题的关注，从而避免过于正面的挑战，也未能达到顺畅良好的沟通效果。因此，为了使普遍定期审议机制实现真正对话的效果，与会国家的发言机制还应随着实践经验的逐渐积累，而在未

---

〔1〕　Human Rights Council, Report of the Working Group on the Universal Periodic Review: China, UN Doc. A/HRC/11/25, 2009, para. 26.

〔2〕　Follow-up to the Human Rights Council resolution 16/21 with regard to the Universal Periodic Review, UN Doc. A/HRC/DEC/17/119, 2011, para. 4

来改革中提出更加合理的方案。

3. 报告撰写方式的变化

普遍定期审议机制的工作报告是记录审议过程和审议结果的文件。从中国的实践来看，比较前三轮工作报告的撰写方式等方面，从第二轮普遍定期审议的实践开始发生了较大的变化和完善。其一，对于工作报告的中文翻译增强了该报告在国内社会广泛传播的可能性。由于人力资源等方面的限制，第一轮审议仅对中国工作报告的结论部分进行了中文翻译，这一做法为普通民众了解整个审议过程设置了障碍。而第二、三轮审议对报告全文进行中文翻译的新变化，不仅使普遍定期审议机制从高高在上的国际性、专业性神坛上走下来，更贴近了国内社会，而且还为国内普通民众了解整个机制及对中国的人权建议等提供了方便，并增强了该机制的可接近性和影响范围。其二，相关人权建议更加突出和明晰。第一轮审议的工作报告对于各国的建议仅仅按照主题进行了大体的梳理和归纳，略显分散。而第二、三轮审议的工作报告不仅按照建议主题的相关度进行了分类，而且还根据实施建议的措施标准，进行了进一步的细化。这一变化不仅突出了建议的明确性，而且还显示了不同建议的国际关注度和"优先等级"，使公众对有关人权问题及建议一目了然。其三，对于国家接受或者拒绝建议的阐明更加明确详细。首先，第二、三轮审议的工作报告简化了各项建议的分类，促使国家对待建议的态度更加明确。第一轮审议的工作报告将建议分为四类，第一类是接受的建议，第二类是注意到的建议，第三类是慎重考虑的建议，第四类是拒绝接受的建议。这种分类的缺点就在于，国家对于第二、三类建议接受与否的态度实际上是非常模糊的。而第二、三轮工作报告则将所有建议明确分为两类，或接受或拒绝，不存在模糊地带，从而明确落实了受审议国家对于所有建议的态度。其次，强化了被拒绝建议的显示性。第一轮审议的工作报告对于国家拒绝的建议仅以序号在文中显示，并未详述建议内容，为阅读该工作报告造成了困扰，实际上模糊和弱化了国家所拒绝的建议及相关人权问题。第二、三轮审议的工作报告不仅逐条明确了国家所接受的建议，还逐条列明了国家拒绝的建议，从而使公众对于一国存在的人权问题及其暂时无力改善的困难有所了解。最后，通过要求国家明确解释拒绝接受建议的原因，敦促国家对有关建议进行认真和慎重的思考，从而增强国家间的相互理解和对话。[1]

（四）中国遇到的挑战

综合分析中国在普遍定期审议机制中的实践，中国在接受审议及实施人权建议等方面所面临的挑战主要包括如下几个方面：

第一，普遍定期审议机制对中国提出的人权建议从数量的众多性、内容的广泛性以及建议的一般性等方面意味着中国面临着严峻的考验。从数量上看，普遍定期审议机制向中国提出的建议之多，是任何人权保障机制所不可比拟的，因为其他机制仅仅关注一国或者某一领域的人权问题，参与审查的主体也很有限，因此，相关建议自然无法像普遍定期审议机制这样全面。从内容上看，这些建议具有广泛的覆盖性，不仅涉及政策层面的人权战略规划，还涉及法律层面的制度改革；不仅涉及国内人权保障状况，还涉及中国在国际层面对人权义务的履行情况；不仅涉及各种资源的分配和使用以及制度层面的保障，还涉及提高全民人权意识的人权教育与宣传；不仅涉及传统的公民、政治权利以及经济、社会和文化权利，还涉及环境权等新兴的人权问题。从建议的性质上看，由于普遍定期审议机制是对国家人权的一般性审查和总体推进，而非具体监督和个案救济，因此，相关人权建议更侧重于政策高度和制度层面的内容，在实施上具有相当大的难度。对这些建议的履行，不仅需要将其纳入中国的人权行动计划予以总体实施和推进，还需要制定出详实的后续行动措施予以逐个落实。此外，尽管普遍定期审议机制以强调对话与合作而著称，但是作为政府间的高级别人权论坛，它为上述建议的实施增添了强大的政治性和国际舆论性压力，使中国面对巨大挑战。

---

〔1〕 Report of the Working Group on the Universal Periodic Review：China, UN Doc. A/HRC/11/25, 2009, para. 117；Report of the Working Group on the Universal Periodic Review：China, UN Doc. A/HRC/25/5, 2013；Report of the Working Group on the Universal Periodic Review：China, Addendum：Views on Conclusions and/or Recommendations, Voluntary Commitments and Replies Presented by the State under Review, UN Doc. A/HRC/25/5/Add. 1, 2014；Report of the Working Group on the Universal Periodic Review：China, Addendum, UN Doc. A/HRC/40/6/Add. 1, 2019.

第二，普遍定期审议机制旨在对一国人权状况进行全面审查，共同推进公民和政治权利以及经济、社会和文化权利的发展，但是该机制根据《世界人权宣言》等国际文件对公民和政治权利状况的审查，却对中国提出了较大挑战。尽管中国通过参与特别程序、来文审查机制和条约机制，也曾多次就公民和政治权利问题与各人权机制进行沟通、交流与合作，但是上述机制因受到职能的限制只能审理像禁止酷刑和歧视等某几项公民和政治权利以及妇女、儿童、少数者等某一类主体的相关权利的问题。因此，作为唯一一个能够公开全面地审议中国的公民和政治权利状况的机制，普遍定期审议机制使中国面对很多实际问题的考验。一方面，普遍定期审议机制成为全面审议公民和政治权利问题的唯一平台，平添了其国际关注度，并成为国际社会提出相关人权建议的集中"火力点"。另一方面，因为尚未批准《公民权利和政治权利国际公约》，中国的相关制度和实践与国际标准尚存在部分差距。而消除这一分歧和差距，不仅需要中国进一步加强与国际社会的人权对话与交流，切实改革国内的法律制度，从而为批准《公民权利和政治权利国际公约》、达到国际标准创造条件，而且需要进一步完善国内目前对于公民和政治权利的总体保障。这既是一项宏观的战略性任务，又是一个复杂的系统工程。

（五）中国在普遍定期审议机制中的发展机遇

通过对于中国参与国际人权事务的历史回顾和在普遍定期审议机制中的实践的分析表明，中国在联合国人权机制的实践从重视程度、合作态度、到工作方法以及后续行动的落实方面都有巨大的推进。这一趋势显示出中国正在通过利用普遍定期审议机制这一新的平台，进一步拓展与整个联合国人权机制的合作，提升在国际人权实务中的影响力。

1. 加强国际人权对话，提升国际人权形象

普遍审议机制作为一种政府间的人权对话机制，为中国与世界各国共同探讨人权问题提供了平等的机会，有利于提升中国的人权形象。在这个平台之上，中国既能够全面地展示人权成果，也能够提出自身在人权保障和发展中遇到的限制因素和阻碍，让世界各国对中国目前的社会

进程和人权状况有一个深入的了解和理解，从而减少误会、分歧和无端指责，并能够结合中国实际的人权状况提出切实的建议。从以往审议实践来看，各国在向中国提出各种人权建议的同时，无不看到中国在人权发展方面付出的努力和取得的成绩，即使对某些人权问题表示关切的国家也不能无视中国的人权现状和进步。普遍定期审议机制实际上给予了中国一个向世界展示真实的人权状况，坦诚地与国际社会进行解释和沟通的机会，为其他国家客观地评价中国的人权问题，继续进行深入的人权对话与国际合作提供了基础。

2. 平等监督，掌握人权话语权

普遍定期审议机制作为一个平等的、全面的审议机制，为中国代表发展中国家提出人权主张，检视发达国家的人权状况，开展人权对话与合作提供了平台，并为中国逐渐掌握国际人权话语权提供了宝贵的机会。普遍定期审议机制的运行，不仅打破了发达国家永远坐在人权审判席上，发展中国家始终站在被告席上的格局，消除了某些国家对于宪章机制的操纵和垄断，还为中国等国家提出符合发展中国家利益的、尤其是保障生存权和发展权的人权主张提供了重要的平台，从而为进一步充实国际人权法的内容和标准、推进国际人权价值的多元化认识以及提升中国在推动国际人权发展方面的积极作用提供了机会。对此，中国在联合国人权理事会建立伊始就提出了关于国际人权发展事业的新主张，倡导各国为人权的发展提供和平的、可持续性发展的环境以及和谐包容的社会，支持各国实现发展权的努力，特别是帮助最不发达国家消除贫困，主张普遍定期审议机制应确保所有国家，不论大小强弱，都受到公正、公平的对待，其历史、文化、宗教背景和差异得到同等尊重，并在此基础上进行建设性对话与合作，在不同社会制度和发展水平的国家之间建立平等、互信关系，以建设性方式处理分歧。[1] 本着这种精神，中国不仅积极接受了对本国的审议，认真参与了对其他国家的审议，并通过普遍定期审议机制的平台，积极倡导对于不同人权价值与需求的尊

---

〔1〕 "中国提出开创国际人权事业新局面五项主张"，载 http：//paper. people. com. cn/rmrb/html/2006-06/21/content_ 7052799. htm，最后访问日期：2015 年 1 月 1 日。

重和保障，以及对于发展中国家人权的实现和发展，从而推动世界各国人权状况的共同进步，履行一个大国所负有的人权义务。借此普遍定期审议机制的平台，中国已经逐渐从国际人权事务的边缘向中心迈进。

3. 履行人权建议，加强人权保障和国际合作

普遍定期审议机制为中国提供了一个学习他国人权发展的经验，促进国内人权保障与国际合作的平台。作为国际人权法的实施机制，普遍定期审议机制对一国人权状况审议的意义和影响绝不止于国际层面，该机制的深层次目旨在通过国际层面的对话来帮助国家发现问题，并通过对话和建议来推动国内人权的发展。通过履行各项人权建议，中国切实加强了国内的人权保障和国际人权合作，并赢得了国际信誉。

在每一轮普遍定期审议机制的国家报告中，中国向世界汇报了最新的人权发展状况及履行人权建议的情况，其中，无论是对户籍制度的改革还是对劳教制度的废除等一系列措施均收到积极的国际反馈和赞赏。此外，中国还学习他国经验，承诺进一步提高对人权高专的捐款并邀请特别报告员访问中国，从而进一步加强了与联合国人权机制的合作。尽管中国在近几年对人权保障的提高不能完全归功于普遍定期审议机制等联合国人权机制，但是却离不开后者的促动和监督，中国通过对普遍定期审议机制的建议的履行，强化了保障人权的信念和能力建设，向该机制提交了一份满意答卷，提升了自身的国际人权形象。

对于上述挑战和机遇的分析，一方面表明了中国在与普遍定期审议机制合作中遇到的困难，另一方面也折射出普遍定期审议机制在联合国人权机制中的特殊地位以及为中国所带来发展契机。其中无论是对普遍定期审议机制特点的分析，还是对于中国履行相关人权建议的研究都清楚地表明，普遍定期审议机制的全面性使其成为透视一国人权保障状况的缩影，以及成为加强与其他联合国人权机制合作的重要平台。因此，强化和完善中国在普遍定期审议机制中的实践，可以有效地提升中国在联合国人权机制中的影响力，而中国在普遍定期审议机制中的立场和实践，势必会影响今后在国际人权领域的发展方向和定位，并成为中国完善与联合国人权机制合作的里程碑。

第三节 特别程序与中国实践

特别程序是由联合国授权独立专家处理全球人权问题的实施机制。[1] 该程序包括国别任务和专题任务，主要是通过调查和研究，以及提供建议或公开报告的方式，解决人权问题，以推进对人权的保障和发展。特别程序是联合国首个具有实质意义的人权监督机制。[2]

一、特别程序的建立和完善

特别程序最初是人权委员会为了回应人权来文而设立的机制。[3] 20 世纪 60 年代，随着亚非拉民族独立运动的兴起，种族歧视等一系列问题日益成为联合国急需解决的人权事项。面对日益高涨的人权呼声，联合国再也不能对于违反人权的事件无动于衷，因此，经社理事会于 1967 年通过了第 1235 号决议，[4] 授权人权委员会处理国别人权问题，并委派专家对于有关人权状况进行彻查和报告。特别程序由此建立起来，并在日后的发展中经历了一系列的变化和完善。

联合国人权委员会建立的第一个特别程序是针对南非种族隔离问题而设立的国别任务。1960 年，在南非佩维尔发生种族屠杀以后，国际社会对于南非种族隔离问题的批评与日俱增。1967 年，联合国任命了一个由五人组成的国别工作组来调查南非的人权问题，相较于其他特别程序的国别任务，该工作组在历史上存续时间最长，直至 1995 年南非

---

〔1〕 Olivier De Schutter, *International Human Rights Law*: *Cases*, *Materials and Commentary*, Cambridge University Press, p. 881.

〔2〕 Miko Lempinen, *Challenges Facing System of Special Procedure of United Nations Commission on Human Rights*, Åbo Akademi Press, 2001, p. 1.

〔3〕 P. Alston, *The United Nations and Human Rights*: *a Critical Appraisal*, Oxford University Press, 1992, p. 144.

〔4〕 侵害权利及基本自由问题，包括所有国家内，由其殖民地及其附属国家及领土内种族歧视、分离及种族隔离之政策，参见经社理事会第 1235 号决议。

结束种族隔离的政治制度才结束工作。[1] 特别程序的第一个专题任务是针对阿根廷等南美国家的军事独裁统治而设立的。由于在这些国家建立国别人权任务的建议受到了重重阻碍，人权委员会只能以专题任务的方式对相关国家进行调查，并于 1980 年建立了强迫失踪专题工作组。[2] 专题人权任务建立的历史意义是世界各国所始料未及的，该任务的全球性特征使其史无前例地将所有国家置于联合国人权机制的监督之下，而毋庸顾忌其在国际社会中的政治经济地位。此后，人权委员会又通过多项决议，建立了一系列国别和专题任务。截至 2017 年 8 月 1 日，共有 44 个专题任务和 12 个国家任务，[3] 基本涵盖了人权领域的主要事项和所有国家的人权问题。[4] 尽管国别任务因为政治因素并未充分发挥其监督作用，但是专题任务的国别访问从某种程度上弥补了这一缺憾，基本实现了对世界各国的人权监督。就总体而言，特别程序的建立打破了人权委员会在人权侵犯问题上无力监督的局面，彰显了联合国在东西方对抗的岁月里，戳破"国家主权"的面纱，谋求独立处理人权问题的努力和实践。[5] 该机制对于世界范围内的人权事件做出的快速反应，不仅防止了侵害人权事件的进一步恶化，还对有关人权状况进行彻查，并提供了咨询和建议，对推动世界范围内的人权状况作出了特殊的贡献。此外，由于该机制是普遍定期审议机制建立之前唯一一个对世界各国均具有"管辖权"的机制，而其国别访问的职能更是其他人权机制所不能望其项背的监督优势，因此，特别程序被联合国秘书长

---

〔1〕 Commission on Human Rights Resolution 2 (XXIII), 载 http：//www. ohchr. org/EN/HRBodies/SP/Pages/Introduction. aspx，访问日期：2015 年 9 月 8 日。

〔2〕 Commission on Human Rights Resolution 20, (XXXVI), 1980, 载 http://www. ohchr. org/EN/HRBodies/SP/Pages/Introduction. asp，访问日期：2015 年 9 月 8 日；P. Alston, *The United Nations and Human Rights: a Critical Appraisal*, Oxford University Press, 1992, p. 174.

〔3〕 联合国人权高专网站：http：//www. ohchr. org/CH/HRBodies/SP/Pages/Welcomepage. aspx，访问日期：2015 年 9 月 8 日。

〔4〕 Institution-building of the United Nations Human Rights Council, UN Doc. A/HRC/RES/5/1, 2007, para. 39-64.

〔5〕 Thomas Buergenthal, "Remarks at the 87th Annual Meeting of the Ameican Society of Internaitonal Law", Proceedings of the ASIL Annual Meeting, vol. 87, 1993, p. 229, 231.

誉为联合国人权机制这项王冠上的珍珠，[1] 具有传奇般的开创意义，[2] 并被视为最具价值的人权机制。

但是作为宪章机制的一部分，特别程序的运作也受到了人权委员会政治化问题的严重影响。这不仅表现在对于国别和专题任务的选择方面，还表现在对于独立专家的遴选方面，从而撼动了该机制存在的公平和公正的基础。[3] 因此，客观地评价特别程序的作用和贡献，进一步寻求国家的合作基础，改善工作方法和运行机制，使特别程序在人权理事会的框架下继续发挥作用，成为完善联合国人权机制改革的重要目标之一，也是人权理事会的基础工作。自 2006 年 6 月起，人权理事会着手对特别程序进行审查，通过各种决议来推动特别程序的完善。首先，通过第 5/1 号决议，在使其继承原有职能的前提下，对特别程序的运作机制进行了总体性的改变和规范。其次，先后在人权理事会大会和特别程序年会上制定并修订了《特别程序任务负责人的行为守则》和《联合国特别程序手册》，为专家的工作提供指导。[4] 再次，成立了内部咨

---

〔1〕 Annan Call on Human Rights Council to Strive for Unity, Avoid Familiar Fault Lines, 2006, available at http: //www. un. org/apps/news/story. asp? NewsID_ 20770, 访问日期: 2015 年 9 月 8 日。

〔2〕 M. Cherif Bassiouni and William A. Schabas eds, *New Challenges for the UN Human Rights Machinery*, Intersentia, 2011, p. 389.

〔3〕 Miko Lempinen, *Challenges Facing System of Special Procedure of United Nations Commission on Human Rights*, Åbo Akademi Press, 2001, p. 1.

〔4〕 Code of Conduct for Special Procedures Mandate-holders of the Human Rights Council, art. 4 (1). UN doc. A/HRC/RES 5/2, 2007; Manual of Operations of the Special Procedures of the Human Rights Council, paras. 10-14. http: //www. ohchr. org/Documents/HRBodies/SP/Manual_ Operations2008. pdf, 访问日期: 2015 年 9 月 8 日。

询委员会[1]并制定了《内部咨询程序》[2] 以审查、协调特别程序的工作方法，并向国别任务和专题任务专家提供咨询，增强了特别程序的常设性、整体有效性和独立性。最后，启动了对特别程序各项任务的"审查、合理化及提高"[3] 行动，在对现有的任务进行合理评估的基础上，确定了对某些任务进行延期或者终止，并进一步推进特别程序运行的合理性、效力和公正性。人权理事会在第 7 届至第 9 届会议上对特别程序正在执行的国别和专题任务进行了审查。截至 2008 年 5 月，所有被审查的专题任务都已获得续期，并设立了一些新的专题任务，例如，当代形式奴隶制问题以及获得饮用水供应和卫生设施问题。[4] 而所有的国别任务，除了刚果民主共和国以外，都获得了续期。

总之，作为宪章机制最早设立的监督机制之一，特别程序曾经拥有辉煌的历史，该机制随着人权理事会的建立，得到了进一步的革新和规范，从而更好地继续发挥保障人权的职能。

二、特别程序的专家、工作方法及特点

（一）专家的任命和独立性

特别程序，又称专家机制，是主要依靠任务负责人——专家的独立

---

〔1〕 咨询委员会于 2005 年在特别程序任务负责人第十二次年会上成立。该委员会受人权理事会的委托制定并通过了《内部咨询程序》。协调委员会由六位选拔出来的任务负责人组成，任期一年，其中一人出任主席。协调委员会委员的选举在年度会议上进行，需考虑性别的平衡和公平的地域分配，也要考虑专题程序任务和国别程序任务负责人在协调委员会中所占比例的均衡性。协调委员的工作由人权高专办特别程序司提供支持。协调委员会负责协调各任务负责人之间的工作，是特别程序与人权高专办乃至联合国人权系统以及民间社会活动者之间的桥梁。参见人权高专网站：http：//www. ohchr. org/EN/HRBodies/SP/Coordination-Committee/Pages/CCSpecialProceduresIndex. aspx，访问日期：2015 年 9 月 8 日。

〔2〕 Coordination Committee of Special Procedure：Internal Advisory Procedure to Review Practices and Working Methods，2008，http：//www. ohchr. org/EN/HRBodies/SP/Pages/Introduction. aspx，访问日期：2015 年 9 月 8 日。

〔3〕 Institution-building of the United Nations Human Rights Council, UN Doc. A/HRC/RES/5/1, 2007, paras. 54-64.

〔4〕 参见人权高专网站：http：//spinternet. ohchr. org/_ Layouts/SpecialProceduresInternet/ViewAllCountryMandates. aspx？Type＝TM&Lang＝Zh，访问日期：2015 年 9 月 8 日。

监督而运行的机制，因此，专家在该机制中居于核心地位。[1] 在不同的国别任务和专题任务中，专家的头衔各不相同，其中包括特别报告员、独立专家、秘书长代表或委员会代表等。这些不同的称谓既不反映专家的级别，也不表明专家职权的大小，而是与人权局势的严峻性及专家的职能相关。[2] 例如，独立专家注重对于人权问题的调查和建议，而特别报告员则更强调对于人权状况的监督。[3] 一般来讲，专家的头衔纯粹是政治谈判的结果，而专家的权限则取决于人权理事会通过决议所委托的任务。[4]

特别程序任命的专家一般都是人权领域的知名人士。他们来自于世界各个区域和社会各界，多数是高级司法官员、学术界人士、律师和经济学家、非政府组织成员以及联合国离任的高级职员。[5] 虽然每项人权任务的重点各不相同，但所有专家都有一个共同之处，就是他们均具有公认的才干、相关的特长以及经验，而且都是愿意为联合国提供无报酬服务的杰出人士。[6]

特别程序专家的地位是独立的。他们不隶属于任何一个机构，不代表任何一个国家。因为只有这样的身份和地位才能保障专家工作的公正性，才能让受调查国和国际社会接受和认可专家的工作成果。[7] 因此，确保专家的独立性是特别程序运行的核心，而专家遴选制度的合理性则

---

〔1〕 特别程序任务负责人可以是个人或者是工作组。工作组一般由五位成员组成，推选出的成员通常来自联合国五大区域：非洲、亚洲、拉丁美洲和加勒比地区、东欧、西欧和其他地区。

〔2〕 Oliver Hoehne, Special Procedures and the New Human Rights Council—A Need for Strategic Positioning, Essex Human Rights Review, vol. 4, No. 1, 2007, part 2. 2.

〔3〕 J. Symonides, ed. , Human Rights: international Protection, Monitoring, Enforcement, UNESCO, Akdershot: Ashgate, 2003, p. 51.

〔4〕 联合国人权高专:《人权概况介绍第 27 号: 关于联合国特别报告员的 17 个常见问题》, 2001 年, 第 7 页。

〔5〕 联合国人权高专:《人权概况介绍第 27 号: 关于联合国特别报告员的 17 个常见问题》, 2001 年, 第 7 页。

〔6〕 Follow-up to Human Rights Council Resolution 5/1, UN Doc. A/HRC/RES/6/102.

〔7〕 Code of Conduct for Special Procedures Mandate-holders of the Human Rights Council, art. 4 (1), UN doc. A/HRC/RES 5/2, 2007, art. 3 (f).

是重中之重。[1] 在人权委员会的框架下，特别程序对于专家的遴选程序相对简单，主要是由人权委员会主席与委员会主席团磋商而产生，而委员会主席可发表决定性的意见。[2] 但是在人权理事会成立以后，根据人权理事会第 5/1 号决议和《联合国特别程序手册》，专家的任命是由人权理事会主席根据咨询小组委员会的建议，在广泛协商上的基础上确定的。[3] 与人权委员会框架下的专家遴选程序相比较，人权理事会的相关程序更加细致、透明和缜密。[4] 首先，第 5/1 号决议要求，人权事务高专应将专题和国别任务专家空缺的职位信息以及符合条件的专家名单予以公开明示。其次，人权理事会专门成立咨询小组委员会审议专家的遴选问题，并在任命决议会议召开前一个月向主席提出候选人名单，以增强选举方对专家的充分了解及对其适格性衡量的慎重性。[5] 再次，人权理事会强调了酌情考虑人权任务接受方的意见，力求在专家任命上得到有关当事方的真正认同，从而促进国家合作。[6] 再次，第 5/1 号决议还规定了遴选专家的具体标准，包括专门知识、任务领域的经验、独立性、公正性、人品和客观性等。最后，强调了专家的遴选还应考虑性别平衡和公平地域分配以及不同法系的适当代表性等原则，以保证所任命的每一个专家，不仅具有相关的专门知识、广泛的专业经验和能力，还应该有高贵的品质，富有公平和公正的精神，既能体现区域

---

[1]　Miko Lempinen, *Challenges Facing System of Special Procedure of United Nations Commission on Human Rights*, Åbo Akademi Press, 2001, p. 1.

[2]　主席通常是大使级外交官。委员会的主席职位由各区域集团轮流担任，而这些区域集团都是委员会主席团的组成部分。参见联合国人权高专：《人权概况介绍第 27 号：关于联合国特别报告员的 17 个常见问题》，2001 年，第 7 页。

[3]　Institution-building of the United Nations Human Rights Council, UN Doc. A/HRC/RES/5/1, 2007, paras. 54~64.

[4]　Institution-building of the United Nations Human Rights Council, UN Doc. A/HRC/RES/5/1, 2007, paras. 54~64, paras. 39~55; Review of the Work and Functioning of the Human Rights Council, UN Doc. A/HRC/RES/16/21, 2011, para. 23.

[5]　Institution-building of the United Nations Human Rights Council, Resolution adopted by Human Rights Council, A/HRC/RES/5/1, 2007, paras. 28~32.

[6]　Manual of Operations of the Special Procedures of the Human Rights Council, paras. 10~14.

利益和价值追求的代表性又具有性别敏感性，从而真正地适合具体的专题或者国别任务。[1]

　　此外，在专家的任期方面，第5/1号决议延续了人权委员会自1999年以来的做法，规定了专题和国别专家的每届任期为3年，最长可连任两届，从而进一步保证专家以及相关任务的公正性和合理性，尤其是在国家不愿接受特定专家或者对专家工作有抵触的情况下，缓和特别程序和受调查国家之间的紧张关系，以增强后者的合作意愿。尽管在人权委员会框架下的专家遴选也是经过了一个较为民主的过程，但是在专题和国别任务实施的过程中，部分专家却遭到了受调查国的强烈排斥和反感，由此降低了专家工作的实际效率和作用。[2] 然而由于人权委员会主席无权撤免任何专题或国别任务专家，因此，在早先的特别程序中，专家任期的长短与人权任务的执行时间相一致。实践中，没有一个专家在执行任务的过程中被撤免，因此，只要某项任务仍在执行之中，专家个人就可无限期地工作。这种状况曾经引起接受国的极大不满和抗议，因此，自1999年起，人权委员会规定了专家机制的最高任期，从而较好地协调专家和国家之间的关系，保证了该项专题和国别任务的顺利延续。[3] 此外，第5/1号决议还规定了，理事会每年需对各项国别任务进行一次审查，每3年对各项专题任务进行一次审查。因此，某项任务如要继续执行，就必须由理事会通过决议，延长其期限并明确其范围，从而实施对于所有人权任务的监督，以促进特别程序运行的规范化和公正性。[4]

---

〔1〕　Report of the Inter-sessional Working Group on Enhancing the Effectiveness of the Mechanism of the Commission on Human Rights, UN Doc. E/CN. 4/2000/112, para. 7

〔2〕　在实践中，任命特别专家为同一地区国别任务报告员会引起批评，但是派遣不同区域的专家却会遭到当事国的质疑，如果发表了批评性意见则可能招致不满甚至攻击。Paulo Sergio Pinheirio, Being a Special Rapporteur: a Delicate Balancing Act, in The international Journal of Human Rights, vol. 15: 2, 2011, p. 165.

〔3〕　第一年和第二年各替换两名成员，第三年替换一名成员，这样做可确保过渡期间的连续性，Report of the Inter-sessional Working Group on Enhancing the Effectiveness of the Mechanism of the Commission on Human Rights, UN Doc. E/CN. 4/2000/112, para. 20.

〔4〕　Institution-building of the United Nations Human Rights Council, UN Doc. A/HRC/RES/5/1, 2007, paras. 54~64.

（二）工作方法

尽管国别和专题任务的职能及其执行任务的国家环境千差万别，但是特别程序的基本工作方法还是具有一定的共性。此外，由于特别程序建立伊始缺乏具体的工作细则，执行人权任务的专家们还凭借丰富的工作经验和个人智慧，形成了一系列独特的工作方法，从而保障任务的顺利实施。这些工作方法包括：

1. 接受、分析和交流信息

在特别程序中，专家接收到的各种人权信息是其工作的重要基础。这些信息一般由人权高专负责收集并传递给专家，它们可能来源于政府、政府间组织、国际和国内的非政府组织、国家人权机构、学术团体、侵犯人权事件的受害者及其证人等。对此，专家在收集和分析所有信息时必须秉承谨慎、透明、公正和平等的原则，并在必要的情况下，尽可能与提供信息的个人、群体代表或者组织进行会晤，竭力核实信息的可靠性和真实性。专家既要确保所处理的来文不是出于对国家的不满而无事实基础的政治性攻击，同时又要保障提供来文的人员不受国家的报复。

就整体而言，专家对于信息的采信标准，取决于消息来源的可信性。它包括信息的真实性和提供信息的个人或者组织的可靠性。根据《人权理事会特别程序任务责任人行为守则》（以下简称《行为守则》），专家在接受和使用相关信息时要遵守如下几点：①当证词来源的泄漏可能给相关人士造成伤害时，须对证词的来源保密。②采用与最终提交的报告相一致的证据标准来采纳客观可靠的事实证据。③为当事国代表提供机会，使其能够针对该当事国的评估结果进行评论，并就相关指控进行回应。[1] 此外，提交给专家的信息还应具备一些形式上的要件，方能符合专家的接受标准。即，来文者应该是人权受到侵害的个人，或者是秉承善意而无政治企图的非政府组织，或者是秉承《联合国宪章》的原则、掌握第一手可靠资料的群体和个人。所有来文者均需提供真实

---

〔1〕 Code of Conduct for Special Procedures Mandate-holders of the Human Rights Council, art. 4（1）, UN doc. A/HRC/RES/ 5/2, 2007, art. 8.

的身份、地址以及人权事件发生的具体时间、地点等事实要素信息。同时，为了方便专家查证有关事实，来文应该详细写明被害人的姓名和身份，例如，生日、性别、护照号码、居住地和种族等，以及实施侵犯人权行为的主体及其动机、背景情况以及在国内和国际层面获得救济的情况等。

对符合形式要件的来文进行审查后，专家有权根据《行为守则》及其职能范围自由裁量决定是否对来文中所反映的人权问题采取措施。对此，有的专家出于慎重，可能会起草一个采信证据和采取措施的标准，甚至通过发放标准的调查表格来进一步获取信息。当有关人权信息得到采信，专家们会授权人权高专与当事国通过信函进行沟通。人权高专一般会通过外交渠道将信函发给各国常驻联合国日内瓦办事处的使团以待其答复。在函件中，除非信息提供者要求公开他们的身份，否则一般保密。[1]

2. 与国家的函件沟通和紧急呼吁

纵观专家的工作，与国家就人权问题进行沟通构成专家工作的主要组成部分，也是其最重要的工作方法之一。如上所述，专家对于确实可靠的信息会通过外交渠道向政府发送信函进行交涉，尽管有翻译称该函为"指称信函（allegation letter）"，并可能涉及个人及群体的人权状况、趋势以及具体的人权事件和相关法律制度等内容，但是函件并不是指控信件，并不隐含着某种价值判断。[2] 专家进行沟通的目的是希望有关政府对于有关人权侵犯事件进行解释，并提供所采取的补救措施等内容，以期促进对有关人权问题的解决或救济。

不同于其他条约机构的来文机制，特别程序专家对于来文的审查和处理不必遵循用尽国内救济原则，其旨在对于来文所揭露的侵犯人权事件进行快速反应，敦促国家采取措施保护受害者或者潜在受害者，而不排斥国内层面任何适当的司法救济措施。

除了通过普通信函与有关国家展开人权沟通之外，专家们可以对于

---

〔1〕 Manual of Operations of the Special Procedures of the Human Rights Council, para. 35.

〔2〕 Manual of Operations of the Special Procedures of the Human Rights Council, para. 28.

人权问题进行紧急呼吁。后者是在人权事件涉及对生命权的威胁和剥夺，以及即将或者正在发生的侵害事件会对受害者产生极大的侵害，而使用普通信函已无法及时进行救济的情况下，有关专家所采用的较为迅速而且激烈的方式，以提请有关当事国家给予关注。[1] 在特别的情况下，专家们还会通过召开记者招待会的形式发布对一国人权状况的紧急呼吁，从而引起有关政府对于人权问题的重视及正当干预。对此，国家应在收到紧急呼吁的 30 天内进行回应。

专家发布的紧急呼吁通常包括如下几个部分的内容：专题或者国别任务实施的法律根据；已掌握的人权事件的事实，以及国家对该事件所采取的措施；专家根据国际人权法对人权事件进行的思考；国家应提供的人权情况及所采取的防止和制止侵害行为的措施。[2]

由于普通信函所涉及的人权问题没有那么紧迫和具有危急性，因此，普遍信函除包括紧急呼吁的全部内容外，还要求对政府所采取的措施提供更多的内容。例如，对于侵害方的审查和惩罚的情况；对受害方的赔偿、保护和帮助以及政府为防止类似事件发生，所采取的立法、行政和司法措施等。[3]

一般来讲，专家的信函对于有关人员的信息是保密的，[4] 除非信息提供者要求公开他们的身份；而专家与政府之间的来往信函的内容也是保密的，[5] 只有当专家的有关报告公开发表或者专家在特定情况下决定采取行动时，才予以公布，届时，受害者的身份可能也随之公开。而对于提供信息的个人、组织等来文者，专家可以向其明确告知来文收悉、处理的情况及结果，除非国家已经公开处理该事件，否则专家不能透露与政府沟通的细节。[6] 当然来文者依然可以通过专家向人权理事

---

〔1〕 Manual of Operations of the Special Procedures of the Human Rights Council, para 45.

〔2〕 联合国人权高专：《人权概况介绍第 27 号：关于联合国特别报告员的 17 个常见问题》，2001 年，第 7 页。

〔3〕 Manual of Operations of the Special Procedures of the Human Rights Council, para. 47.

〔4〕 Code of Conduct for Special Procedures Mandate-holders of the Human Rights Council, art. 4 (1). UN doc. A/HRC/RES/ 5/2, 2007, art8 (b).

〔5〕 Manual of Operations of the Special Procedures of the Human Rights Council, para. 37.

〔6〕 Manual of Operations of the Special Procedures of the Human Rights Council, para. 25.

会提交的相关报告来了解其揭露的人权问题的具体处理情况和进展状况。

3. 国别访问

国别访问是专家访问当事国直接获得第一手人权信息的重要方法，它能够使专家直接调查当地的人权状况，并与该国政府，包括立法、行政和司法等部门开展对话，同时还能接触人权事件中的受害方、证人、来文者以及当地的非政府组织，从而进一步获取有关信息。

影响专家决定是否进行国别访问的主要因素有：一国人权的发展状况和障碍；所接受的人权信息是否真实可靠并属于其职权范围；以及在某一人权领域进行调查的意愿。其他要素还包括：地域平衡原则；访问可能产生的积极影响；当地的合作态度；以及受访问国根据专家建议采取后续行动的可能性。只有对上述因素进行适当的评估后，专家才会决定进行国别访问，以期取得理想的工作效果和既定目标。实践中，在确定访问目标国时，访问的必要性可能并不是决定性因素，而访问能否取得积极结果则往往是专家们优先考虑的要素。根据以往的经验，那些新兴的国家和刚当选的新政府，通常希望能够在人权领域取得一定的进步，并愿意接受国别访问以及相关的国际人权能力建设，从而成为专家访问的目标国。

（1）国别访问的准备。国别访问的实施是以得到国家的同意和邀请为前提的。对此，有关国家和特别程序专家都可以启动这一工作程序。由此，专家们既可以受邀访问一国，也可以通过信函向有关政府率先提出国别访问的要求，并通过与该国驻联合国日内瓦的代表团协商一致进而促成国别访问的实施。对此，联合国大会、人权理事会等机构也可能会参与建议或要求一国接受国别访问。如果一国未对国别访问的要求进行回应，专家则会反复提醒该国政府，并请求人权理事会对此予以关注，或者采取其他方式和措施来保障人权。为了促进国别访问的顺利实施，人权理事会鼓励所有国家向特别程序提交长期邀请许可，并将其作为竞选人权理事会成员国的主要考察因素，予以重视。[1]

国别访问一般为期两周，专家在短时间的访问中深入了解该国的人权状况，他们不仅要会见有关人权事件的受害方等相关人员或组织，对其收到的人权信息进行确认、核实和进一步收集，还要与政府部门举行多轮会议，以了解、分析和评估该国保障人权的制度和状况，以此对人权状况作出分析，并提出相应的改善建议。由于时间短、任务紧迫，因此专家们执行的国家访问任务是否卓有成效，主要取决于专家在国别访问之前所做的准备。这种准备包括很多方面的工作，而且还需要其他机构和组织的合作与支持。

第一，专家对受访国的深入了解是最为重要的环节。这包括对该国政治、经济、社会和文化等各个领域信息的掌握。尽管不能奢望专家能够完全熟悉有关受访问国家的各种情况，但是专家对该国越了解就越有利于其开展工作，顺利进行访问，实现任务目的。对于国家整个状况的了解不仅能够帮助专家辨别信息的真伪，分析人权事件的主要问题及发生的原因等，还能确定哪些国家机构对于改善人权状况具有直接的利害关系，以及确定哪些建议比较符合该国的国情。从技术层面来讲，充分的准备可以使国别访问规避不必要的阻碍，明智地争取当事国政府的合作，从而充分利用访问的机会，全面了解该国的人权状况，深入开展对话并提出切实可行的建议。对此，人权高专的特别程序司会提供有关受访国家的背景资料等报告以供专家们参考。实践表明，对于一个国家缺乏充分的了解，往往会使国别访问失去实际意义，如果专家不能审时度势地结合具体的国情提出较为恰当的建议，不仅无助于人权事件的解决，反而会引起有关国家的反感和对抗。事实证明，专家的工作基础是国家的合作，工作空间就是与国家交流的深度和所达成的协议，专家的智慧就体现在适用国际人权法的基础上，寻找国家遵守规则最好的方法和途径。

第二，与当事国驻联合国代表团的协商与合作。专家在进行国别访

---

〔1〕　Human Rights Council, UN Doc. A/RES/60/251, 2006.

问时，应该在其职权范围之内行事，至少应该符合《联合国特别程序行动手册》附件中关于"授权专家调查范围"的有关规定，对于特别情况下额外的一些工作计划，则由专家与受访问国家进行商讨。在通常的情况下对于国别访问的安排和日程主要是由专家与受访问国驻联合国日内瓦办事处的代表进行秘密商谈而达成。双方协商的内容包括国别访问的时间、与该国政府的会议日程，以及负责此次访问的协调人选等问题。

第三，与联合国其他机构的合作。首先，人权高专为专家的国别访问提供行政事务和后勤支持，并派员陪同专家进行访问，以确保工作的顺利进行。[1] 其次，联合国安全部门要向专家提供安全保障及相关建议，但是这种保障应以不影响执行任务的保密性和行动自由为限。这就需要联合国安全部门及驻当地办事处对于受访国家的安全形势进行客观的评估，并作出适当的安排。在受访国家无法提供安全保障的情况下，联合国得派遣武装人员或者安保人员负责专家的安全。最后，联合国派出机构，如联合国国家工作组和人权高专驻当地的办事处负责安排专家与受访问国家的非政府组织会见等活动。

（2）国别访问的实施。其一，与政府部门的会议。在国家访问开始和结束的时候，专家都要和负责此次访问的国内主管部门——通常是外交部等有关部门举行两次会议。在开始的会议中，专家要就此次访问的目的、最主要关注的人权问题以及可行的解决方案进行介绍。而在访问结束的会议上，专家则要对其初步调查的事实和建议与外交部门进行沟通，并对专家所要撰写的报告以及相关的后续行动等问题一并进行讨论。其二，视察相关机构及部门。专家按照既定的日程，对国家的有关部门进行视察，国家应该尽量提供合作与安排，力求不设置额外的障碍，不以各种借口阻止视察或者提供不真实的信息蒙蔽专家。其三，与受害者、证人和消息提供者及有关非政府组织会面。一般来讲，为了确保访问的顺利进行，专家所要会见的非官方机构和人员名单及细节应该

---

〔1〕　Manual of Operations of the Special Procedures of the Human Rights Council, para. 20-21.

事先与受访国家进行沟通。对此，国家原则上应同意会见，避免设置障碍，并进行回避，同时还应该提供适当的保障，确保有关当事人、证人和向特别程序专家提供帮助的人和组织不受到威胁和报复。专家在会见受害者和证人时应该坚持客观、尊重、保密、谨慎、透明、公平和公正的原则。专家应对所获信息及提供信息的人员的可靠性进行评估。其四，召开记者招待会。专家在执行国别任务之前可能会召开一个记者招待会，发布其将要出访的国家及其人权问题的信息。此后，在结束国家访问时，专家会在联合国国家工作组的协助下再次举行记者招待会，对国别访问中发现的事实、初步结论以及相关建议予以公布。相较而言，后一次记者招待会对于推动国内人权以及普及国内人权教育的价值远远比专家时隔数月后向联合国提交的结论报告更为重要，因为专家在受访国家召开的记者招待会更能够引起政府有关部门的重视和国内民众对人权状况的关注和回应。

4. 撰写报告

撰写报告是特别程序执行的重要步骤，全面呈现了专家的工作成果，承载着专家对专题或者国别人权问题的研究结论及建议等。特别程序专家在任期内会撰写多份报告，具体包括阶段性的工作报告、国别访问报告、年度工作报告等。而这些报告的内容通常会包括对人权问题的考察和思考、国家访问的情况，例如访问时间、日程、主要的会议，以及对人权形势的调查、分析及建议等内容。根据有关建议，专家们提出的建议应该做到"SMART"标准，即具体性（Specific）、衡量性（Measurable）、可达性（Attainable）、现实性（Realistic）、时限性（Time-based）。[1] 为了使有关国家更好地接受相关人权建议，专家在完成报告后，会首先递交给相关政府，以备其更正报告中可能存在的误解和内容的纰漏。对此，政府通常有4~6周的时间进行回应。与此同时，专家报告还会递交给联合国国家工作组以及其他机构征询意见，以期报告能够全面和客观地展现受访国家的人权状况。一般来讲，国别访

---

〔1〕 Manual of Operations of the Special Procedures of the Human Rights Council, para. 98.

问报告会作为一个独立报告，与相关的国家回应及评价一起附在专家的总体工作报告之中，最后提交联合国有关部门。

5. 后续行动

在特别程序中，后续行动是至关重要的环节，它是监督专家意见得到实施、强化任务执行效果的重要途径。一般来讲，专家会通过如下几种方式来采取和跟进后续行动：其一，通过信函等方式展开与国家、联合国派出机构、非政府组织等各方的对话和沟通，从而敦促国家改善本国的人权状况，增进对人权的尊重，寻求联合国人权高专的咨询建议，促进派出机构对于驻地国人权状况的关注和监督，以及获得非政府组织等合作者的支持和帮助。其二，在经费允许的情况下，再次进行国别访问，检视国家对人权的改善状况。这种国别访问未必由同一专家实施，在任务职能重合的领域，其他国别或者专题任务专家也可以代为进行国别访问。其三，在国际和国内范围内进行提高人权意识的教育和传播工作，将其所掌握的某国或者某一领域的人权信息和资料与联合国其他机构和其他国际组织、非政府组织分享，从而使其工作成果得到最大范围的广泛传播，让国际社会和国内社会共同关注一国或者世界范围内重要的人权问题。由于专家是以独立身份进行工作的个人，增强国际和国内社会对专家工作的了解、理解和重视，是强化特别程序的影响力和工作效果的重要途径。为了实现这一目标，人权高专不仅为专家撰写各种人权报告提供咨询建议，还为专家提供一个分享工作信息、展示人权状况的信息平台。[1]

（三）特别程序的特点

1. 灵活性、及时性及深入性

与其他联合国人权机制相比，特别程序最大的特点是能够迅速响应世界各地随时发生的有关侵犯人权的指控，并及时地维护和改善当地的

---

　　[1]　人权高专一年公布四次关于《事实与数据》的报告，对特别程序的主要人权任务和活动进行通报。

人权状况。[1] 特别程序的灵活性和及时性[2]主要表现在如下几个方面：其一，在启动程序上，该机制是通过人权理事会的决议启动的，不像普遍定期审议机制和国家报告机制那样规定了 3~5 年漫长的报告周期，因而具有灵活性，能够对世界范围内发生的侵犯人权的事件提供及时的救济。[3] 其二，在处理程序上，专家可以直接受理人权申诉等来文，并作出积极反应，程序简便，不必经历类似条约机构的来文机制那样耗时较长的准司法程序，甚至不必遵循用尽当地救济原则，因此，不会延误处理人权问题的最好时机。其三，在工作方法上，专家主要是通过与国家之间的信函来沟通和解决有关人权问题。在遇到特别事件时，甚至可以超越正常的外交渠道，公开发布紧急呼吁，以敦促政府对人权事件予以重视，并利用国际舆论对有关国家施加压力，促动其对人权问题的解决。在必要时，专家还可以进行国别访问，对一国或某个专题的人权状况进行视察，并在掌握第一手资料的基础上，提出改善人权状况的建议。因此，特别程序在处理人权问题时比其他人权机制都具有全面性和深入性。

2. 个性化色彩

特别程序最大的特点就是通过专家个人的一系列行为对人权状况进行监督。因此，特别程序的实施不可避免地展现了个性化色彩。其一，特别程序发展到今天和专家的个人贡献密不可分，尤其是特别程序建立伊始，该机制的运行并没有具体和明确的规则可以依循，国别任务和专题任务的顺利执行在很大程度上取决于专家个人的智慧和才能的充分发挥。在过去几十年里，是专家个人的贡献为特别程序的发展积累了宝贵的经验，并为《人权理事会特别程序行动手册》《人权理事会特别程序

---

〔1〕 Surya P. Subedi, Protection of Human Rights through the Mechanism of UN Special Rap-porteurs, in Human Rights Quarterly, Volume 33, Number 1, 2011, p. 204.

〔2〕 M. Cherif Bassiouni and William A. Schabas eds, *New Challenges for the UN Human Rights Machinery*, Intersentia, 2011, p. 421.

〔3〕 特别程序被认为是联合国人权机制中最容易获取救济的一项机制。Office of the United Nations High Commissioner for Human Rights：United Nations Special Procedures：Fact and Figures 2009, p. 1.

任务负责人行为守则》等规则的制定和实施奠定了坚实的基础。尽管特别程序的运行在今天日益规范化，但是无论是国别访问的实施还是调查和研究报告的撰写等工作，仍然体现着专家鲜明的个性特色。其二，由于国别任务和专题任务所针对的人权状况千差万别，而执行人权任务的国内或地区环境也迥然不同，因此，根本不可能将特别程序的实施作统一化、标准化的处理。而且由于专家本人并不具有任何资源，特别程序的执行需要专家协调与联合国机构、有关当事国、非政府组织等各个方面的关系，并通过获取他们的支持与合作来完成人权任务，因此，该机制的运行要依靠专家个人的专业知识、外交能力、敬业精神、工作指挥能力和沟通能力的全面发挥，所以每个任务的执行都烙有专家的个人印记是特别程序的重要特点。

3. 独立性与合作性的博弈

特别程序专家的特殊地位与个人实施监督工作的特点，决定了专家执行人权任务的工作是独立性与合作性博弈的结果。不同于其他宪章机制和条约机制，它们都是由一个政府代表或者专家组成的集体来进行监督，而特别程序的运行完全倚重专家独立的工作，因此，该机制对专家的独立性和公正性有着较高的要求，力求他们能够公正无私、不偏不倚地履行人权监督职责，但是与此同时，专家的独立工作又离不开各个方面的支持与合作。如何在这种独立与合作的夹缝中谋求任务目标的实现考验着每个任务专家的智慧与能力，而这种博弈绝不能以丧失独立性为原则。[1] 在特别程序的运作中，专家需要掌握好如下几个方面的平衡：其一，在与联合国的关系上，专家保持着独立而又从属的关系。一方面，专家由联合国任命并代表其履行人权职权。另一方面，专家的身份是独立的，他不是联合国的机关，也不代表任何一个成员国的利益，从

---

〔1〕《人权理事会特别程序任务负责人行为守则》第 2 条第 4、5 款规定，特别程序专家应"完全专注于履行任务，始终牢记在执行任务时坚持真理、保持忠诚和独立的根本职责；在效率、能力和廉正品格方面坚持最高标准，这些品质包括正直、公正、公平、诚实和诚信等"。Code of Conduct for Special Procedures Mandate-holders of the Human Rights Council, art. 4 (1), UN doc. A/HRC/RES/ 5/2, 2007.

而具有独立性和中立性。[1] 其二，在与国家的关系上，专家需要坚持批评与合作并行的工作路线，两者均不可偏废。这是因为：一方面，为了寻求合作而丧失建议和批评的独立性和中立性会彻底削弱人权任务执行的力度、公正性和意义；另一方面，一味地批评以致国家不合作甚至排斥特别程序又会降低人权任务执行的效率和效果。因此，专家在各项工作中需要在保持独立的前提下争取国家最大的合作，以保障人权任务的顺利实施。为了实现这一目标，专家需要采取适当的工作方法和措施。首先，在人权信息沟通方面，为了保障信息提供者的安全以及行动的相对自由性，专家在与国家进行沟通时，既需要坦诚又需要有所保留。[2] 其次，在公布调查结果方面，专家应秉持公正对人权状况进行公开及客观的评价，但是同时又应给予国家一定的提升空间，激励其合作的积极性。这需要专家在与国家就解决和改善人权问题达成共识的前提下，选择性地对所掌握的人权信息予以公布。这种做法并不是以真相和公正为代价而换取合作，而是充分尊重国家的尊严和自由裁量权，并以实际的工作效果为导向而采取的工作方法。最后，在对国家的态度方面，为了促进有关当事国的接受和合作，专家在从事客观调查并进行批评建议的同时，还要充当倾听者的角色，并给予有关国家充分的理解和适当的同情。在过去几十年的实践中，越来越多的专家开始意识到，作

---

〔1〕 根据《人权理事会特别程序任务负责人行为守则》第 3 条的规定，特别程序专家应该 "①独立行事，并依照其任务授权履行职能，根据国际公认的人权标准不受任何一种外来的影响、唆使、压力、威胁或干涉，无论是直接还是间接的、不管来自任何一方、无论是利益攸关方与否、无论出于任何原因，抱着独立性关系到任务负责人的地位、关系到自己能否自由地评估任务规定必须审查的人权问题的观念，始终对事实进行专业而又公正的评估……④在效率、能力和廉正品格方面坚持最高标准，具体但不仅此而言，要在正直、公正、公平、诚实和诚信等方面坚持最高标准；⑤既不寻求也不接受任何来源于政府、个人、政府组织或非政府组织、或压力集团的指示"，Code of Conduct for Special Procedures Mandate-holders of the Human Rights Council, art. 4 (1), UN doc. A/HRC/RES/ 5/2, 2007. 另见, The Regulations Governing the Status, Basic Rights and Duties of Officials other than Secretariat Officials, and Experts of Mission, UN Doc. ST/SGB/2002/13.

〔2〕 为了确保特别程序专家能够获得真实、准确的人权信息，国家应该尽可能为其提供一定的行动自由保障，包括会见非政府组织及个人、探访监狱等国家机关以及获取相关文件的自由。参见 Terms of Reference for Fact-Finding Missions by Special Procedures, UN Doc. E/CN.4/1998/45, 1998.

为任务执行人，他们绝不能一味指摘国家的人权状况和问题，而是要在认真倾听该国的问题和困难、深刻理解其国情的前提下，对人权状况进行客观的评估并提供切实可行的建议。[1] 在整个过程中，批评和敦促对于帮助国家认识和提高自身的人权状况固然必要，但是"侮辱性"的批评不仅无助于问题的解决，还会引起国家的反感和反抗，导致任务的执行处于瘫痪状态而没有任何的成效。鉴于国家既是人权的保护者同时又是人权的侵犯者的现实，如何在国家的两个角色中激发其积极的一面，引导国家发挥保障人权的积极作用，才是特别程序专家的工作目的。因此，判断和批判并不是专家工作的全部内容，改变国家的态度和做法并取得工作实效才是特别程序最重要的目标，而这一切都需要专家在处理与国家的关系中保持一种良好的平衡。其三，在与媒体的关系上，专家也要保持一种独立与合作的态度。与媒体的合作是特别程序运行过程中重要的环节，而如何处理与媒体的关系则需要专家谨慎地把握好一个度。一方面，专家的工作离不开媒体的支持，专家要凭"一己之力"来完成各项任务是非常困难的，因此，他需要媒体帮助来扩散其所执行的人权任务的信息并吸引国际与国内的关注。另一方面，媒体的参与又不能影响专家执行任务的独立性。媒体的参与犹如一把双刃剑，关注度太小可能会降低专家工作的影响力，而过度的报道又会引起有关政府的极大反感，并导致任务的执行障碍。因此，专家始终是在争取媒体支持的同时又要保持自身坚定的独立性，以免被媒体所左右，产生负面的效果。

三、特别程序的作用及局限性

对于特别程序工作机制及其特点的研究为认识该程序提供了一个起点，全面的评价还需要对该程序的贡献和不足有所洞悉。

（一）特别程序的作用

1. 提供翔实的人权资料

特别程序相较于其他人权保障机制的最大优势就是具备独一无二的

---

〔1〕　Paulo Sergio Pinheirio, Being a Special Rapporteur: a Delicate Balancing Act, in the international Journal of Human Rights, vol. 15: 2, 2011, p. 167.

全面调查和信息收集能力，特别程序专家通过与国家、非政府组织的来往函件、会谈以及国别访问的方式可以获取第一手翔实的人权信息和资料，因此被誉为人权理事会的"眼睛和耳朵"[1]。对于收集到的人权信息，专家们经过分析和认定后，不仅会以国别报告和专题报告的形式提交给人权理事会，还将通过撰写综合报告的方式专门呈送联合国大会等机构，以反映各国与特别程序合作的实践，并在联合国人权高专的网页上予以发表。鉴于联合国人权机制中的其他人权机制，诸如普遍定期审议机制、申诉机制、国家报告机制和国家及个人来文机制都缺乏独立调查人权状况的职能和资源，这些机制对于信息的需求部分还要倚重专家的支持，对此，人权高专正在致力于建立这样的平台和信息沟通渠道以使专家所掌握的信息得到充分的重视和利用。[2] 因此，特别程序专家对于人权问题的调查及其建议报告，并不仅仅局限于对一国人权状况和某一人权问题的研究、厘清和评估，也不仅仅局限于在特别程序框架内被使用，而是能够扩及整个联合国组织，并发挥信息分享的作用，从而为其他人权机制提供支持。此外，专家对于国别人权和专题人权问题调查结果的公布还产生着向国际社会和国内民众传播人权信息和提供人权教育的作用，因而具有广泛的影响力。[3]

2. 建立多方对话机制

建立多方对话机制是特别程序的主要目的和重要成果之一，[4] 这

---

〔1〕 Yvone Terlingen, "The Human Rights Council: A New Era in UN Human Rights Work?", *Ethics & International Affairs*, Vol. 21. 2, 2007, p. 168.

〔2〕 联合国人权高专建立了一个数据平台（Universal Human rights Index），收集了特别程序、普遍定期审议机制以及条约机构提供的国别人权信息以及结论和建议等。http://uhri. ohchr. org/en

〔3〕 Surya P. Subedi, Protection of Human Rights through the Mechanism of UN Special Rapporteurs, Human Rights Quarterly, Volume 33, Number 1, 2011, p. 224.

〔4〕《人权理事会特别程序任务负责人行为守则》第11条5款规定："与所涉国家的政府部门及其他利益攸关方建立对话关系，促进对话与合作以确保特别程序完全有效，是任务负责人、所涉国家和所述利益攸关方共同承担的义务。"第13条2款规定："在就所涉国家提出报告时，确保其对该国人权状况的表态自始至终符合其任务及其身份所要求的廉正、独立和公正原则，而且有可能促进利益攸关方之间开展建设性对话，为增进和保护人权开展合作。"Code of Conduct for Special Procedures Mandate-holders of the Human Rights Council, art. 4 (1), UN doc. A/HRC/RES/ 5/2, 2007.

些对话机制包括：其一，与国家的对话。特别程序根本的工作方法就是通过与国家就有关人权问题进行对话与沟通，来帮助和敦促国家对人权予以重视和促进。在这种对话关系中，专家不是站在国际人权法的制高点上片面地对国家进行批评，而是要争取在国家肯定和接受的状态下，寻求与国家的对话与合作，并在深入了解该国人权状况的前提下，提出切实可行的改善人权状况的建议，从而推动人权的发展。其二，与非政府组织的对话。特别程序存在的价值的另一个重要方面就是为非政府组织"进入"联合国人权机制架起了联系的桥梁。专家与非政府组织的对话关系，一方面可以使非政府组织的信息直接传递到联合国内部，使联合国对国内的人权状况具有更深入、全面的了解。另一方面则能够为非政府组织提供支持和帮助，促使非政府组织在国内更好地发挥监督作用。此外，特别程序专家在执行任务中的未竟事业，特别是后续行动等，也需要非政府组织的支持与跟进。因此，特别程序在某些情况下也许无力切实改变当地的人权状况，但是却与国内的积极行动者形成了对话合作关系，为他们获得联合国的支持搭建了平台，并为他们提供力所能及的支持。其三，与联合国其他机构的对话与合作关系。专家任务的顺利执行离不开其他机构的支持与合作。例如，在国别访问中，专家们需要人权高专提供一切行政后勤的支持，并需要联合国派出机构来联系非政府组织及提供咨询意见以协助其撰写报告。此外，国别访问的执行还需要联合国的安全部门的建议和保障等。[1] 这种与其他联合国机构的合作，不仅加深了特别程序与其他机构之间的了解，还为日后彼此跟进共同的人权任务，携手推进人权的主流化进程提供了合作基础。

3. 对于国际人权法的解释和适用做出了突出的贡献

经过严格的遴选程序，胜任特别程序的专家多数是在人权领域的知名专家，他们凭借丰富的学识和经验对国际人权法的解释和适用做出了突出的贡献。其一，特别程序专家，尤其是专题专家对于世界范围内人权问题的调查和研究，对于国际人权法规则的丰富和解释具有重要的理

---

〔1〕 Manual of Operations of the Special Procedures of the Human Rights Council, paras. 16.

论贡献和实践意义。[1] 国别访问不仅使专家们亲历了国际人权法在国内的适用现状，也目睹了因社会进程等因素的差异导致国际人权法实施所产生的不同结果。专家的经历为检验国际人权法及其标准在世界各国适用的普遍性和合理性提供了宝贵的机会，有助于国际人权法不断地发展和日趋完善。[2] 其二，特别程序的建立意味着原人权委员会的职能从国际人权法的"制定者"转向"实施者"的根本性变化。经社理事会第1235号决议不仅赋予人权委员会对于侵犯人权行为采取行动的权力，打破了联合国在人权问题上裹足不前的窘境，并使其承担起了全球性国际组织应有的人权保障责任。[3] 尽管在20世纪90年代，特别程序因人权委员会的政治化影响，受到了批评和质疑，但是其对于推动国际人权法的国内实施所做的贡献却是不可磨灭的。时至今日，特别程序的意见和建议已经成为影响国家决策的重要因素，而与特别程序的合作已然成为国家赢取国际人权信誉的重要砝码。[4] 其三，在特别程序建立和运行的几十年里，特别程序专家被誉为真正捍卫人权的战士，[5]

---

〔1〕 Christophe Golay, Claire Mahon & Ioana Cismas, "The Impact of the UN Special Procedures on the Development and Implementation of Economic, Social and Cultural Rights", *The International Journal of Human Rights*, Vol. 15, No. 2, 2011, pp. 300-301; Surya P. Subedi, Steven Wheatley, Amrita Mukherjee, Sylvia Ngane, "The Role of the Special Rapporteurs of the United Nations Human Rights Council in the Development and Promotion of International Human Rights Norms", *The International Journal of Human Rights*, vol. 15, No. 2, 2011, pp. 155 - 161.

〔2〕 Paulo Sergio Pinheiro, "Being a Special Rapporteur: A Delicate Balancing act", *The International Journal of Human Rights*, vol. 15: 2, 2011, p.166.

〔3〕 Nigel S. Rodley, "On the Responsibility of Special Rapporteurs", *The International Journal of Human Rights*, vol. 15: 2, 2011, p. 319.

〔4〕 Ted Piccone, "The Contribution of the UN's Special Procedures to National Level Implementation of Human Rights Norms", *The International Journal of Human Rights*, Vol. 15, No. 2, 2011, pp. 206-231.

〔5〕 C. Flinterman, J. Gutter, The UN and Human Rights, Achievement and Challenges, in UNDP Human rights Development Report 2000 Background Papers, 2000, 载 http://hdr.undp.org/docs/publications/background_papers/flinterman2000.pdf, 访问日期：2016年5月20日。

他们将国际人权法带到世界各地遭受人权侵害的人们身边，[1] 通过受理来文、调查分析人权信息以及国别访问等方法与国家展开沟通并提出建议，帮助受难者进行人权呼吁，伸张了正义。在受害者无望得到国内救济的情况下，特别程序提供了重要的国际救济途径。[2]

（二）特别程序的局限性

特别程序对于推动国际人权法实施的价值毋庸置疑，但是该机制所具有的局限性和障碍性还需要进一步克服和改进。

第一，特别程序的选择性加重了该程序的政治性色彩。尽管执行任务的专家是以独立身份工作的，但是国别任务和专题任务的"启动器"却是人权理事会的决议。在一个由国家代表组成的政府间机构当中，去政治化是不可能的，[3] 因为国际层面对于人权的实施始终要受到很多的限制并受到国际秩序和国际关系的影响。[4] 因此，政治性始终是特别程序以及其他宪章机制不可克服的限制性因素。这不仅导致了国际层面长期存在对于特别程序政治化的批判，认为该程序在国别人权问题上采取了双重的选择标准，而且事实上也确实造成了国别人权任务主要集中在亚非拉地区的失衡分布。[5] 因此，部分联合国成员国对特别程序持消极抵抗态度，使国别人权任务的设立一度成为国家捍卫尊严的政治

---

〔1〕　学者们认为特别程序专家是联合国保障人权的前沿战士，参见 Surya P. Subedi, Protection of Human Rights through the Mechanism of UN Special Rapporteurs, in Human Rights Quarterly, Volume 33, Number 1, 2011, p. 203; B. Ramcharan, The Special Procedures of the United Nations Commission on Human Rights and Human Security in B. Ramcharan ed., Human Rights and Human Security, Kluwer Law International, 2002, p. 81.

〔2〕　Oliver Hoehne, Special Procedures and the New Human Rights Council—A Need for Strategic Positioning, Essex Human Rights Review, vol. 4, No. 1, 2007.

〔3〕　Jeroen Gutter, Special Procedures and the Human Rights Council, p 107; in Paulo Sergio Pinheirio, Being a Special Rapporteur: A Delicate Balancing Act, in The international Journal of Human Rights, vol. 15: 2, p. 165, 2011.

〔4〕　Paul Sergio Pinheiro, "Being a Special Rapporteur: a Delicate Balancing act", The international Journal of human rights, 2011, vol. 15: 2, p. 165.

〔5〕　Oliver Hoehne, Special Procedures and the New Human Rights Council—A Need for Strategic Positioning, Essex Human Rights Review, vol. 4. no. 1, 2007, p. 3.

斗争，[1] 致使特别程序丧失了其保障人权的职能，对于某些严重侵犯人权的事件无力干预。这也是专题任务日益蓬勃发展，而国别人权任务逐渐萎缩的症结所在。[2]

关于特别程序的政治化问题，曾经导致了许多国家对于人权委员会及其监督机制被政治绑架、使用双重标准、不专业以及丧失信誉等问题的批评和谴责。一方面，发展中国家认为国别任务的设立存在双重标准，发展中国家被架上了被告席，而发达国家则稳坐审判席。此外，对于发展中国家的选择也是不公正的，政治势力弱小的国家往往会遭到国别人权审查。[3] 另一方面，发达国家则认为联合国人权机制，尤其是国别人权任务丧失了保障人权的职能，部分国家的实践仅仅是为了维护国家利益，或者确保各自免受人权审查而进行政治斗争，导致整个机制对于最严重的侵犯人权行为束手无策。[4] 这一争论以及在实践中的投射，最终导致联合国人权机制处于瘫痪境地，并成为联合国改革的重要议题。

回顾历史，发展中国家和发达国家对于特别程序的批判并非空穴来风。一方面，特别程序在建立后的很长一段时间内确实是针对发展中国家的审查。国别任务自不必多言，建立至今始终未在发达国家建立过相关任务。而专题任务，在 2000 年前，也甚少对发达国家进行国别访问，

〔1〕 J. Fitzpatrick, *Human rights in Crisis: the International System for Protection Rights During State of Emergency*, University of Pennsylvania Press, 1994, p. 148.

〔2〕 M. Cherif Bassiouni and William A. Schabas eds, *New Challenges for the UN Human Rights Machinery*, Intersentia, 2011, p. 422.

〔3〕 Oliver Hoehne, Special procedures and the new human rights council-a need for strategic positioning, Essex human rights review, vol. 4. no. 1, 2007, p. 3; Oliver Hoehne, "Building A Universal System for the Protection of Human Rights: the Way Forward", in M. Cherif Bassiouni and William A. Schabas, *New Challenges for the UN Human Rights Machinery*, Intersentia, 2011, p. 242.

〔4〕 Tania Baldwin-Pask, "Patirzia Scannella, The Unfinished Business of a Special Procedure", in M. Cherif Bassiouni and William A. Schabas, *New Challenges for the UN Human Rights Machinery*, Intersentia, 2011, p. 430. Petter F. Wille, "The United Nations' Human Rights Machinery: Developments and Challenges", in Gudmundur Alfredsson ed. , *International Human Rights Monitoring Mechanisms*, 2nd edition, Martinus Nijhoff Publishers, 2009, pp. 10-12.

仅为 18 次。[1] 而 2000 年后，专题任务对于发达国家的访问相较于发展中国家而言，也仍然处于失衡状态。截至 2018 年 9 月，对所有已经或者正在执行的专题任务的国别访问进行统计，数据表明亚洲国家接受的国别访问次数最多，共计 216 次；拉丁美洲和加勒比海国家其次，为 187 次；非洲国家为 164 次，西欧及其他国家为 104 次，东欧国家 90 次。当然，有人会争论在发达国家设立国别访问任务的必要性问题，但是作为全球性的人权监督机制，特别程序只在发展中国家设立各种人权任务明显有失公正。另一方面，发展中国家在人权问题上的携手对抗也使特别程序陷入瘫痪的境地，而双方的分歧最终导致联合国对人权委员会进行改革。

第二，专家的独立性和中立性受到质疑。全面分析可能对专家工作造成干扰的因素大致包括如下几个方面：首先，遴选过程对专家产生影响。尽管专家以个人身份进行工作，但是参选过程中却不可避免地会出现国家和政府的支持问题。其次，人权高专在行政事务中的支持可能会影响专家的工作，甚至在报告撰写方面出现越俎代庖的现象。最后，专家个人的国籍、教育背景、性别、政治观点以及相关的经历和阅历等也会影响其工作的中立性。由于个人对某些国家缺乏了解，先入为主的偏见、对信息采纳的偏颇性都会导致专家无法中立地对待一国的人权状况。有些不中立是隐性的，但是有时会损及受访国家与特别程序的合作关系。因此，完善专家的独立性和中立性要从专家的遴选、信息采信环节以及人权高专的行政支持等多个方面着手提高才能实现全面的效果。

第三，国家的不合作为专家工作带来了巨大的困扰。[2] 这种不合作主要表现为：不回复专家的来信，或者不提供实质性回复；不批准或

---

〔1〕 数据来自于特别程序关于现有专题任务国别访问的统计，载 http：//spinternet. ohchr. org/＿ Layouts/SpecialProceduresInternet/ViewAllCountryMandates. aspx？ Type = TM&Lang = Zh，访问日期：2016 年 5 月 24 日。

〔2〕 据联合国人权高专的统计，截至 2007 年 60 多个国家从未接受过特别程序专家的国别访问；截至 2011 年 11 月 1 日，仍有 25 个国家从未接受国别访问，其中包括特别程序专家一再要求的津巴布韦和厄立特里亚，参见 Miko Lempinen, *United Nations commission on Human Rights and the Different Treatment of Governments- An Inseparable Part of Promoting and Encouraging Respect for Human Rights*? Åbo Akademi Press，2005，pp. 154-157。

搁置专家进行国别访问的要求，[1] 或者对国别访问横加干涉；对于专家报告及其建议不认同，甚至攻击专家个人。[2] 客观地讲，产生这一结果的原因是比较复杂的。虽然不能一味批评指责国家，但是国家的确应该根据有关规则尽到基本的合作义务。因为无论是《人权理事会特别程序任务负责人行为守则》还是关于《联合国人权理事会工作和职能审议》的决议都"敦促各国配合并协助各特别程序履行其任务，及时提供一切资料，并对特别程序转发给它们的来文作出回应，不作无故拖延"[3]。

第四，专家工作能力的局限性影响其工作效率和效果。再以国别访问为例，专家需要对国别访问进行非常完备的准备，包括对于受访国家的政治和法律制度的充分、全面的了解，对于访问日程的良好规划，以及对于信息的采信能力和判断力等，而这都需要专家秉持公正地设计和执行，才能冲破重重阻碍，提交一份公正客观的调查报告，并提出真正有益于国家的建议。在执行任务当中，公正的态度、精深的专业知识以及充足的准备才能保证任务的顺利执行，这无疑对专家个人提出了较高的要求。因此专家的综合素质和敬业精神对于特别程序的良性运行和工作效果发挥着至关重要的作用。但是，现实中部分专家的业务能力却差强人意并有失公允。对此，菲利普·奥尔斯顿教授曾经批判："即使特别报告员在国别访问等环节中遵循一些规则，也不能保障他们的调查工作能够做到一致性、有效性和公平性。"因为"他们的调查工作和方法具有临时性，很难令人满意并保证一致性"。现实中，由于专家工作的

---

〔1〕 1993年特别程序酷刑专家向印度提出国别访问的要求，但是时隔20年后，印度才通过向特别程序发放长期邀请予以接受。而类似这种例子比比皆是。Tania Baldwin-Pask, Patirzia Scannella, "The Unfinished Business of a Special Procedure", in M. Cherif Bassiouni and William A. Schabas, *New Challenges for the UN Human Rights Machinery*, Intersentia, 2011, p. 441.

〔2〕 柬埔寨人权状况特别报告员雅诗·盖伊也曾指出在其履行职责时，遭受柬埔寨政府的责难。参见 Surya P. Subedi, Protection of Human Rights through the Mechanism of UN Special Rapporteurs, in Human Rights Quarterly, Volume 33, Number 1, 2011, p. 225.

〔3〕 Code of Conduct for Special Procedures Mandate-holders of the Human Rights Council, art. 4 (1), UN Doc. A/HRC/RES/ 5/2, 2007; Review of the Work and Functioning of the Human Rights Council, UN Doc. A/HRC/RES/16/21, 2011.

兼职性质以及中立性的严格要求，致使他们有时并不完全了解受访国的情况，这从客观上影响了该专家对于事实的了解和中立的判断。

第五，专家以个人身份工作的特点既为特别程序带来了工作上的灵活性和及时性，也带来了工作上的障碍。首先，个人身份往往受到有关当事国的歧视，国家对于专家的重视程度与合作意愿较之对待其他联合国机构而言大打折扣。其次，专家的工作需要多方面的支持，难免会受到来自于其他机构的约束。最后，专家的工作还会受到可利用资源多寡的限制。而特别程序所拥有的资源不足则是近年来该机制乃至整个联合国人权机制发展的最大障碍之一。

（五）特别程序发展的思考

特别程序的发展经历了一个曲折的过程，为了实现联合国改革的宗旨和目标，特别程序自身的发展也应该随着全球化的进程以及世界政体的多极化、碎片化的发展趋势进行适当的调整，从而更好地应对全球治理的需求。

第一，特别程序应逐步淡化谴责的意味，强化倾听与对话的工作方式。实践中，特别程序专家的工作经常会引起受访国家的严重不满和不合作，甚至是强烈的指责，从而削弱了该机制的监督效果。因此，减少批评和"羞辱性"工作方法，争取国家的合作应该是下一步特别程序重要的工作目标之一。争取国家合作首先需要专家与国家的深入对话，并努力寻求国家的理解与合作，从而推动人权的发展。当然争取与国家的合作，并不是对于国家的妥协和让步，在与国家的关系上，专家仍然需要坚持批评、建议与对话合作并行的工作路线，从而在保持独立的前提下推进人权监督任务的顺利有效进行，以推动人权状况的改善。

第二，特别程序的工作重点应适当引入预警职能。一直以来，特别程序的建立和工作重点都是对于国家人权状况的谴责和建议，是一种对于侵犯人权事件的事后救济，主要通过批评手段引发国家关注，从而促进人权问题的解决，但是所提出的人权建议却用力不足，或者疏于研究和跟进。实践中，国家的不合作等阻碍，往往使特别报告员的人权监督工作及其后续的人权进展收效甚微。针对这一问题，应该将特别报告员的职能从批评惩戒向建议与预警等多方面发展。特别报告员通过国别访问所提供的人权状况评估和建议，不仅应该转化成为有关当事国改善人权问题的后续措施，同时还应通过一定的制度安排，成为人权预警机制的一个组成部分，在必要时引发高度国际关注，从而防止人权事态的恶化。对此，联合国应该围绕特别程序建立其相关的人权预警及联动机制，一方面，强化特别程序在整个组织中的人权影响力；另一方面，也使其他机构，如大会和安理会等机构能够关注并助力特别程序的工作，从而使其更好地发挥人权监督的作用。

第三，强化与其他机制的合作，发挥向整个联合国人权机制提供人权信息的核心作用，并借力发展。强化与其他机构的合作一方面可以使特别程序专家所掌握的人权信息得到充分的传播和使用，弥补其他机制调查职能的缺失，帮助其他机制在掌握充分的人权信息的基础上做出公平公正的评估和建议。另一方面，可以让其他机制也成为特别程序的后续行动的一部分，强化特别程序监督的持续性和工作力度，弥补特别程序专家工作机制的劣势和不足，从而实现共赢。

综上所述，特别程序的局限性和障碍性因素，限制了该机制的发展。克服其内在的程序弊端并改进其运行机制一直是原人权委员会和新成立的人权理事会所追求的目标。在这一系统的改进工程中，至少要包含如下几个重点：首先，人权理事会要切实保障特别程序应在必要、必须以及存在大规模侵犯人权事件的前提下才能启动，只有客观公正地设立各项人权任务，才能最大限度地弱化该机制的政治性因素带来的消极后果。其次，需要强调国家的合作义务，为特别程序的顺利运行提供保障。最后，进一步加强对专家的遴选，切实提高专家的独立性和公正性，并加强对特别程序的各种资源支持，以确保该机制的顺利实施。关于提高特别程序的公正性和公平性的反思，既是国际社会对于该机制在过去几十年的实践反思，也从不同程度上反映了中国等发展中国家对于该机制一直以来的基本态度和对其未来发展的希望。

四、中国在特别程序中的实践

由于国内层面对于特别程序的研究十分匮乏，有关实践也没有得到普遍的关注，因此国内社会对于这一机制的了解也相对贫乏。然而中国在特别程序中的实践却远比研究更加丰富，其中存在的问题也需要认真梳理，从而提升与该程序的合作水平。

（一）中国与特别程序合作的基本状况

20 世纪 80 年代左右，随着全面参与人权委员会的工作，中国开始了与特别程序的合作。相关实践主要涉及中国作为监督国和受监督国与特别程序的交流互动。作为政治敏感性较强的人权机制，特别程序从来没有在中国设立过国别人权任务，对此，中国曾经为了粉碎关于"中国人权状况"的反华提案与美国等国家展开了长达十数年的政治博弈，并以胜利告终。因此，仅就中国与特别程序的直接合作而言，主要集中在与专题任务专家就人权问题进行函件沟通、接待国别访问及履行相关人权建议的实践。

1. 来往函件的情况

中国与特别程序专家来往函件的情况散见于特别报告的年度报告中。由于这些数据比较浩瀚，只能从中摘取特定时间段的研究报告来进行分析，权作管中窥豹，旨在从中探寻中国与特别程序合作的态度和情况。根据人权高专分别于 2009 年和 2013 年向普遍定期审议机制提交的信息汇编报告，在第一轮普遍定期审议机制运行期间，即 2004～2008 年间，中国收到 171 份专家来信，并就其中 130 份进行了回复，回复率为 70%；[1] 第二轮审议期间，即 2009～2013 年间，中国收到了 100 份专家来信，并回复了其中的 80 份，回复率为 80%，比第一轮统计的回复率提高了 10%。[2] 将中国的情况与其他国家进行比较，可以对中国与特别程序的合作态度有所洞悉。根据人权高专向普遍定期审议机制提供的信息汇编报告，美国于第一轮审议期间收到 70 份专家来信，并就

─────────

〔1〕 Compilation Prepared By the Office of the High Commissioner For Human Rights, In Accordance With Paragraph 15（B）of the Annex To Human Rights Council Resolution 5/1, China, UN Doc. A/HRC/WG. 6/4/CHN/2, 2008.

〔2〕 Compilation Prepared By the Office of the High Commissioner For Human Rights, In Accordance With Paragraph 15（B）of the Annex To Human Rights Council Resolution 5/1, China, UN Doc. A/HRC/WG. 6/17/CHN/2, 2013, p. 7.

其中 31 份进行了回复，回复率为 44.3%；[1] 第二轮审议期间，收到了 95 份专家来信，并回复了其中的 56 份，回复率为 58.9%。[2] 英国于第一轮审议期间，收到 32 份专家来信，并就其中 20 份进行了回复，回复率为 62.5%；[3] 第二轮审议期间，收到了 15 份专家来信，并回复了其中的 10 份，回复率为 66.7%。[4] 法国于第一轮审议期间收到 17 份专家来信，并就其中 10 份进行了回复，回复率为 58.8%；[5] 在第二轮审议期间，收到 13 份专家来信，并就其中 6 份进行了回复，回复率为 46.2%。[6] 德国于第一轮审议期间，收到 9 份专家来信，并就其中 6 份进行了回复，回复率为 66.7%；[7] 第二轮审议期间，收到了 3 份专家来信，并回复了其中的 0 份，回复率为 0%。[8] 日本于第一轮审议期

〔1〕 Compilation Prepared By the Office of the High Commissioner For Human Rights, In Accordance With Paragraph 15 (B) of the Annex To Human Rights Council Resolution 5/1, United States of America, UN doc. A/HRC/WG. 6/9/USA/2.

〔2〕 Compilation prepared by the Office of the United Nations High Commissioner for Human Rights in accordance with paragraph 15 (b) of the annex to Human Rights Council resolution 5/1 and paragraph 5 of the annex to Council resolution 16/21, United States of America, UN Doc. A/HRC/WG. 6/22/USA/2.

〔3〕 Compilation Prepared By the Office of the High Commissioner For Human Rights, In Accordance With Paragraph 15 (B) of the Annex To Human Rights Council Resolution 5/1, United Kingdom of Great Britain And Northern Ireland, UN doc. A/HRC/WG. 6/1/GBR/2.

〔4〕 Compilation prepared by the Office of the High Commissioner for Human Rights in accordance with paragraph 5 of the annex to Human Rights Council resolution 16/21, United Kingdom of Great Britain and Northern Ireland, UN doc. A/HRC/WG. 6/13/GBR/2.

〔5〕 Compilation Prepared By the Office of the High Commissioner For Human Rights, In Accordance With Paragraph 15 (B) of the Annex To Human Rights Council Resolution 5/1, France, UN doc. A/HRC/WG. 6/2/FRA/2.

〔6〕 Compilation prepared by the Office of the High Commissioner for Human Rights in accordance with paragraph 5 of the annex to Human Rights Council resolution 16/21, France, UN doc. A/HRC/WG. 6/15/FRA/2.

〔7〕 Compilation Prepared By the Office of the High Commissioner For Human Rights, In Accordance With Paragraph 15 (B) Of the Annex To Human Rights Council Resolution 5/1, Germany, UN doc. A/HRC/WG. 6/4/DEU/2.

〔8〕 Compilation prepared by the Office of the High Commissioner for Human Rights in accordance with paragraph 5 of the annex to Human Rights Council resolution 16/21, Germany, UN doc. A/HRC/WG. 6/16/DEU/2.

间收到 3 份专家来信，并就其中 2 份进行了回复，回复率为 66.6%；[1]
第二轮审议期间，收到了 6 份来信，并回复了 6 份，回复率为
100%。[2] 俄罗斯于第一轮审议期间，收到 107 份专家来信，并就其中
的 79 份进行了回复，回复率为 73.8%。[3] 第二轮审议期间，收到了
55 份专家来信，并回复了其中的 48 份，回复率为 87.3%。[4] 其中，
对于安理会常任理事国回复专家来信的情况参见下图：

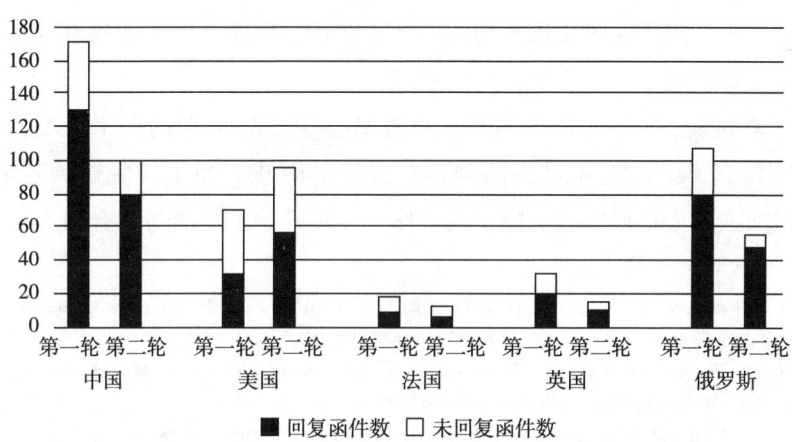

图 2-1　安理会常任理事国对于特别程序专家来文回复情况

〔1〕 Compilation Prepared By the Office of the High Commissioner For Human Rights, In Ac-
cordance With Paragraph 15 (B) of the Annex To Human Rights Council Resolution 5/1, Japan, UN
doc. A/HRC/WG. 6/2/JPN/2.

〔2〕 Compilation prepared by the Office of the High Commissioner for Human Rights in accord-
ance with paragraph 5 of the annex to Human Rights Council resolution 16/21, Japan, UN doc. A/
HRC/WG. 6/14/JPN/2.

〔3〕 Compilation Prepared By the Office of the High Commissioner For Human Rights, In Ac-
cordance With Paragraph 15 (B) of the Annex To Human Rights Council Resolution 5/1, Russian
Federation, UN doc. A/HRC/WG. 6/4/RUS/2.

〔4〕 Compilation prepared by the Office of the High Commissioner for Human Rights in accord-
ance with paragraph 5 of the annex to Human Rights Council resolution 16/21, Russian Federation, A/
HRC/WG. 6/16/RUS/2.

2. 国别访问

在专题任务领域，截至 2016 年 6 月，中国共接待了 8 个专题专家的 10 次国家访问[1]，涉及教育权[2]、酷刑问题[3]、宗教信仰自由[4]、食物权[5]、任意拘留问题[6]、对妇女的歧视[7]以及外债对人权的影响[8]、赤贫与人权问题[9]。其中，任意拘留问题专题报告员来访中国三次，分别进行了预备性访问、正式访问和后续行动访问。

对于中国与特别程序专题任务的合作进行简要的历史回顾，可以更好地分析中国历次接受国别访问的社会背景、反应、任务的效果以及中国对于特别程序合作不断深化的过程。

20 世纪 90 年代是中国在人权委员会中比较被动的一个阶段，自 1991 年起，中国连年受到国别人权提案的困扰。为了摆脱这种困境，中国加强了人权研究与国际交流合作，逐步开始了全面与联合国人权机

---

〔1〕 参见人权高专关于特别程序的中国主页：http：//www. ohchr. org/ch/HRBodies/SP/Pages/CountryvisitsA-E. aspx，访问日期：2016 年 7 月 1 日。

〔2〕 The right to education：Report submitted by the Special Rapporteur, Katarina Tomaševski, Addendum, Mission to China, UN Doc. E/CN. 4/2004/45/Add. 1, 2003.

〔3〕 Civil and Political Rights, Including the Questions of Torture and Detention, Report of the Special Rapporteur on torture and other cruel, inhuman or degrading treatment or punishment, Manfred Nowak, Mission to China, E/CN. 4/2006/6/Add. 6

〔4〕 Implementation of the Declaration on the Elimination of All Forms of Intolerance and of Discrimination Based on Religion or Belief, Report Submitted by Mr. Abdelfattah Amor, Special Rapporteur, UN Doc. E/CN. 4/1996/95/Add. 1；Follow-Up Table Addressed to the Chinese Authorities, UN Doc. A/51/542.

〔5〕 Report of the Special Rapporteur on the Right to Food：Mission to China, A/HRC/19/59/Add. 1, 20 January 2012；Report submitted by the Special Rapporteur on the right to food, Olivier De Schutter, Addendum, Preliminary note on the mission to China (15-23 December 2010), UN Doc. A/HRC/16/49/Add. 3, 2011

〔6〕 Question of the Human Rights of All Persons Subjected To Any Form of Detention Or Imprisonment, Report of the Working Group on Arbitrary Detention, UN Doc. E/CN. 4/1997/4.

〔7〕 Report of the Working Group on the issue of discrimination against women in law and in practice：Mission to China, UN Doc. A/HRC/26/39/Add. 2, 2014.

〔8〕 Report of the Independent Expert on the Effects of Foreign Debt and Other Related International Financial Obligations of States on the Full Enjoyment of All Human Rights, Particularly Economic, Social And Cultural Rights on His Mission to China, UN Doc. A/HRC/31/60/add. 1.

〔9〕 Report of the Special Rapporteur on extreme poverty and human rights on his mission to China, UN Doc. A/HRC/35/26/Add. 2

制密切合作的历程。其中，包括签署《经济、社会和文化权利国际公约》《公民权利和政治权利国际公约》等公约，邀请人权高专访问中国以及举办北京世界妇女大会等举措，都取得了良好的效果。此外，1997年3月14日，中国还通过了《刑法》的修订。宗教信仰问题专家和任意拘留专家正是在这样的历史背景下来中国进行访问的。

1994年11月19~30日，"消除基于宗教或信仰原因的一切形式的不容忍和歧视宣言"特别报告员应中国政府的邀请来到中国进行访问，报告员访问了北京、成都、拉萨和上海等地，会见了政府机关和非政府组织等，访问了基督教、佛教、道教、伊斯兰教和天主教的宗教场所，并就上述宗教问题进行了对话。经过访问，报告员认为中国正在经历重大的人权改革，并对国别访问给予了高度的重视与合作。

1997年10月6~16日，"任意拘留问题工作组"应邀访问中国，此前该工作组曾于1996年7月进行了为期5天的预备性访问，对北京和山东的监狱和劳改所进行了实地考察。此次工作组访问了北京、成都、拉萨和上海四地，并与最高人民法院院长、最高人民检察院检察长、司法部以及外交部副部长等进行了会谈。报告员认为此次访问取得了成功，肯定了中国修订《刑法》和《刑事诉讼法》的成绩，并提出了进一步修订有关法律从而加强法律保障的建议。

千禧年后，中国发生了一系列重要的事件，为特别程序专题专家的国别访问提供了比较良好的社会条件。继1997年签署两公约以来，中国于2001年批准了《经济、社会和文化权利公约》，并为批准《公民权利和政治权利公约》进行积极的准备。在此期间，中国还签署和批准了两个《儿童权利公约》的议定书并且签署批准了《残疾人权利公约》。2004年，"人权入宪"更是为中国的人权保障事业掀开了新的一页。

2003年11月14日，"受教育权问题特别报告员"应中国政府的邀请访问中国，此次访问是由中国与欧盟的人权对话直接促成的。因该特别报告员认为时间有限，故只对北京市内及其区县进行了调研与考察。报告员会见了外交部、教育部、司法部的官员，参观了教育机构，会见了社会组织代表，观摩了部分诉讼，并与中国学者就人权研究问题进行了探讨。经过考察和研究，报告员在其报告中对中国作出如下建议：以国际人权法为标准审查有关法律，并做出相应调整；消除一切财政障碍，确保所有儿童得到免费教育；监测在学人数，按照所有国际人权法禁止的歧视理由分类收集资料；审查学生在校工作的情况，废除这种做法；将教育预算拨款占比增加到国内生产总值的 6%；向青少年提供性教育；制订一项全面战略，通过教育实现性别平等；保障流动儿童教育，将消除教育中的歧视做法纳入教育政策、法律，并提高教师地位和待遇。

该报告员的报告引起了中国政府的不满，并就此向人权高专发出了普通照会。[1] 中国政府认为，该报告员对于中国教育权的情况作出了不实报道，并对于与教育权问题无关的公共卫生政策、军费开支、奥运会项目等问题作出了不恰当的评论。首先，该报告员报道"根据《宪法》条款，中国儿童不享有教育权"，"指责中国的教育制度不承认少数民族的宗教和语言身份"以及对"小学爆炸事故"等陈述和观点不符合事实，并歪曲了中国法律。此外，报告无视中国政府提供的第一手资料，使用了很多错误的数据。其次，中国幅员辽阔，特别报告员坚持只走访北京的同时，却对西藏、河北等地作出了片面的、不负责任的评论，中国政府对其动机感到不解。最后，特别报告员并未对其所见所闻进行客观反映，却对中国政府为保障和实现教育权所做的努力进行了不符合事实的评论和指责。

2004 年 9 月 18~30 日，"任意拘留和酷刑工作组"对中国进行了第二次访问。工作组的此次访华，是对 1997 年访问以来的发展情况进行后续调研和考察，此次访问与中国关于收容制度等司法改革措施也有一定的关系。因此，工作组选择了与前一次国别访问相同的城市（上海除外）和拘留场所进行了走访。此外，还增加了一些对于派出所、预审拘

---

[1]　Note Verbale Dated 2003/12/10 from the Permanent Mission of China to the United Nations Office At Geneva Addressed to the Office of the United Nations High Commissioner for Human Rights, UN Doc. E/CN. 4/2004/g/16.

留所、监狱、劳教所和精神病院等地点的考察。工作组总体认为，中国通过司法手段剥夺自由的规定和做法以及警方不经司法批准羁押刑事犯罪嫌疑人的期限太长，建议中国：重新审议关于拘留的法律；强化检察院工作的独立性；赋予被剥夺自由的人向法院提出异议的权利；对劳教制度进行改革；明确规定强行治疗和监督的条件；等等。

2010 年 12 月 15~23 日，"食物权特别报告员"应邀请对中国进行访问。报告员访问了北京、济南和莱芜地区，会见了外交部、农业部、人力资源和社会保障部、国土资源部、环境保护部等官员，走访了中国社会科学院、中国农业科学院、中国国际扶贫中心等，并会见了全国妇联、中国农业大学等非政府组织和研究机构代表，参观了粮食加工企业，等等。经过访问，报告员对中国保障食物权提出了如下的建议：在增加粮食供给的同时，确保实现食物权；针对仍然存在粮食安全问题的地区和人口实行各项政策，以解决粮食获得问题；从适足性这一角度看，要求适当关注食物权的营养方面；粮食体系必须具备可持续性，并兼顾国家应对未来需求的能力；等等。

2011 年后，特别程序对中国进行了三次国别访问。在国内，中共十八大的召开，提出了依法治国等理念，进一步为人权保障奠定了重要的法律和政治基础。中国在国际事务中的地位稳步提高，并在《千年发展宣言》的实施方面取得了一系列成就，中国的经济发展助力全球经济的发展与稳定，并切实提高了国内人权保障状况。在国际层面，中国再次当选人权理事会成员，并在联合国享有更加积极的话语权和影响力。

2013 年 12 月 12~19 日，"法律和实践中的歧视妇女问题工作组"应中国政府邀请对中国进行了访问。工作组访问了北京、上海和云南省西双版纳傣族自治州，与政府官员、社会组织以及学术界和联合国机构代表进行了会谈与磋商。通过访问，工作组建议中国：消除家庭与学校内的暴力行为；通过立法、行政、司法部门以及社会组织等共同防止全国范围内对妇女的歧视；促进妇女平等参与政治和公共生活，包括使妇女能够平等、切实有效地在国家、省和地方三级的所有立法、行政和司法机构中担任高级决策职务；通过提供劳动保障、提供社会保障、建立监督机构、促进同工同酬、规范劳动合同等途径来促进妇女的经济和就业平等；保护被剥夺自由的、残疾的、性少数者等处于弱势地位的妇女权利，从而提高法律平等保障的可执行性。

2015年6月29日～7月6日，"国家外债和其他有关国际金融义务对充分享有所有人权，尤其是经济、社会和文化权利的影响问题独立专家"对中国进行了正式访问。独立专家与外交部、教育部、财政部、公安部、人力资源和社会保障部、住房和城乡建设部、商务部的政府官员以及国务院新闻办公室、国家卫生和计划生育委员会、中国人民银行和中国银行业监督管理委员会的代表开展了讨论。经过国别访问，独立专家建议中国政府通过以下方法，在其国际发展合作和国际贷款活动中纳入更明显、更明确的人权方针：将《外债与人权问题指导原则》和《工商企业与人权指导原则》明确纳入现行规章，以进一步加强国际贷款和投资框架中的人权原则；为给项目供资的金融机构和活跃于海外的企业设立便捷畅通的非司法人权申诉机制；采取适当的立法和行政措施，确保中资公司及其海外子公司为侵犯人权行为负责并承担法律责任；建立一个有效的监测机制，定期评估其政策和项目在接受国的人权影响，并在必要情况下采取补救措施。

2016年8月15～23日，"赤贫与人权特别报告员"应邀对中国进行了访问。该报告员访问了北京和云南省部分地区，与政府部门进行了会谈，并与中方专家学者进行座谈。报告员在新闻发布会上指出，中国已经批准了《经济、社会及文化权利国际公约》，并不断强调其对保障这些权利的承诺。但是要让这些权利被视为人权而非广义的发展目标，就需要采取三个必要步骤：①以立法或其他形式承认这些权利；②创立促进实现这些权利的机构；③提供问责机制确保对侵犯行为进行补救。报告员还以建立问责制推动消除贫困为切入点批评了中国在表达自由和司法救济等方面的问题。另外，特别报告员还表达了会见非政府组织和专家的行程受到了中国政府的干预。

对于特别报告员的言论，外交部发言人进行了回应：其一，希望特别报告员正视中国在推动人权发展方面的成就，尊重中国按照社会主义特色道路发展人权的选择，而不是用一种模式来评价中国的人权发展。其二，其所谓"与一些学者的互动受到中国政府限制"的说法完全不符合事实，所谓"一名准备与特别报告员会面的活动人士遭到骚扰"的说法更是无稽之谈。事实上，特别报告员在日程之外，私下会见了联合国驻华官员、外交官、非政府组织和个人等。

上述特别报告员对于中国的国别访问和对中国的评论，部分比较切合实际，部分则比较尖锐甚至脱离实际。但是现在回顾这些人权建议，就会发现当时所提及的多数人权问题和人权建议早已随着中国人权事业的发展而得到了全面的解决和落实，其他部分问题也正在得到逐步完善。例如劳动教养问题、家庭暴力问题等。因此，中国与特别程序的互动对于推动人权水平的提升还是具有一定实际意义的。

（二）关于中国加强与特别程序合作的建议

纵观各国与特别程序的合作，都不同程度地存在各种问题，中国的相关实践也有需要提高和完善的地方。根据联合国人权高专向普遍定期审议机制提交的报告以及各国向中国提出的关于加强与特别程序的合作的各项建议，这些问题包括如下两类：

第一，建议中国向特别程序发出长期邀请。[1] 截至 2016 年 9 月，世界上已有 117 个国家向特别程序发出了长期邀请，[2] 其中，非洲 54 个国家中有 26 个发出了长期邀请，占所有国家的 48%，2004 年的比例是 7.5%；亚洲 53 个国家中有 24 个国家发出了长期邀请，占所有国家的 45%，2004 年的比例是 13.2%；东欧 23 个国家中有 19 个国家发出了长期邀请，占所有国家的 91%，2004 年的比例是 82.6%；拉丁美洲和加勒比海地区 33 个国家中有 18 个发出了长期邀请，占 55%，2004

---

〔1〕 Compilation Prepared By the office of the High Commissioner For Human Rights, In Accordance With Paragraph 15（B）of the Annex To Human Rights Council Resolution 5/1, UN Doc. A/HRC/WG. 6/4/CHN/2; Compilation Prepared By the Office of the High Commissioner For Human Rights, In Accordance With Paragraph 15（B）of The Annex To Human Rights Council Resolution 5/1, UN Doc. A/HRC/WG. 6/17/CHN/2, para. 12.

〔2〕 人权高专网：http://www.ohchr.org/EN/HRBodies/SP/Pages/Invitations.aspx，访问日期：2016 年 12 月 1 日。

年的比例是 45.5%；西欧及其他 30 个国家中的 28 个国家发出了长期邀请，占所有国家的 93%，2004 年的比例是 89.7%。[1] 由此看出，每个国家集团的表现存在较大的差异，其中，西欧和东欧国家对国别访问的接受度最高。尽管亚洲和非洲接待国别访问的次数最多，但是对于国别访问的接受度却是最低。在最近十年，亚洲和非洲国家对于特别程序的态度和评价明显提升。当然发出长期邀请并不必然意味着就接受国别访问，国别访问的执行仍需接收国同意。在国际上，发出了长期邀请，却不同意特别报告员进行国别访问的国家也并不罕见。但是发出长期邀请毕竟是衡量一国与特别程序合作状况的一个指标。积极与特别程序进行合作，不仅是中国作为人权理事会成员的重要职责，[2] 也是作为联合国成员国的义务。

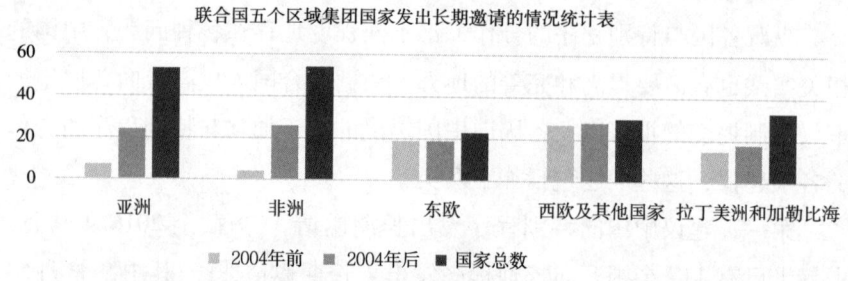

图 2-2　联合国五个区域集团国家发出长期邀请的情况表

第二，建议中国接受某些特别报告员进行国别访问的请求。这些国别访问要求包括如下专题：结社与集会自由、人权卫士、少数人的保护、安全用水、法官和律师的独立和禁止失踪等。[3] 客观地讲，在中

---

〔1〕 2004 年的数据参见：Ted Piccone, "The Contribution of the UN's Special Procedures to National Level Implementation of Human Rights Norms", *The International Journal of Human Rights*, Vol. 15, No. 2, February 2011, p. 211.

〔2〕 Human Rights Council, UN Doc. A/RES/60/251, 2006, para 12.

〔3〕 Compilation Prepared by the Office of the High Commissioner For Human Rights, In Accordance With Paragraph 15 (B) of The Annex To Human Rights Council Resolution 5/1, China, UN Doc. A/HRC/WG. 6/17/CHN/2, para. 12.

国未发出长期邀请的情况下，尽量考虑和接受特别报告员的国别访问要求是中国提升与特别程序合作水平的一种重要体现或者说是替代措施。鉴于现实中，国家拒绝或者延迟特别报告员进行国别访问要求的情况非常普遍，接受多少次国别访问才算是良好的合作是一个值得思考的问题。而与其他国家的横向比较，可能有助于对目前中国合作情况的审视和评价。据布鲁金斯（brookings）研究所对 1990～2010 年所有国别访问的数据统计，苏丹是接受国别访问最多的国家之一，共接受了 21 次访问，紧随其后的多数是遭受战乱的国家，例如，柬埔寨、哥伦比亚、海地、阿富汗、布隆迪等国家，其中，美国也是接受国别访问最多的国家之一（并列第 7 位），其接待国别访问的次数为 14 次，这是在发达国家中绝无仅有的。[1] 对于安理会常任理事国接受国别访问的统计显示，从 1990～2016 年，美国共接受 17 个专题特别报告员的 21 次访问；法国共接受了 5 个专题特别报告员的 6 次访问；日本共接受了 6 个专题特别报告员的 6 次访问；英国共接受了 10 个专题特别报告员的 11 次访问；德国共接受了 4 个专题特别报告员的 6 次访问；俄罗斯共接受了 9 个专题特别报告员的 10 次访问；而中国共接受了 8 个专题特别报告员的 10 次访问。美国与特别程序的合作反映了其对该机制的重视程度，同时也是因为美国与条约机制的合作不利而进行的"补偿"，因为在核心公约中，美国仅仅接受了 3 个核心国际人权公约。尽管中国接受特别报告员进行国别访问的情况与其他国家相比基本相同，但是在未发出长期邀请的情况下，加大邀请力度始终是国际社会对中国的期望。

（三）中国在联合国改革中对于特别程序的态度

中国在联合国改革中对于特别程序的态度，既体现了中国与特别程序合作中的经历，也体现了中国对于该机制在世界范围内实践的观察，综述中国对于特别程序的基本看法，主要有如下几点：

第一，彻底改变选择性和双重标准的做法，并提升人权的整体保

---

〔1〕Ted Piccone, "The Contribution of the UN´s Special Procedures to National Level Implementation of Human Rights Norms", *The International Journal of Human Rights*, Vol. 15, No. 2, February 2011, p. 211.

障。人权委员会在冷战期间的政治对抗和冷战后的政治化，严重损毁了联合国的信誉。中国在国别人权议题中的经历，更加坚定了中国对于联合国人权机制，尤其是特别程序公平、公正地进行人权监督的渴望和支持，从而推进特别程序的普遍接受。在实践中，中国对于国别人权议题一般采取反对或者弃权的立场，以推进特别程序的非政治化，而对专题人权任务的设立则较为支持。[1]

第二，提高对于人权的整体性保障，平等对待公民、政治权利和经济、社会和文化权利。尽管专题任务相较于国别任务而言，其政治性问题相对弱化，但是仍然受到国际关系的严重影响，每个专题的背后仍然强烈地体现着每个国家或者国家集团的政治意愿。一直以来，特别程序在任务专题的设立方面存在着重公民、政治权利，轻经济、社会和文化权利的问题，造成特别程序任务结构的不合理和失衡。对此，中国政府一再强调所有人权应该得到平等的保护。

第三，特别程序的公正性、中立性以及客观性需要进一步提高。中国认为特别报告员的报告应在全面了解一国的人权情况的基础上，作出客观的评估，应该尊重各国在社会制度、社会进程方面和对人权目标的优先设定，尊重一国对于实现人权进路的选择。作为联合国的人权监督机制，特别报告员应该用多元化的评判标准来对一国的人权状况作出全面评价，而不是用单一的、既有的思维模式和价值体系来否定一国在保障人权过程中所做出的努力。中国政府的意见也反映了发展中国家希望特别程序应该坚持人权的普遍性和特殊性相结合的原则，充分尊重每个国家的发展道路，从而实现跨国的、文明相容的人权价值观的实施和保障。

（四）中国与特别程序合作定位的转变

中国与特别程序合作的状况一方面映射出该机制在设计上和实践中

---

〔1〕《中国关于联合国改革问题的立场文件》，载 http：//www. fmprc. gov. cn/ce/ceun/chn/zgylhg/lhgzyygg/t199100. htm；王光亚大使在第 60 届联大三委关于人权问题的发言，载 http：//www. fmprc. gov. cn/ce/ceun/chn/zgylhg/lhgzyygg/t218324. htm，访问日期：2016 年 12 月 10 日。

的局限性，另一方面反映了中国对于特别程序的历史实践及态度，同时也是中国参与联合国人权机制立场的写照。从 20 世纪 80 年代参与到原人权委员会的工作中以来，中国与特别程序的合作经历了从消极被动到积极合作的变化。在特别程序设立人权任务的国际斗争中，中国目睹了人权委员会在国别人权方面的不公正，也经历了部分国家利用有关程序对中国所进行的挑战。这些经历在某种程度上影响了中国对于特别程序以及原人权委员会的看法和合作态度，但是也激励了中国在人权理论和保障实践方面的发展。

中国与以特别程序为代表的联合国人权机制的合作经历了一个非常艰辛和曲折的过程。作为社会主义发展中国家，中国在联合国最初的实践，一度被认为是秩序的破坏者，并因种种历史事件经历了各种挑战，但同时也激发了中国与国际社会进行人权对话、合作与交流的意识。在很长一段实践中，中国将在联合国组织的实践定位于秩序的遵守者、维护者而努力融入国际社会的人权事务和人权秩序中，但是却从未放弃过对所持有的人权主张的宣介，和对特别程序等机制进行适度的抗议，以坚持中国的人权立场。回望历史，中国与特别程序合作的总体趋势与在个别事件中的对抗形成一种张力，激发而又限定两者之间的关系。它既展现了中国作为联合国成员国履行国际人权义务的义务感和责任心，同时也表现出了中国对于国家尊严的坚决维护的态度。

中国最近 20 年在人权领域的发展表明，中国并没有停留在过去实践的阴影当中，而是从推动该机制变革出发，从全球人权治理的视角出发，着眼于中国在未来国际社会的发展需求，在促动特别程序公平公正的同时，逐步强化了与特别程序的对话与合作。

随着联合国人权理事会的建立，中国掀开了与特别程序合作新的历史篇章。作为人权理事会的成员国，中国不仅增加了与专题任务专家的来函互动，而且增强了对国别访问的支持力度。此外，中国还通过增加对人权高专办的捐款和互动的方式来增进与该程序的对话与沟通，并发挥了在人权理事会成员国中的垂范作用。尤其是近年来，中国在国际层面采取了"积极进取，有所作为"的外交战略，在特别程序方面的工作更加主动，不仅积极参与国别人权的讨论，还通过主动设置人权提议从而有意识地影响和引导特别程序的发展。

中国近年来强化与特别程序等联合国人权机制合作的做法，深刻体现了中国在人权事务上所秉持的坦诚、积极和开放的态度。外交政策的转变，使中国在新的国际形势下，站在更高的战略位置上对特别程序乃至整个联合国人权机制价值的重新定位，它反映了中国不再将特别程序仅仅作为接受人权监督的场所，而是将之作为开展人权交流与合作，实现国际人权话语权，并积极参与国际人权治理的重要舞台。这一实践态度的转变，反映了中国参与国际人权事务路径和定位的转变，表明中国更加重视在国际法的框架下通过对国际人权秩序的维护来捍卫国家利益和实施全球人权治理的思路，这同时也标志着中国逐步从国际人权秩序中的一个学习者、遵循者，上升为一个创造者和领导者。

（五）中国强化与特别程序合作的对策

为了更好地与特别程序进行合作，中国需要结合其在联合国人权机制中的职能和作用以及发展变化，深入特别程序的每个运行环节加强交流与互动，在兼顾国际人权义务和国家利益的同时，最大限度地利用这一机制，推动和实现全球人权治理。

面对特别程序新的变化和发展，反思中国与特别程序合作的实践及经验，结合国际社会相关建议，[1] 中国应在如下方面积极采取行动，进一步促进与特别程序的合作，强化对于特别程序的利用，使其成为实现国际人权话语权的平台：

第一，进一步强化与特别程序的合作与交流。首先，进一步加大对专家进行国别访问的邀请力度。自 2013 年以来，中国已经连续邀请了 3

---

〔1〕 国际社会在第一轮和第二轮普遍定期审议机制中对于中国在特别程序问题上提出了如下的建议：邀请经济社会文化权利专题特别报告员访问中国（沙特）；与特别程序展开合作（拉脱维亚）；与特别报告员开展合作解决人权问题（新西兰）；接受国别访问邀请，并提供长期邀请（澳大利亚、意大利），接受信仰自由特别报告员（加拿大）、食物权（已邀请）、人权卫士、任意处决、健康权、适当住房权特别报告员（墨西哥）访问中国；以及对所有特别报告员发出长期邀请（荷兰、英国、拉脱维亚）。对此，中国接受了前三个建议，拒绝了其他建议。UPR/SPB Review Table 1st and 2nd Cycle Recommendation on Special Procedure（2008-April 2013），p. 39.

名专家进行访问，并于 2018 年向健康权和安全饮用水、老年人权利专题专家也发出了国别访问邀请。客观地讲，特别程序专家在短时间内对中国经历的高频次国别访问，不仅显示了中国加强与特别程序合作的愿望，也体现了中国在人权问题上日益开放和自信的态度。但是鉴于中国尚未向特别程序提供长期邀请的现状，中国应根据国情，继续尽力安排专家的国别访问，从而扩大中国与国际社会的对话与合作。其次，进一步提高回复率。对中国与特别程序互动实践的回顾表明，尽管中国对于专家来函的回复率的国际排名是较高的，但是不断强化这方面工作仍是强化与特别程序合作的必要步骤。因为回复率的提高不仅影响着特别程序对于中国合作态度的评估，而且还影响到专家对于人权事件的事实认定，从而涉及中国的人权信誉等问题。因此，只有加强与专家的沟通与合作，才能将中国真实的人权状况展现给专家和国际社会，并帮助其作出公平的评估和判断，而忽略对于专家来函的回应，只能使其采信单一来源的人权信息，对于中国的情况产生误解，有失公允。因此，进一步提高回复率无疑是加强与特别程序报告员合作的重要措施。

第二，深入参与特别程序的运行和建设，为中国强化与特别程序的合作增添软实力。与特别程序的良好互动，不仅仅停留在积极接受监督的这一基本层面，更要深入到特别程序的规划和发展中，才能通过这一平台有效地实现话语权和人权治理。对此，中国应该考虑在如下几个方面采取适当的措施：首先，通过提高对人权高专的捐款，加强对于特别程序的财政支持。资源的匮乏一直困扰着特别程序，使其没有足够的人力和物力资源支持专家进行国别访问，以及向专家提供足够的行政支持，进而影响了特别程序的监督效率，甚至降低了该机制的有效性和公正性。尽管中国在 2013 年承诺将对人权高专的捐款从 5 万美元增加到 80 万美元，[1] 但是和其他国家高达几百万美元的捐款还是有些差距，这可能影响到中国在人权高专的话语权。其次，支持国内人员申请专家的职位。特别程序发展到今天，世界上已经有 200 多位专家担任各种人

---

〔1〕 Report of the Working Group on the Universal Periodic Review, UN Doc. A/HRC/25/5.

权专题或者国别任务的专家，然而在这支庞大的专家队伍中却从未出现过中国人的面孔，这明显与中国的国际地位不相符。这一问题不仅会减低中国对该机制及其变化的认知，还会削弱中国在人权理事会中的影响力。考虑到专家在国际人权法的解释和适用方面的特殊贡献，以及特别程序在联合国人权机制整合中的作用，中国专家的缺位还是非常值得关注的，中国需要进一步培养相关人才，让本国专家在特别程序中占有一席之地，这对中国掌握工作的主动性至关重要。最后，进一步加强人权议题的提案能力，实现中国在人权事务中的话语权和主导性。在联合国人权理事会的议程中，主动提出人权议题，并就该议题提出决议草案，表达政府的立场，本质上是人权理念的表达和输出过程，是国际人权话语权的彰显，体现着一国国家利益和政治实力。鉴于特别程序的工作机制及其特点，一国完全可以通过设立某一人权议题来促动相关国际人权规则的发展和实施。目前，中国对于人权议题的设置与美国等国家相比，还缺乏较强的主动性和体系性，因此，中国今后应进一步强化主动设置人权议题的能力，提升在特别程序中的实践主动性，并以此为平台主张中国的人权话语。

综上所述，特别程序是最早建立的、由独立专家负责监督的联合国人权机制之一。该机制通过信函沟通以及国别访问等方式来敦促国家履行国际人权法，并获得了一系列的成就。中国与特别程序的合作曾经因为人权委员会政治化问题而受到影响，但是在人权理事会对于特别程序进行改革，中国确立了"有所作为"的外交战略后，中国与特别程序的合作掀开了新的篇章。中国在国际人权事务中国家定位的转变，意味着从国际人权秩序的学习者到创造者的角色变化，标志着中国对于特别程序等联合国人权机制的认识。特别程序不仅仅是让中国接受监督的机制，还是中国参与全球治理、实现国际人权话语权的平台。结合特别程序的国际地位、发展趋势，中国应进一步强化与该机制的合作，充分利用特别程序的平台价值，通过提升交流与合作、主动设置人权议题、积极选派人权专家等措施，提升在特别程序中的影响力和领导力。

第三章 条约机制与中国实践

基于对二战的深刻反省，特别是维护人权对于维持世界和平的价值的根本认识，联合国成立不久就开始在人权领域实现建章立制的雄伟蓝图，并建立人权委员会来推动人权问题国际化的进程。人权委员会不负众望，在制定和通过《世界人权宣言》的基础上，经过几十年的努力陆续编纂了一系列国际人权公约，并得到了世界范围的广泛认可和接受。随着上述公约的生效，监督公约实施的条约机构也随即建立起来，并形成了较为完整的联合国条约机制。

第一节 条约机制的职能机构及其实施机制

一、条约机构及其专家

目前，联合国总共制定了 9 个核心国际人权公约，即《公民权利和政治权利国际公约》《经济、社会和文化权利国际公约》《消除一切形式种族歧视公约》《禁止酷刑和其他残忍、不人道或有辱人格的待遇或处罚公约》《消除对妇女一切形式歧视公约》《儿童权利公约》《保护所有移徙工人及其家庭成员权利国际公约》《残疾人权利公约》《保护所有人免遭强迫失踪国际公约》。这些公约因其所保障的权利和主体不同、签署和批准国家的多寡而在整个条约体系当中享有不同的地位。联合国从制定第一个国际人权条约以来，就非常关注国际监督程序的设立问题。为此经社理事会于 1946 年 6 月专门通过了名为"实施条款"的决议，指出"只有制定人权和国际人权宪章的实施条款，才能实现联合国有关人权的目的"。[1] 因此，自 20 世纪 60 年代初第一个条约机构——消除种族歧视公约委员会建立以来，所有的公约都建立了相应的条约机构，并主要通过国家报告、国家来文和个人来文、调查机制等方法监督国际人权公约的实施。上述以国际人权条约为基础建立的条约机构及其监督机制就构成了国际人权监督制度中的另一个庞大体系，即条约机制（或称条约监督体系）。

不同于其他区域性人权机制，联合国的条约机制并没有一个统一的监督机关，而是由不同的条约机构组成。这样建制的原因主要是国际人权公约编撰过程中出现的种种分歧。人权委员会起初对于国际人权宪章的设计分为三个部分：一项没有约束力的人权宣言、一个有约束力的全面的国际人权公约以及公约的实施机制。[2] 但是制定一个完整的人权宪章的想法却因部分国家反对国际任务而一再耽搁，而在制定国际人权公约时，又遭遇了东西方对于公民、政治权利以及经济、社会和文化权利的不同认识的阻碍，双方因主张不同性质的权利应该建立不同的实施机制的论调左右了公约制定的主要思路，从而造成国际人权宪章包括《世界人权宣言》《公民权利和政治权利国际公约》《经济、社会和文化权利国际公约》三个独立的部分，[3] 并且形成对于不同权利进行"分而治之"的局面，为条约机制的建立奏响了不够和谐的序曲，使得其后通过的人权公约也纷纷效仿，从而为条约机制职能重叠、资源浪费的格局埋下了伏笔。

目前，联合国组织围绕 9 个核心国际人权公约建立了 10 个条约机构，它们分别是消除种族歧视委员会，人权事务委员会，经济、社会和文化权利委员会，消除对妇女歧视委员会，禁止酷刑委员会，根据《禁止酷刑和其他残忍、不人道或有辱人格的待遇或处罚公约任择议定书》

---

〔1〕 Provision for Implementation, ECOSOC Resolution 9（II）.

〔2〕 United Nations, Yearbook on Human Rights, 1947, p. 431；United Nations, Yearbook on Human Rights, 1947-1948, pp. 572-573.

〔3〕 Preparation of Two Draft International Covenants on Human Rights, UN Doc. A/RES/543（VI）, A/2529, para. 1.

建立的防范酷刑小组委员会，儿童权利委员会，移徙工人委员会，残疾人权利委员会，强迫失踪问题委员会。[1] 由于缔约国的数量和职能存在差异，上述条约机构的监督规模和监督机制也有所不同，具体情况如下：

《消除一切形式种族歧视国际公约》是于 1966 年通过，并于 1969 年最早生效的核心国际人权公约。截至 2019 年 9 月，该公约共有 181 个缔约国。[2] 消除种族歧视委员会是于 1973 年建立的第一个条约机构，由 18 名独立专家构成。根据《消除一切形式种族歧视国际公约》第 8 条，缔约国每 4 年选举一次委员会成员，每 2 年对 18 名成员中的 9 名进行改选，委员可连选连任，从而使委员会的专家构成中既能不断充实新鲜的血液又能保持一定稳定性。委员会通常每年在日内瓦召开 2 次会议，每次会议持续 3 周。根据该公约的有关规定，委员会建立了 3 项监督机制：国家报告机制、国家间来文和个人来文机制，其后的条约机构也拥有相仿的监督职能。

《公民权利和政治权利国际公约》于 1966 年通过，并于 1976 年生效。截至 2019 年 9 月，该公约共有 173 个缔约国。[3] 该公约共有两个任择议定书，其中，关于审理个人来文的《公民权利和政治权利国际公约任择议定书》于 1966 年通过，1976 年生效，共有 116 个缔约国。[4]《旨在废除死刑的公民权利和政治权利国际公约第二议定书》于 1989 年通过，1991 年生效，共有 87 个缔约国。[5] 人权事务委员会根据该公

---

〔1〕 http：//www.ohchr.org/ch/HRBodies/OPCAT/Pages/OPCATIndex.aspx，访问日期：2017 年 2 月 12 日。

〔2〕 https：//treaties.un.org/Pages/ViewDetails.aspx? src = TREATY&mtdsg _ no = IV - 2&chapter=4&lang=en，访问日期：2017 年 2 月 12 日。

〔3〕 https：//treaties.un.org/Pages/ViewDetails.aspx? src = TREATY&mtdsg _ no = IV - 4&chapter=4&lang=en，访问日期：2017 年 2 月 12 日。

〔4〕 https：//treaties.un.org/Pages/ViewDetails.aspx? src = TREATY&mtdsg _ no = IV - 5&chapter=4&lang=en，访问日期：2017 年 2 月 12 日。

〔5〕 https：//treaties.un.org/Pages/ViewDetails.aspx? src = TREATY&mtdsg _ no = IV - 12&chapter=4&lang=en，访问日期：2017 年 2 月 12 日。

约第 40 条于 1977 年建立，负责公约及其议定书的监督工作。[1] 该机构由 18 名独立专家构成，委员会成员每 4 年选举一次，可连选连任。委员会每年在纽约或日内瓦召开 3 次会议，并通过发表一般性意见、审查国家报告、受理国家间来文和个人来文来履行监督职责。

《经济、社会和文化权利国际公约》于 1966 年通过，并于 1976 年生效。截至 2019 年 9 月，共有 170 个缔约国。[2] 旨在建立国家和个人来文以及调查机制的《经济、社会和文化权利国际公约任择议定书》于 2013 年 5 月生效，截至 2015 年 6 月共有 24 个缔约国。[3] 经济、社会和文化权利委员会是唯一一个不是根据公约建立的条约机构，因为根据该公约第四部分的规定，公约的相关监督工作由经社理事会全权负责。1985 年，为了更好地推动公约的实施，经社理事会通过第 1985/17 号决议，正式建立了经济、社会和文化权利委员会，来承担具体的监督职责。经济、社会和文化权利委员会的建立之所以较人权事务委员会晚了 8 年的时间，主要是因为各国对于经济、社会和文化权利的性质、国家义务的履行方式以及监督方式存在较大的分歧。作为经社理事会建立的机构，经济、社会和文化权利委员会的专家成员并不像其他条约机构一样由缔约方选举产生，而是由经社理事会选举产生。经济及社会理事会成员国每 4 年选举一次委员会成员。委员会成员以个人身份行使职责，被提名后可再次当选。委员会通常每年举行 2 次会议，每次会议包

---

〔1〕 Yogesh Tyagi, *The UN Human Rights Committee*, Cambridge University Press, 2011, pp. 151-324; M. O'Flaherty and Heffernan, *International Covenant on Civil and Political Rights: International Human rights Law in Ireland*, Brehon Publishing, 1995, pp. 64-85; Dominic McGoldrick, *The Human Rights committee: Its Role in the Development of the International Covenant on Civil and Political Rights*, Oxford University Press, 1991, pp. 62-119; Sarah Joseph, Jenny Schultz, Melissa Castan, *The International Covenant on Civil and Political Rights: Cases, Materials and Commentary*, Oxford University Press, 2004, pp. 18-20; Henry Steiner, Philip Alston, and Ryan Goodman, *International Human rights in Context: Law, Politics and Morals*, 3rd ed. Oxford University Press, 2008, pp. 850-873; B. G. Rehman, *International Human rights Law*, 2nd ed., Pearson, 2008, pp. 115-118.

〔2〕 载 https://treaties. un. org/Pages/ViewDetails. aspx? src = TREATY&mtdsg_ no = IV - 3&chapter=4&lang=en，访问时期：2017 年 2 月 12 日。

〔3〕 载 https://treaties. un. org/Pages/ViewDetails. aspx? src=TREATY&mtdsg_ no=IV-3-a&chapter=4&lang=en，访问时期：2017 年 2 月 12 日。

括为期 3 周的全体会议和为期 1 周的会前工作组会议。该委员会通过发表一般性意见、审查国家报告，审理国家和个人来文以及调查等方式发挥监督职能。

《消除对妇女一切形式歧视公约》于 1979 年通过，并于 1981 年生效。截至 2019 年 9 月，共有 189 个缔约国。[1] 旨在建立个人来文机制和调查机制的《消除对妇女一切形式歧视公约议定书》，于 2000 年生效，共有 113 个缔约国。[2] 消除对妇女歧视委员会根据该公约第 18 条于 1981 年建立，由 23 名专家组成。委员任期为 4 年，以个人能力行使职责，再被提名后可连选连任。委员会通常每年在纽约或日内瓦召开 3 次会议。委员会通过发表一般性意见、审查国家报告、审理个人来文以及调查等方式履行监督职责。

《禁止酷刑和其他残忍、不人道或有辱人格的待遇或处罚公约》（以下简称《禁止酷刑公约》）于 1984 年通过，并于 1987 年生效。截至 2019 年 9 月，拥有 168 个缔约国。[3] 禁止酷刑委员会根据该公约第 17 条于 1987 年建立，由 10 名独立专家组成。委员会委员的任期为四年，由缔约国以无记名投票方式选举产生，并可连选连任。委员会通常每年召开两届常会。但经多数成员或某个公约缔约国的要求，并经委员会本身决定，可召开特别会议。委员会可以审议根据公约提交的国家间和个人来文及国家报告并进行调查。

《禁止酷刑和其他残忍、不人道或有辱人格的待遇或处罚公约任择议定书》于 2006 年生效，截至 2019 年 9 月，共有 90 个缔约国。[4] 议定书设立了防范酷刑小组委员会，负责访问存在剥夺个人自由现象的缔约国。该委员会由 25 名专家组成，专家任期 4 年，可连选连任。委员

〔1〕 https：//treaties. un. org/Pages/ViewDetails. aspx？ src ＝ TREATY&mtdsg ＿ no ＝ IV － 8&chapter ＝4&lang ＝en，访问时期：2017 年 2 月 12 日。

〔2〕 https：//treaties. un. org/Pages/ViewDetails. aspx？ src ＝ TREATY&mtdsg ＿ no ＝ IV － 8 － b&chapter ＝4&lang ＝en，访问时期：2017 年 2 月 12 日。

〔3〕 https：//treaties. un. org/Pages/ViewDetails. aspx？ src ＝ TREATY&mtdsg ＿ no ＝ IV － 9&chapter ＝4&lang ＝en，访问时期：2017 年 2 月 12 日。

〔4〕 https：//treaties. un. org/Pages/ViewDetails. aspx？ src ＝ TREATY&mtdsg ＿ no ＝ IV － 9 － b&chapter ＝4&lang ＝en，访问时期：2017 年 2 月 12 日。

会每年在日内瓦召开 2 次会议，每次会议持续 4 周。防范酷刑小组委员会是联合国人权机制内的一个新型条约机构。它承担着一种防范性任务，旨在以创新、持久和主动的方式应对防范酷刑和虐待问题。

《儿童权利公约》于 1989 年通过，并于 1990 年生效，截至 2019 年 9 月，共有 196 个缔约国，[1] 是得到最广泛接受的国际人权公约。该公约有三个议定书，分别为《关于儿童卷入武装冲突问题的任择议定书》《关于买卖儿童、儿童卖淫和儿童色情制品问题的任择议定书》，两者均于 2000 年通过，并于 2002 年生效；《儿童权利公约申诉机制任择议定书》于 2011 年通过，2014 年生效。《关于儿童卷入武装冲突问题的任择议定书》共有 170 个缔约国，[2]《关于买卖儿童、儿童卖淫和儿童色情制品问题的任择议定书》共有 176 个缔约国；[3]《儿童权利公约申诉机制任择议定书》共有 46 个缔约国。[4] 儿童权利委员会根据《儿童权利公约》第 44 条于 1990 年建立，由 18 名独立专家组成，负责监督缔约国落实《儿童权利公约》及其议定书的情况。委员会通常每年在日内瓦召开 3 次会议，包括为期 3 周的全体会议和为期 1 周的会前工作组会议。儿童权利委员会通过审议国家报告、个人来文机制履行监督职责。

《残疾人权利公约》于 2006 年通过，并于 2008 年生效，是首个接受区域组织——欧盟为缔约方的人权条约。截至 2019 年 9 月，共有 180 个缔约国。[5] 旨在建立个人来文机制和调查机制的《残疾人权利公约

---

〔1〕 https：//treaties. un. org/Pages/ViewDetails. aspx? src = TREATY&mtdsg _ no = IV – 11&chapter = 4&lang = en，访问时期：2017 年 2 月 12 日。

〔2〕 https：//treaties. un. org/Pages/ViewDetails. aspx? src = TREATY&mtdsg _ no = IV – 11 – b&chapter = 4&lang = en，访问时期：2017 年 2 月 12 日。

〔3〕 https：//treaties. un. org/Pages/ViewDetails. aspx? src = TREATY&mtdsg _ no = IV – 11 – c&chapter = 4&lang = en，访问时期：2017 年 2 月 12 日。

〔4〕 https：//treaties. un. org/Pages/ViewDetails. aspx? src = TREATY&mtdsg _ no = IV – 11 – d&chapter = 4&lang = en，访问时期：2017 年 2 月 12 日。

〔5〕 https：//treaties. un. org/Pages/ViewDetails. aspx? src = TREATY&mtdsg _ no = IV – 15&chapter = 4&lang = en，访问时期：2017 年 2 月 12 日。

任择议定书》于 2006 年通过，并于 2008 年生效，共有 95 个缔约国。[1] 残疾人权利委员会根据该公约第 34 条建立，由 18 名专家组成，这些专家由缔约国提名并选举，任期 4 年，可连选连任一次。委员会通过发表一般性意见、审查国家报告、受理国家来文和个人来文以及调查等方式履行监督职能。

《保护所有移徙工人及其家庭成员权利国际公约》于 1990 年通过，并于 2003 年生效，截至 2019 年 9 月共有缔约国 55 个。[2] 移徙工人及其家庭成员权利委员会根据该公约第 73 条于 2004 年建立。该委员会由 10 名专家组成，每年在日内瓦召开 2 次会议，通过审查国家报告和个人来文等机制（尚未生效）实施监督职能。

《保护所有人免遭强迫失踪国际公约》于 2006 年通过，并于 2010 年生效。截至 2019 年 9 月，共有 62 个缔约国。[3] 强迫失踪问题委员会根据该公约第 26 条于 2011 年建立，由 10 名独立专家组成，负责监督各缔约国执行公约的情况。委员会通常每年在日内瓦举行 2 次会议。该委员会通过审议国家报告、受理国家和个人来文实施监督职能。该公约第 31 条和第 77 条规定，缔约国可在批准本公约时，或在批准之后的任何时候宣布接受国家间来文和个人来文程序，承认委员会对本国违反该公约的申诉具有管辖权。

条约机构一般由以个人身份工作的独立专家组成，根据有关条约及其议定书所规定的职能、议事规则及工作方法来履行对国际人权公约的监督和实施工作。条约机构的专家都是由缔约国提名并选举产生的、进行无偿工作的、"具有崇高道义地位和在人权方面有公认的专长的人"，[4] 他们多数都具有法律背景，或是法官、执业律师以及学者。他

---

〔1〕　https：//treaties. un. org/Pages/ViewDetails. aspx？src = TREATY&mtdsg＿ no = Ⅳ - 15 - a&chapter = 4&lang = en，访问时期：2017 年 2 月 16 日。

〔2〕　https：//treaties. un. org/Pages/ViewDetails. aspx？src = TREATY&mtdsg＿ no = Ⅳ - 13&chapter = 4&lang = en，访问时期：2017 年 2 月 16 日。

〔3〕　https：//treaties. un. org/Pages/ViewDetails. aspx？src = TREATY&mtdsg＿ no = Ⅳ - 16&chapter = 4&lang = en，访问时期：2017 年 2 月 16 日。

〔4〕　《公民权利和政治权利国际公约》第 28 条第 2 款。

们来自全球不同地区、并具有不同文化和法律背景以及性别多样性。为了保证专家的独立性和公正性，每个条约机构在遴选资格、程序以及议事规则上都制定了约束性规定，以期通过形式上的公平实现实质上的公平。例如，《公民权利和政治权利国际公约》第 31 条规定委员会"不得有一个以上的委员同为一个国家的国民"，"应考虑到成员的公正地域分配和各种类型文化及各主要法系的代表性"。据此，缔约国先提出委员人选，然后以无记名投票方式选出委员，每隔 2 年选举更换半数委员。此外，多数条约机构还规定了国籍回避原则，即各委员会的专家不能参加对本国定期报告的审查和结论性意见的通过，也不能参加讨论根据相关任择议定书针对其本国提出的申诉。除了国籍因素外，如果还有其他因素可能影响专家工作的公正性，该专家也应回避。此外，为了条约机构各项工作的顺利进行，每个机构都选举了委员会主席和主席团，来主导会议的进行和相关工作。主席团通常是由一名主席一名副主席以及若干委员组成。就总体而言，条约机构是联合国实施国际人权监督的最重要的主体之一，也是确保国际人权条约在国内实施的重要保障。

二、条约机制的实施机制及其职能

条约机制的实施机制包括国家报告机制、个人来文机制、国家间来文机制和调查机制。除了国家报告机制是强制性的实施机制外，其他机制都是任择性的机制。任择机制多数都规定在核心公约的议定书当中，缔约国可以通过加入该议定书来承认条约机构的管辖。其中，尽管《禁止酷刑和其他残忍、不人道和有辱人格的待遇或处罚公约》将调查程序规定在公约内，但是缔约国仍然有权在加入该公约时声明不接受相关管辖。由于调查程序主要处理严重或者系统性侵犯人权的问题，因此，核心国际人权公约通常会在调查机制的任择权上给予缔约国更多的选择空间。例如，《经济、社会和文化权利国际公约任择议定书》第 11 条第 1款规定："本议定书缔约国可以在任何时候作出声明，承认本条规定的委员会权限。"该条表明，即使是签订议定书的国家仍然可以选择不接受调查程序的管辖，由此充分尊重缔约国在调查程序管辖权问题上的审慎性。此外，尽管部分核心人权公约规定了国家间来文机制，授权缔约国彼此进行人权监督，但是由于人权的高度政治敏感性，该机制基本上形同虚设，并无太多实践意义。2019 年 8 月 29 日，消除种族歧视委员会首次启动这一程序，受理了"卡塔尔诉沙特阿拉伯"以及"卡塔尔诉阿拉伯联合酋长国"两个申诉，为联合国条约机构开启了审查国家间人权来文的具有开创性的新起点。

在条约机制建立并运行的过去 50 年中，条约机制通过国家对话和建议、个人来文的审查以及对严重侵犯人权事件的调查，对缔约国履行国际人权公约的实践已形成系统性、周期性、规模性的监督。论及条约机制对于保障人权的意义，正如联合国的官员所讲，对于人权这样一个复杂的问题而言，能将其放置在由专家组成的条约机构当中，运用法律的方法进行审查是非常难能可贵的。条约机构不仅对于公约所保障的人权负有监督的重要职责，而且还对国际人权概念、标准的解释以及推动人权的发展发挥重要的作用。具体而言，条约机构发挥着如下几方面的作用：首先，无论在审议缔约国报告方面，还是在发表一般性意见方面，以及在审查个人或国家申诉方面，条约机构是对国际人权公约最具权威性的解释者。[1] 条约机构的解释不仅丰富了人权概念的含义，而且发展了人权概念；不仅明确了公约中的国家义务，还对国际人权标准进行了深入的阐释，从而为国家履约提供指导。[2] 其次，在解释和监督国际人权公约的过程中，条约机构并不是将公约机械地适用于国内，而是在充分了解一国国情的前提下，督促国家采取积极措施，取得变化。条约机构通过国家报告和个人来文机制等深刻地影响了国内法，推动一国与国际人权标准存在差距的制度和实践发生变化。条约机构不仅利用各种监督渠道，大力支持增进各项权利的法律、政策和做法，敦促撤销或者修订违反国际人权公约的措施，还在国家不作为或者无能力作为时采取积极行动，或者寻求国际合作与支持来帮助国家改善人权状

---

〔1〕 Kerstin Mechlem, "Treaty Bodies and the Interpretation of Human Rights", *Vanderbil Journal of Transnational Law*, vol. 42, p. 906.

〔2〕 Janusz Synibudes, *Human Rights：International Protection, Monitoring, Enforcement*, UNESCO Publishing, p. 41.

况。条约机构对于国际人权公约在国内实施的监督和执行不仅提高了一国人权的整体情况，还惠及世界各地不同国家内个人的生活。最后，条约机构发布的国别结论性意见、一般性意见以及案例的审理结果，不仅适用于条约机制内部，而且还对宪章机制也大有裨益，甚至对于区域性人权机构在解释人权概念和审理案例方面也具有启示性。尽管这些意见及判例对于其他机构并没有任何的效力，然而确实起到了重要的参考作用，特别是影响到了国家对于有约束力的人权法的理解。

第二节　国家报告机制与中国实践

国家报告机制是条约机构对于缔约国履约情况报告的审议机制。国家在签署和批准公约后，定期向条约机构递交关于该国保障公约权利所采取的措施、进展和遇到的障碍等内容的报告，以期通过国家与条约机构的建设性对话以及对国别结论性意见的实施，来推动国家对国际人权公约的实施。国家报告机制是国际社会以及国家监督自身履约状况的首要措施。对于某些不接受国家间及个人来文机制及调查程序的缔约国，国家报告机制是条约机制唯一的强制性监督措施，因此尤为重要。对此，联合国 9 个核心国际人权公约均规定了国家报告机制。根据《公民权利和政治权利国际公约》第 40 条、《经济、社会、文化权利国际公约》第 16 条和第 17 条、《消除一切形式种族歧视国际公约》第 9 条、《消除对妇女一切形式歧视公约》第 18 条、《禁止酷刑和其他残忍、不人道和有辱人格的待遇或处罚公约》第 19 条、《儿童权利公约》第 44 条、《保护所有移徙工人及其家庭成员权利国际公约》第 73 条、《残疾人权利公约》第 35 条及《保护所有人免遭强迫失踪国际公约》第 29 条的规定，缔约国承担向各条约机构进行报告的义务。

在过去几十年的实践中，国家报告机制并不是一成不变的。随着缔约国数量的剧增，以及审议报告工作负荷的日益沉重，条约机构不断地通过各种措施来完善这一机制，推动其更好地发挥人权监督作用。对此，各国需要对国家报告机制近 10 年来的变化进行跟踪研究，从而更好地根据新的报告规则开展与条约机构的人权对话。

为了敦促各国及时有效地履行报告义务，更好地指导国家编纂报告，使每个条约机构和所有缔约国都能够全面地了解各国的履约情况，从而强化缔约国的报告能力，更好地协调条约机构间的国家报告义务，乃至提高条约机制的监督实效，联合国大会委托秘书长编纂了《国际人权条约缔约国提交报告的形式和内容准则汇编》，[1] 该汇编包含《包括共同核心文件和条约专要文件准则在内的根据国际人权条约提交报告的协调准则》（以下简称《协调准则》）以及各条约机构根据《协调准则》编制的条约专项报告的准则，旨在指导各缔约国履行国家报告义务。[2] 这一系列文件全面体现了联合国关于国家报告编写方面的最新要求，为国家报告提出一个统一的框架，以便缔约国在这个框架内按照一套协调且精简的程序履行报告义务，有效地接受监督并与条约机构进行对话。

---

〔1〕 Compilation of Guidelines on the Form and Content of Reports to be Submitted by States Parties to the International Human Rights Treaties, Report of the Secretary-General, HRI/GEN/2/Rev. 6, 2009, http：//tbinternet. ohchr. org/_ layouts/treatybodyexternal/Download. aspx？symbolno =HRI/GEN/2/Rev. 6&Lang=zh, 访问日期：2017 年 2 月 16 日。

〔2〕 Guidelines for the Treaty-Specific Document to Be Submitted By States Parties Under Article 40 of the International Covenant on Civil And Political Rights, UN Doc. CCPR/C/2009/1, para. 14; Guidelines on Treaty-Specific Documents to Be Submitted By States Parties Under Articles 16 And 17 of the International Covenant on Economic, Social And Cultural Rights, UN Doc. E/C. 12/2008/2; Guidelines for the Cerd-Specific Document to be Submitted By States Parties Under Article 9, Paragraph 1, of the Convention : International Convention on the Elimination of all Forms Of Racial Discrimination, UN Doc. CERD/C/2007/1; Guidelines on the Form And Content of Initial Reports Under Article 19 to Be Submitted By States Parties to the Convention Against Torture, UN Doc. CAT/C/4/Rev. 3 and General Guidelines Regarding The Form And Contents of Periodic Reports to be Submitted By States Parties Under Article 19, Paragraph 1, of the Convention : Convention Against Torture And Other Cruel, Inhuman or Degrading Treatment or Punishment, UN Doc. CAT/C/14/Rev. 1; Committee on the Rights of the Child: General Guideline Regarding the Form And Content on Initial Report to Be Submitted Under Article 44, 1 (A) of the Convention, UN Doc. CRC/C/5; Guidelines on Treaty-Specific Document to Be Submitted By States Parties Under Article 35, Paragraph 1, of the Convention on the Rights of Persons With Disabilities, UN Doc. UN Doc. CRPD/C/2/3.

一、国家报告的形式、内容和提交时间

国家报告旨在说明缔约国履行国际人权公约保障人权的情况，主要阐述该国采取了何种措施来保障公约所确认的人权以及其进展和阻碍因素等问题。国家报告构成缔约国与条约机构的对话基础，贯穿国家报告机制的始终。

（一）国家报告的形式

在国家报告程序中，国家需要向条约机构递交如下几类报告：首次报告、定期报告、补充报告和后续行动报告。前两种报告是每项核心国际人权公约中明确规定的，而后两个报告则是由前两项报告义务衍生出来的产物，依每项公约的规定而不同。其中，首次报告主要反映缔约国在签订或批准公约后一定时间内履行公约的情况。尽管该报告与定期报告的写作框架基本相同，但是与后者相比，首次报告的内容更加翔实，特别是要根据公约逐条介绍国家保障有关人权的情况，从而为今后的人权对话打下基础。定期报告也需要逐条介绍国家在报告周期内保障人权的状况，但是该报告更应注重缔约国在首次报告或者前一次报告后对于人权保障的发展和问题，特别是对于前一次国别结论性意见的执行和落实情况等，意在确保该机制对于缔约国实现一种持续性的有效监督。补充报告多数是在国家报告内容不完善的情况下，条约机构要求有关国家提供的关于补充信息的报告。它可能是对首次和定期报告的补充，也可能是对在审议过程中未能解决的问题的补充解释。后续报告则是近年来部分条约机构为了加强对于国家后续行动的监督力度，强化对于国别结论性意见的落实而建立的报告机制。该报告要求受审议国家就全部或者部分执行有关建议的情况以及所采取的后续行动进行报告。在实践中，补充报告和后续行动报告可能会在下一轮国家报告审议会议期间提交和审议。

由于每个条约机构的各项报告之间不可避免地出现重复的内容，因此为了避免重叠，进一步减轻缔约国的报告负担，条约机构自20世纪90年代起，要求缔约国分别提交共同核心报告和条约专项报告，以简化首次和定期报告中重复的内容。其中，包括国家基本情况在内的共同核心文件在一段时间内有效，因而对于任何条约机构都是适用的，缔约国不必就相同的内容再分别撰写报告并提交给有关条约机构，但是如果条约机构认为共同核心文件中的资料已过时，可要求缔约国予以更新。有关更新的内容可以现有的共同核心文件补编或新修订本的形式提交，并视需要而定。对于初次编写共同核心文件的国家，如果以前已向条约机构提交过相关报告，且资料尚未过时，则可将已有报告纳入共同核心文件。

根据《协调准则》，国家报告应该简明扼要、条理清晰。关于报告的篇幅和形式，以英文报告为例，主要要求如下：共同核心文件尽量不超过 60~80 页，首次条约专项报告不应超过 60 页，其后的定期报告则应限于 40 页之内。报告应以电子形式提交，并附一份打印本。[1] 此外，缔约国报告中提到的主要立法、司法、行政和其他文件，可作为国家报告的附件一起提交。这些文件不会被印制和分发，但会送交有关委员会供查阅。

（二）国家报告的内容

关于共同核心报告的内容，《协调准则》提出了如下原则性规定。其一，应该说明各国在法律和事实上履行公约具体条款的情况。报告不应只限于罗列或介绍缔约国近年来所通过的法律文件，而应说明这些法律文件如何适用于经济、政治、社会和文化现实之中，并保障人权的具体情况。其二，报告应按性别、年龄[2]和人口分类提供相关统计数据，可以表格形式集中附在报告后面。此类资料应可与以往资料作比较，并应注明数据出处。报告国应努力从与条约义务履行情况有关的角度分析此种资料。其三，共同核心文件应载有一般性和事实性资料，介绍报告国履行其加入的条约的情况，具体主要包括如下几方面的内容：首先，介绍报告国一般情况的资料。包括报告国的政治、法律、社会、经济、

---

[1] Compilation of Guidelines on the Form and Content of Reports to be Submitted by States Parties to the International Human Rights Treaties, Report of the Secretary-General, UN Doc. HRI/GEN/2/Rev. 6, 2009.

[2] 包括儿童（18 岁以下的人）。

文化背景；报告国的人口、经济、社会和文化特色；报告国的宪法、政治、法律结构等。其次，保护和增进人权的一般框架。包括接受国际人权标准的情况；国家一级保护人权的法律框架；国家一级增进人权的法律框架；其他有关的人权资料。最后，关于反歧视与平等和有效补救措施的资料等。

关于条约专项报告，各机构也编纂了编写大纲来指导首次报告和定期报告的撰写。具体而言，条约专项报告应包含该国保障条约权利的法律和实践情况和动态，以及对上轮国家报告的国别结论性意见的落实情况，首次报告除外。除了上述原则性规定，《协调准则》还规定了详细的写作大纲。尽管条约机构间的编写大纲因关注的权利不同和人权主体的不同而存在某些差异，但是基本上都是要求国家报告使用翔实的资料反映履行公约义务的情况，保障人权方面所存在的进展、问题、障碍以及落实结论性意见所采取的具体措施。

以往，根据各条约机构编写的国家报告大纲，专项报告都是根据各人权公约所保障的权利逐项进行汇报。但是近 10 年来，为了引导国家提交更具有针对性的报告，强化对结论性意见的落实并加强报告机制监督的连续性，禁止酷刑委员会和人权事务委员会率先分别于 2007 年及 2010 年启动了新的定期报告方式，[1] 该方法最大的特点就是问题引导式，即，缔约国无需根据公约逐条汇报实施情况，而是根据委员会事先提出的问题单来撰写国家报告。根据人权事务委员会的规定，有关报告国家应在收到问题单 1 年内完成报告的撰写，并在第二年完成审议。[2] 这种新的报告程序能够提高国家报告的撰写质量和条约机构的审查效率，促使双方就重要的人权问题进行深入的探讨，并针对性地提出建设

---

〔1〕 Report of the Committee against Torture Thirty-seventh session, Thirty-eighth session, UN Doc. A/62/44, paras. 23-24; CCPR Treaty-specific Guidelines, UN Doc CCPR/C/2009/1, para. 14; Focused Reports Based on Replies to Lists of Issues Prior to Reporting: Implementation of the New Optional Reporting Procedure, UN Doc CCPR/C/99/4, 2010.

〔2〕 Focused Reports Based on Replies to Lists of Issues Prior to Reporting: Implementation of the New Optional Reporting Procedure, UN Doc. CCPR/C/99/4, 2010, para. 15-16.

性建议,[1] 但是,这种做法也给委员会添加了巨大的工作压力和新的挑战。[2]

（三）国家报告提交的时间

关于国家报告提交的时间,每个条约机构都有明确的规定,一般情况下,首次报告是在国家签订和批准公约后 1~2 年内递交,而对于定期报告则规定了 2~5 年不等的报告周期。[3] 但是随着报告负担的增加,国家的报告周期也随之增长。例如,《消除一切形式种族歧视公约》原本规定了 2 年一次的报告周期,但是实践中,基于减轻工作负荷的考虑,消除种族歧视委员会自 1988 年起将报告周期延长为 4 年,缔约国每 2 年提供更新简报即可。[4] 近年来,为了进一步加强对后续行动的监控,委员会又将 2 年一度的简报改为国家关于后续行动的报告,从而推进持续性监督的作用。对于没有明确规定报告周期的公约,条约机构采取了比较灵活的做法。例如《公民权利和政治权利国际公约》只规定了“每逢委员会要求”这样的原则性报告义务。[5] 该条约机构直至 1981 年才将报告周期确定为 5 年。[6] 但是,随着公约缔约国数量的增多,缔约国的报告负担加大,各缔约国按时提交报告的可能性越来越小。[7] 于是自 1991 年开始,人权事务委员会决定将定期报告周期转变为 3~5 年,并根据每个国家的人权状况确定弹性的报告周期。就整

---

〔1〕　参见 Focused Reports Based on Replies to Lists of Issues Prior to Reporting: Implementation of the New Optional Reporting Procedure, UN Doc CCPR/C/99/4, 2010, para. 4; Report of the Committee against Torture Forty-first session, Forty-second session, UN Doc A/64/44, UN Doc. A/64/44, paras. 35-37.

〔2〕　Report of the Committee against Torture Forty-first session, Forty-second session, UN Doc A/64/44, para. 39.

〔3〕　《联合国人权条约体系》,概况介绍第 30 号（2013 年修订版）,第 23 页。

〔4〕　Report on the Working Methods of the Human Rights Treaty Bodies, 2010, para. 31.

〔5〕　《公民权利和政治权利国际公约》第 17 条。

〔6〕　联合国人权事务委员会文件:《关于缔约国提交定期报告的周期的决定》（1981年）,第二段。转引自彭锡华:《〈公民权利和政治权利国际公约〉国际监督制度研究》,吉林人民出版社 2001 年版,第 96 页。

〔7〕　Anne F. Bayefsky, *The UN Human Rights Treaty System: Universality at the Crossroads*, Transnational Publishers, 2001, p. 9.

个报告机制而言，所有条约机构的定期报告基本上都维持在 3~5 年的周期之内，必要时也会缩短。由于公约的规定具有一定的灵活性，因此，条约机构对于要求国家提供报告始终都保留酌处权，并有权在必要时要求缔约国提交特别报告，例如在前南斯拉夫和卢旺达发生内战期间，人权事务委员会均向有关国家提出了有关提交特别报告的要求。[1]又如，《经济、社会和文化权利国际公约》第16、17 条也没有规定明确的定期报告周期。但是根据经济、社会和文化权利委员会的议事规则，缔约国每 5 年提交一次报告。[2]自 2000 年起，该委员会决定依据国家报告的质量、对国别结论性意见的履行情况等因素，确定将部分国家的报告周期，由 5 年改为 4 年，从而加强对有关国家的监督。[3]

此外，随着新的国际人权公约的生效和国家报告义务的增加，延期报告的问题也日益严重。为了应对这一状况，各条约机构自 2000 年开始陆续接受合并报告。其中，消除种族歧视委员会自 2001 年开始接受合并报告;[4]经济、社会和文化权利委员会自 2004 年开始接受合并报告;[5]禁止酷刑委员会自 2007 年开始接受合并报告。[6]

对于延期报告的问题，每个条约机构都特别规定了报告敦促程序，部分还建立了强制执行审议措施来解决严重逾期未提交报告的问题。例

---

〔1〕 人权事务委员会于 20 世纪 90 年代要求波黑、南斯拉夫联邦共和国、克罗地亚、布隆迪、安哥拉、海地、卢旺达和尼日利亚等国提交延期的国家报告或者临时报告，只有波黑、南斯拉夫联邦共和国、克罗地亚提交了临时报告。

〔2〕 Committee on Economic, Social and Cultural Rights: Rules of Procedure of the Committee, Art. 58 (2), UN Doc. E/C12/1990/4/Rev. 1.

〔3〕 Committee on Economic, Social and Cultural Rights: Report on The Twenty-Fifth, Twenty-Sixth and Twenty-Seventh Sessions, UN Doc. E/C12/2001/17, para. 1024.

〔4〕 Report of the Committee on the Elimination of Racial Discrimination 58th Session, 59th Session, UN Doc. A/56/18, para. 477.

〔5〕 在 2006 年 11 月 22 日举行的第五十五次会议（第三十七届会议）上，委员会审议了包括几份过期已久的报告在内的逾期报告的状况，并做出如下决定：①委员会将接受从未根据公约提交过报告的缔约国一次提交至多三份报告的合并文件，以使其跟上报告义务；②合并报告应包括报告所涉期内相关公约执行情况重要进展的综述，并提供关于目前状况的详细信息。UN Doc. E/2011/22 - E/C. 12/2010/3.

〔6〕 Report of the Committee against Torture Thirty-seventh session, Thirty-eighth session, UN Doc. A/62/44, para. 21-22.

如，消除种族歧视委员会对于首次报告逾期 5 年或 5 年以上的国家，得通知该国："①委员会将在今后的一届会议上审查有关缔约国执行公约的情况，并要求这些缔约国一名或多名代表参加其审议工作；②由于没有首次报告，委员会将把缔约国向联合国其他机关提交的所有资料视为首次报告，如缺乏这类资料，则把联合国机关编制的这些材料、报告和资料当做初步报告。"[1] 对于逾期未提交定期报告的国家，该委员会决定，"在未收到一份最新报告的情况下，它有权决定这项审查将以有关国家以前提交的报告为依据"[2]。又如，2008 年生效的《残疾人权利公约》为了处理这一问题直接在公约中明确设立了缔约国报告的强制审查措施，"对于严重逾期未交报告的缔约国，委员会可以通知有关缔约国，如果在发出通知后的 3 个月内仍未提交报告，委员会必须根据手头的可靠资料，审查该缔约国实施本公约的情况"[3]。此外，经济、社会、文化权利委员会和人权事务委员会也设立了强制审议程序——"处理不提交和逾期很久未交报告的程序"[4]，并在人权事务委员会发布的第 30 号一般性意见中建议设立类似的强制审查程序来审查逾期提交报告的国家的履约情况。

二、国家报告的审议

国家报告的审议主要分为三个阶段：对国家报告初步审议并制定问题单、正式审议以及撰写国别结论性意见。一般来讲，委员会的所有成员都不同程度地参与国家报告的审议，但是为了使整个审议工作更具效率，多数条约机构一般会根据地域均衡原则组成一个 3~5 人的会前工作组或者国家工作组来主导和实施相关工作，并指定一名国家报告员具

---

〔1〕 Report of the Committee on the Elimination of Racial Discrimination, General Assembly Official Records, Fifty-first Session Supplement No. 18, UN Doc. A/51/18, 1996, para. 22.

〔2〕 Report of the Committee on the Elimination of Racial Discrimination, General Assembly Official Records, Forty-fifth Session Supplement No. 18, UN Doc. A/45/18, 1991, para. 28.

〔3〕 《残疾人权利公约》第 36 条第 4 款。

〔4〕 Committee on Economic, Social And Cultural Rights: Report on The Twentieth And Twenty-First Sessions, E/2000/22-E/C. 12/1999/11, 2000, para. 42~44.

体负责。[1]

（一）国家报告的初步审议及问题单的制定

会前工作组或者国家工作组对于国家报告进行初步审议后，针对报告拟定问题单并提交国家准备和回复，从而为国家报告的正式审议设定对话框架。

问题单是条约机构基于各种信息来源而制定的、计划与报告国家进行沟通的人权问题清单，也是引导国家与条约机构进行建设性对话的大纲。鉴于人权对话的复杂性和广泛性，提前确定对话的主题，是提高审议工作效率的重要环节。该问题单的制定不仅有利于申明并聚焦条约机构所关切的人权问题，使审议过程紧扣主题，确保有关人权问题得到深入和充分的交流和探讨，而且还有利于强化国别结论性意见的针对性和可操作性。因此，条约机构一般要求报告国提交书面答复，并指示审议专家围绕问题单进行审议，以确保与国家间的对话集中、深入，从而制定较为完备的人权建议。

问题单决定了条约机构对于国家报告及人权状况的审议重点，因此颇具意义。对此，每个条约机构都制定了各自的程序。通常来讲，问题单的制定主要是由国家报告员或者国家工作组负责初步草拟，经工作组或者委员会全体通过后，递交国家进行准备或者书面答复。具体工作方式的分析以下列条约机构为例：人权事务委员会对于国家报告的审议工作，会专门组成 4~6 人的国家报告工作组，并任命其中一名成员为国别报告员来主导审议。报告员在听取工作组成员建议的基础上起草问题单，提交工作组会议讨论，并在全体通过后转交缔约国。而国家报告工作组成员则按照专业知识领域或兴趣来分别负责问题单中的相关议题，以便在报告审议时主导相关问题的讨论和评议。自 1999 年以来，议题清单通常在审议一国报告的前一届会议上通过，这使得缔约国有 2~4

---

[1] Committee on Economic, Social and Cultural Rights: Report on the forty-fourth and forty-fifth sessions, UN Doc. E/2011/22 E/C. 12/2010/3, para. 22

个月的时间准备与委员会的讨论。[1] 经济、社会和文化权利委员会与人权事务委员会的做法略有不同，它们的问题单是由国家工作组根据组内专家的专业领域进行分工，共同制定的。而儿童权利委员会的问题单实际上是该委员会连同联合国其他机构、非政府组织、国际人权机构等对国家报告进行初步共同审议的"讨论成果"。[2] 而对于问题单的答复，条约机构多数都有限定时间内提交书面答复的规定，以期为正式的对话奠定坚实的基础，并为制定针对性的结论性意见提供准备。其中，只有禁止酷刑委员会不要求报告国提交书面答复。[3]

在目前的实践中，问题单成为了条约机构与国家进行对话的主要提纲，多数条约机构建议委员会专家与国家代表尽量围绕问题单提供的议题大纲进行对话，并在时间允许的情况下提出后续额外的问题并进行讨论。[4] 但是经济、社会和文化权利委员会也表明，问题单并不是"详尽无遗的，且不应被理解成限制或以其他任何方式提前确定委员会成员可能提出的问题的类型和种类"，[5] 以期实现全面对话。

（二）正式审议及结果

1. 正式审议

条约机构对于国家报告的审议，一般是通过 2~3 次、每次 3 小时的会议来完成的。[6] 一般来讲，审议首次报告要比定期报告多举行一

---

〔1〕 Human Rights Committee, Recent decisions on procedures, UN Doc. A/56/40, 2001, paras. 50-54, 载 http://www.ohchr.org/EN/HRBodies/CCPR/Pages/WorkingMethods.aspx，访问日期：2017 年 2 月 16 日。

〔2〕 儿童权利委员会重视非政府组织和国家人权机构对于国家报告机制的参与，并鼓励其提交相关信息和报告，参加会前工作组的会议，共同制定问题单。Guidelines for the Participation of Partners in the Pre-sessional Working Group of the Committee on the Rights of the Child, CRC/C/90 Annex VIII; CRC Committee General Comments No. 2, UN Doc. ECR/GC/2002/2.

〔3〕 Report on the Working Methods of the Human Rights Treaty Bodies Relating to the State Party Reporting Process, UN Doc. HRI/ICM/2010/2, paras. 36, 42.

〔4〕 Committee on Economic, Social and Cultural Rights: Report on the forty-fourth and forty-fifth sessions, UN Doc. E/2011/22 E/C. 12/2010/3, para. 29.

〔5〕 Committee on Economic, Social and Cultural Rights: Report on the forty-fourth and forty-fifth sessions, UN Doc. E/2011/22 E/C. 12/2010/3, para. 27.

〔6〕 Report on the Working Methods of the Human Rights Treaty Bodies (2010), HRI/ICM/2010/2, para. 55.

次会议。近年来，一些条约机构的审议工作严重超负荷运转，因此申请了额外的会议时间进行审议，或者设立多个审议小组对不同国家报告进行平行审议。[1]

条约机构的审议过程总体遵循各自的议事规则和工作方法。但是一般会采取如下几个步骤：国家代表团介绍国家报告及国家实施国别结论性意见的情况，主动或者在专家提问后围绕问题单进行答复，专家再就国家的答复进行评价及建议。条约机构的审议会议一般在委员会主席的主导下进行，国家报告员以及国家工作报告组在与国家的对话中处于优先地位。

为了保障对话的效果，条约机构对于国家的正式审议过程一般作出如下几方面的规定：其一，为了使报告国从建设性对话中最大程度地获益，并有效履行相关的国家报告义务，多数条约机构建议报告国派遣具有相称地位和丰富经验的代表来参加审议会议，以回应委员会提出的所有与公约相关的问题和意见。[2] 其二，为了建立与国家的建设性对话关系，条约机构对于参加审议的委员会成员进行了一定的约束，以保障对话效果的公平性。①为维护实质上和形式上最高标准的公正性，委员会各成员不得参与其国籍国国家报告程序及相关事宜。②不建议：提出公约范围外的问题；重复已经提过或回答过的问题；对特定问题不适当地追问；一次发言超过 5 分钟。[3] 此外，消除对妇女歧视委员会还建议专家在每次审议中的发言不多于 2 次，当委员会参与多个国家报告的平行审议会议时，发言不超过 3 次。③力求集中关注会前工作组所确定

---

〔1〕 Report on the Working Methods of the Human Rights Treaty Bodies (2010), HRI/ICM/2010/2, para. 53.

〔2〕 General Comment No. 2：Reporting Guidelines, 1981, Thirteenth Session. See HRI/GEN/1/Rev. 6.

〔3〕 Committee on Economic, Social and Cultural Rights：Report on the forty-fourth and forty-fifth sessions, UN Doc. E/2011/22 E/C. 12/2010/3, para. 29.

的问题。如果时间许可，可提后续其他问题。[1]其三，对于不出席审议的国家，各个条约机构基本都采取了优先商议另择时间进行审议的办法，或者进行缺席审议的办法。对于后者，委员会仅提交临时的国别结论性报告，并不予公布。[2]

2. 国别结论性意见

国别结论性意见是条约机构通过审议，针对报告国作出的人权评论与建议。它是报告国与条约机构对话成果的体现，并非是对一国人权状况的裁判。回首国家报告机制建立伊始，条约机构均无权对国家报告进行针对性的评论和建议。对于国家报告机制的职能定位问题，东西方一直存在较大分歧。西方国家认为，审查国家报告后，条约机构应向有关缔约国提出结论性意见，即只有促成条约机构与缔约国合作，研究和评价缔约国履行公约的状况，并向其提出推进人权的建议，才能使报告机制具有实质意义。但是这一观点遭到东欧国家的反对，认为条约机构无权进行评论，也无权要求缔约国纠正有关行为。这些国家认为，国家报告完全是一种主权行为，旨在进行信息交流和对话，以及协助缔约国克服困难。公约中规定的一般性建议不能针对具体国家和人权状况，只能是缔约国共同关心的人权事项，条约机构对于一国是否履行公约并不具有裁判和评价的权力。正是这种争论导致了条约机构在很长一段时间内仅能根据审议的成果提出一般性意见。

冷战结束后，随着人权对话在世界范围内的积极开展，东西方的观点逐步相互妥协，条约机构在 1992 年左右开始尝试对国家报告提出国别结论性意见，旨在帮助受审议国家发现其问题和障碍，并在肯定其进

---

〔1〕　Overview of the working methods of the Committee on the Elimination of Discrimination against Women in relation to the reporting process, in Ways and means of expediting the work of the Committee on the Elimination of Discrimination against Women, Annex III, UN Doc. CEDAE/C/2009/II/4, para. 14.

〔2〕　参见人权事务委员会《议事规则》第 68 条以及消除妇女歧视委员会的做法。Rules of Procedure of Human Rights Committee, CCPR/C/3/rev. 11; Overview of the working methods of the Committee on the Elimination of Discrimination against Women in Relation to the Reporting Process, in Ways and Means of Expediting the Work of the Committee on the Elimination of Discrimination against Women, Annex III, UN Doc. CEDAE/C/2009/II/4, para. 14.

步的基础上，提出推进人权进步的各项建议。基于这种目的，国别结论性建议一般包括导言、积极方面、主要问题、建议以及意见等几个部分。但值得强调的是，国别结论性意见并不具有任何法律拘束力，国家对于国别结论性意见的落实主要依靠各国的自觉合作。

一般来讲，国别结论性意见的起草主要是由国家报告员在联合国高专的协助下完成的。但在撰写的过程中，条约机构的委员、受审议的国家以及非政府组织等都会直接或者间接地施加影响。国别结论性意见拟好后，将提交该届会议进行全体讨论，通过后即予公布，同时邀请有关报告国置评。报告国的评价将附在条约机构的年度报告中以供参考，从而完成整个阶段的审议工作。

（三）后续行动

后续行动是国家报告机制的关键环节，将国别结论性意见予以落实是提高该人权机制的实效性以及监督持续性的重要步骤。近年来，条约机构逐步重视对于后续行动的实施问题，并采取了各种方法敦促国家履行国别结论性意见。对此，除了要求国家在下一轮国家报告中汇报后续行动的情况这一传统做法之外，部分条约机构还建立了专门的后续行动监督机制。这主要包括如下两种方式：一是在国别结论性意见中，专门提出有关后续行动的建议，或者是提出需要报告后续行动的具体问题，敦促国家对条约机构最关注的人权问题进行改善。二是设立后续行动报告员，配合委员会的国家报告员对一国的后续行动进行监督，通过要求缔约国提交后续行动报告及评估，来敦促国家对国别结论性意见的实施，并从总体上增强国家报告机制在国内的影响力和积极作用。目前，多数条约机构都建立了相关的后续行动机制，其中，人权事务委员会算是这一实践的先行者，于 2002 年便设立了后续行动报告员，敦促国家落实国别结论性意见。[1] 该报告员有权对报告国进行建议，并由人权事务委员会最终决定是否要求该国提交有关后续行动的信息，或者要求国家代表与特别报告员会面等措施，如有关国家不积极回应则会被记录

---

〔1〕 Report of the Human Rights Committee (2002), vol. I, UN Doc. A/57/40, para. 55 and Annex III.

在委员会该年度报告当中，予以公示。禁止酷刑委员会紧随其后，于
2003 年开始建立后续行动监督机制，要求报告国在审议结束后的 1 年
内提交后续行动报告，[1] 并于次年建立了后续行动报告员，跟进和评
估后续行动状况。自该机制建立以来，2/3 的国家提交了后续行动报
告。[2] 消除种族歧视委员会的后续行动机制则最为完备，该委员会于
2004 年修订了议事规则，将两年一度的补充简报规定为专门汇报后续
行动的报告，[3] 并于 2005 年设立了后续行动协调员来协助国家报告员
监督国家对国别结论性意见的执行情况，进行适当的评估，并向委员会
提出建议。[4] 此外，消除对妇女歧视委员会也于 2008 年建立了相关机
制，并于 2009 年任命了后续行动报告员，对国家在接受审议后提交的
后续行动报告进行评估和建议。近年来，为了减轻报告国家的负担，消
除对妇女歧视委员会仅仅针对国别结论性意见中特别指定的人权问题进
行后续行动审查。因此，委员会对于哪些问题可以被确定为后续跟进的
事项是非常慎重的，并作出框定，即应该是最主要的人权问题，并在建
议的时间段内具有可操作性和实现性。[5]

在最早建立的条约机构中，仅有经济、社会和文化权利委员会没有
设立后续报告员，该委员会一般是在国别结论性意见中确定继续报告的
问题，有关缔约国在提交下一轮报告时需提供后续行动的信息，并接受
会前工作组的审议，或提交全体会议进行审议。[6] 如果缔约国在下一
轮国家报告中未提供后续行动的信息，委员会主席将要求其继续提交，

〔1〕 Committee against Torture: Rule of Procedure, CAT/C/3/Rev. 6, R68 (2), R70.

〔2〕 Report of the Committee against Torture Forty - first session, Forty - second session, UN Doc. A/64/44, para 56.

〔3〕 Rule of Procedure of meetings of state parties to the international convention on the Eliminations all forms of discriminations against women, UN Doc. CERD/SP/2/Rev. 1, Rule 65 (2).

〔4〕 Terms of Reference for the Work of the CERD Follow Up Coordinator (2005), UN Doc. CERD/C/66/Misc11/Rev 2.

〔5〕 Report of the Committee on the Elimination of Discrimination against Women Forty-fourth session, Forty-fifth session, UN Doc. A/65/38, para. 25

〔6〕 Report on the Working Methods of the Human Rights Treaty Bodies Relating to the State Party Reporting Process, UN Doc. HRI/ICM/2010/2, para. 79.

或者直接委派国家报告员协助其提交。[1] 由此可见，条约机构已经普遍重视后续行动的实施问题，旨在通过这一环节，加强国家报告机制的监督力度以及国际人权公约在国内的适用。

三、联合国系统、非政府组织及国家人权机构的参与

国家报告机制的发展及其成果与联合国系统、非政府组织及国家人权机构的参与密切相关。联合国系统、非政府组织以及国家人权机构与国家报告机制的合作使其从一个单一的国家与条约机构的对话机制发展成为由一个多元主体构成、全面审查和监督一国人权状况的机制。[2] 这些机构通过参与国家报告的撰写、审议会议以及国别结论性意见的撰写、实施和监督等过程，不仅为国家报告机制提供了更具全面性的视角、观点和资料，而且还有效地推动了国内社会与国家政府之间在人权问题上的积极互动。

联合国系统、非政府组织以及国家人权机构对于国家报告机制的参与经历了一个漫长的、不断渐进的过程。其中，联合国系统的参与自始至终都是有合法基础的，从而实现共同监督。如《公民权利和政治权利国际公约》第 40 条第 3 款规定："联合国秘书长在同委员会磋商之后，可以把（国家）报告中属于专门机构职司范围的部分的副本转交有关的专门机构"，从而为专门机构等参与国家报告程序提供了法律根据。再如《儿童权利公约》第 45 条规定："为促进本公约的有效实施和鼓励在本公约所涉领域进行国际合作：①各专门机构、联合国儿童基金会和联合国其他机构应有权派代表列席对本公约中属于它们职责范围内的条款的实施情况的审议。委员会可邀请各专门机构、联合国儿童基金会以及它可能认为合适的其他有关机关就本公约在属于它们各自职责范围

---

〔1〕 Committee on Economic, Social and Cultural Rights: Report on the Twentieth, Twenty-First Sessions, UN Doc. E/2000/22-E/C12/1999/11, para. 38-40.

〔2〕 Andrew Clapham, UN Human Rights Reporting Procedures: An NGO Perspective' in Alston and Crawford, The Future of UN Human Rights Treaty Monitoring, Cambridge University Press, 2000, p. 175; Andrew Clapham, Defining the Role of Non-Governmental Organizations with Regard to the UN Human Rights Treaty Bodies, in Anne F. Bayefsky, The United Nations Human Rights Treaty System in the 21st Century, Kluwer Law International, 2000, pp. 192-194.

内的领域的实施问题提供专家意见。委员会可邀请各专门机构、联合国儿童基金会和联合国其他机构就本公约在属于它们活动范围内的领域的实施情况提交报告；②委员会在其可能认为适当时应向各专门机构、联合国儿童基金会和其他有关机构转交缔约国要求或说明需要技术咨询或援助的任何报告以及委员会就此类要求或说明提出的任何意见和建议；③委员会可建议大会请秘书长代表委员会对有关儿童权利的具体问题进行研究。"近年来，国家人权机构在国家报告程序中的地位迅速提高，很多条约机构不仅允许国家人权机构参与国家报告的审议，而且还允许其在会前工作组会议上提供口头报告，以补充相关信息。[1] 经过不断地实践积累，国家人权机构已经寻求到参与国家报告程序的途径及方法。在这方面，经济、社会和文化权利委员会以及儿童权利委员会的实践可供参考。[2] 但是非政府组织对于国家报告机制的参与因没有"合法"地位而受到限制，遭遇了不小的阻力。冷战中，关于国家报告是否具有"调查"职能的争论，进一步阻碍了非政府组织的参与。[3] 20 世纪 90 年代，随着冷战的结束，非政府组织在国家报告机制中的影响才逐步受到重视。1992 年，人权事务委员会在年度报告中正式承认非政府组织的作用，并邀请他们提交影子报告。此后，经济、社会和文化权利委员会、消除种族歧视委员会、消除对妇女歧视委员会也纷纷承认非政府组织在国家报告机制中的作用。自此，非政府组织对于国家报告机

---

〔1〕　Committee on Economic, Social and Cultural Rights: Report on the forty-second and forty-third sessions (2010), UN Doc. E/2010/22-EC12/2009/3, para. 59; CRC Committee General Comment No 2: UN Doc. CRC/GC/2002/2.

〔2〕　Müller and Seidensticker, The role of National Human Rights Institutions in the United Nation Treaty Body Process, German Institution for Human Rights, 2007; Conclusion of the International Roundtable on the Role of National Human Rights Institution and Treaty bodies, Berlin, 23-24 November, 2006, http://www.nhri.net/pdf2006/Conclusions_int_RT_rev8dec/pdf, 访问日期: 2017 年 3 月 20 日。UN Factsheet no. 19, National Institutions for Promotion and Protection of Human Rights.

〔3〕　彭锡华:《〈公民权利和政治权利国际公约〉国际监督制度研究》，吉林人民出版社 2001 年版，第 96 页。

制的参与从非正式参与逐步发展到正式参与的进程中来。[1]

简单概括非政府组织对于国家报告机制的参与，主要包括如下几个方面：其一，参与国家报告的撰写过程。条约机构认为国家报告不单是由政府提交的纸面报告，而且是政府进行全面咨商、社会互动的结果，条约机构鼓励国家邀请非政府组织参与报告的撰写，意在建立政府与民间社会的沟通渠道。因此，条约机构不仅在编写大纲、议事规则中强调了非政府组织参与的重要性，还在国别结论性意见中敦促报告国家为非政府组织提供具体的咨商或者对话交流的渠道。目前，在提交给条约机构的报告中，几乎所有的国家报告中都会列明该报告对于非政府组织进行咨询的情况。其二，提交影子报告。影子报告是国家报告的重要补充，旨在为条约机构审议该国人权状况提供更为全面、翔实的信息。所有条约机构都鼓励和邀请非政府组织提供影子报告。影子报告是条约机构获取有关国家人权状况的重要信息渠道，尽管条约机构的委员们对于其收到的影子报告并没有审阅的义务，如何采信影子报告也完全属于每个专家自由裁量的范围。但在现实中，影子报告实际上对于问题单的制定、审议中的互动和评价，甚至是国别结论性意见都产生着潜移默化的影响。其三，参加国家报告的审议。每个条约机构对于非政府组织如何参与国家报告审议过程的规定有所不同。尽管所有机构都为非政府组织提供了午餐会或吹风会等与条约机构委员接触、沟通的非正式会议，但是并不是所有非政府组织都可以参加条约机构的正式会议并具有发言

---

〔1〕 经济、社会文化权利委员会专门规定了非政府组织参与国家报告等监督程序方法和途径，并邀请非政府组织等在国家报告程序中通过书面和口头的方式提交信息。Non-governmental Organization Participation in the Activities of the Committee on Economic, Social and Cultural Rights, UN Doc E/C12/2000/6；消除种族歧视委员会则会非正式接触非政府组织来倾听相关的意见。参见 Report on the Working Methods of the Human Rights Treaty Bodies Relating to the State Party Reporting Process, UN Doc. HRI/ICM/2010/2, UN Doc. HRI/ICM/2010/2, para. 12; Report of the Committee on the Elimination of Racial Discrimination Sixty-second session, Sixty-third session, UN Doc A/58/18, Annex IV, Section B；儿童权利委员会会正式邀请非政府组织参加国家报告程序会前工作组的会议，并提供信息。Overview of the Working Methods of the Committee on the Rights of the Child, 载 http：//www2. ohchr. org/English/bodies/crc/workingmeods. htm，访问日期：2017 年 3 月 20 日。

权。在这方面已有较前沿实践经验的条约机构是经济、社会和文化权利委员会和消除种族歧视委员会，这两个机构都允许非政府组织在其全体会议上进行正式发言，而消除对妇女歧视委员会则邀请非政府组织在会前工作组的闭门会议上进行发言，听取他们提供的信息和意见。从非政府组织参与审议过程的地位和待遇的变化来看，非政府组织对于这一环节的参与已经从院外的游说转变为逐步深入影响。其四，间接影响国别结论性意见的撰写。尽管国别结论性意见多数是由国家报告员起草的，但是须经条约机构全体通过，在撰写的过程中，每个参与审议的委员都可能向国家报告员进行建议，在这一过程中，非政府组织所提供的信息对于国别结论的撰写存在着一种潜在的影响。[1]

四、国家报告机制的作用和局限性

（一）国家报告机制的作用

尽管自《消除一切形式种族歧视国际公约》建立第一个国家报告机制以来，该机制已经运行了将近 70 年的时间，但是对于国家报告机制的作用的质疑却从未停息，单纯依靠国家的报告和短暂审议、互动程序到底能在多大程度上发挥监督国际人权公约的作用，的确是一个令人深思的问题。[2] 对于该问题，首先要从国家报告机制产生的历史背景入手进行解答。20 世纪 50 年代正是冷战最为严酷的时期，东西方的对立使双方在任何问题上几乎都无法形成一致性意见，而在此时建立的国家报告机制却可以为社会制度和意识形态均存在较大差异的国家开展人权交流提供平台，因此这一对话机制的建立和运作本身就是一种巨大的历史进步。[3] 而国家报告机制的作用则可以用几十年的实践经验加以阐释和说明。

---

〔1〕 Overview of the Working Methods of the Human Rights Committee, http：//www.ohchr. org/EN/HRBodies/CCPR/Pages/WorkingMethods. aspx，访问日期：2017 年 3 月 20 日。

〔2〕 S. Leckie, "The Committee on Economic, Social and Cultural Rights: Catalyst for Change in a System Needing Reform", in Alston and Crawford, *The Future of UN Human Rights Treaty Monitoring*, Cambridge University Press, 2000, p. 130.

〔3〕 Antonio Cassese, "The General Assembly: Historical Perspective 1946-1989", in Philip Alston, *The United Nations and Human Rights*, Oxford University Press, 1991, p. 25.

　　纵观条约机制的发展，在个人来文等人权机制的接受仍然受到极大限制的今天，国家报告机制作为唯一的强制性机制，始终是条约机构的支柱性监督机制。而非政府组织的参与则为该机制的纵深发展注入了活力，使其成为一个较为独立的、充分互动的监督机制。[1]

　　作为条约机构最主要的职能和工作方式，国家报告机制并不是单纯的、国际层面的程序性义务，该机制通过如下三个层面发挥职能作用：

　　第一，在国内层面，国家报告机制发挥着推动人权发展的作用：首先，国家报告的撰写促使政府对于国内人权状况的发展进行周期性的监测，有关性别、年龄、民族等分类人权状况的信息收集和分析不仅能够帮助政府更好地了解不同群体对人权享有的程度和差距，了解国内人权发展状况的总体概况，还能为其制定今后的人权计划或者进行有关决策提供基础信息和依据。其次，通过国家报告的撰写和数据调查，国家能够发现国内人权保障制度和实践的问题和发展障碍，并形成针对性的解决对策。最后，通过国家报告机制提供的对话平台，进一步认识人权问题，并根据有关建议，采取后续行动，积极推进国内的人权进步。[2]

　　第二，在国际层面，国家报告机制的运作不仅能够使条约机构对缔约国实现针对性的监督，还能够推动对国际人权公约的解释和其在缔约国中的适用。首先，国家报告以及其他信息来源所展现的资料，为条约机构监督缔约国的履约行为提供了依据，在此基础之上，条约机构可以通过对人权信息的分析以及与报告国家的对话，确定该国在人权方面的进步，帮助其认识国内人权状况与国际人权标准之间的差距以及实施公约的障碍，并针对性地提出改善人权状况的建议，或者在必要的情况下开展国际支持与合作，以帮助该国履行公约，实现其对保障人权的国际承诺。其次，国家报告为条约机构认识和评估世界人权发展进程提供翔实的数据，并为条约机构阐释国际人权公约义务，制定或者修订国际人

---

　　[1]　Laura Theytaz-Bergman, "State Reporting and the Role of Non-Governmental Organization", in F. Bayefsky, *The United Nations Human Rights Treaty System in the 21st Century*, Kluwer Law International, 2000, p. 45.

　　[2]　Philip Alston, The Purpose of Reporting, in Manual on Human Rights Reporting, United Nations, 1991, Http：www. orhchr. org/Documents/publications/Manualhrren/pdf.

权标准提供了具体的、具有实践性的重要参考，从而推动了国际人权法的适用和发展。在实践中，条约机构根据全球性的国家报告以及审议报告的经验，深化了对于国家人权义务内涵的宏观认识及对于国家具体实践的分析，并通过制定一般性意见等来进一步阐释国际人权法，指导缔约国在国内落实国际人权义务。[1]

第三，通过国家报告机制的运行，促动民间社会对人权的保障和监督。国家报告机制绝不是停留在国际层面的监督机制，其深层次的目的是促进全社会通过该机制参与到人权的监督和保障过程之中。国家报告机制欢迎非政府组织的参与，肯定了他们的作用，并通过各种途径促成了国家与民间社会在国家报告框架中就人权问题进行定期沟通的协商机制，促动了全社会对于人权问题的重视、保障、实施及监督。

（二）国家报告机制的局限性

肯定国家报告机制的作用，并不能掩盖这一机制存在的局限性和危机。随着核心人权公约及其缔约国的愈益积聚，国家报告的减负等问题逐渐成为强化条约机构监督职能的改革焦点。目前国家报告机制存在如下突出问题：

第一，延期报告及审议的问题。国家报告的延期问题已经成为国家报告机制运行中无法克服的最大问题。它主要表现为，有些国家不履行报告义务以及延期报告。前者使报告机制对于该国的监督作用名存实亡，后者则使国家报告机制的实效性大大降低。试想条约机构每隔10年左右才对一个国家进行一次审议，其监督意义势必被严重削弱。近年来，由于报告义务日趋繁重，各条约缔约国普遍存在报告延期的情况。与此同时，大量的报告也超出了条约机构的工作负荷，而无法按时审议。尽管条约机构在无奈之际已经接受合并报告，但是延期报告的严峻性并未缓解。根据禁止酷刑委员会2010年的统计，该委员会的229份

---

〔1〕　CESCR General Comment No. 1：UN Doc HRI/GEN/1/Rev7；Concept Paper on the High Commissioner's Proposal for a Unified Standing Treaty Body, UN Doc. HR/2, 2006, para 8.

国家报告被延期审议。[1] 国家报告的延期提交及审议，无疑使国家报告机制的监督实效性大打折扣。[2]

第二，缺乏有效的后续行动。后续行动是将国别结论性意见在国内落实的重要环节，也是国家报告机制发挥持续性、稳定性监督作用，确保国际人权法在国内适用的关键步骤。尽管近年来，条约机构采取了各种措施来敦促各国采取后续措施，但是无法确保后续行动在各国的有效执行。对此，有专家提出了提高国别结论性意见的质量及可操作性，以及整合条约机构间的国别结论性意见等建议，从而为缔约国实施后续行动提供便利。[3] 但是，这也只是完善后续行动问题的一个方面，对于国别结论性意见实施的主要问题还要依靠国家的重视和对国际人权义务的切实履行。

第三，专家的独立性问题。尽管条约机构的专家都是以个人身份工作，不代表国家。但是这些专家在工作中所表现出来的政治倾向却越来越严重，从专家的遴选到各种监督职责的履行，专家的独立性和中立性问题日益引人关注。首先，专家遴选资格和程序存在很大的漏洞。现实中条约机构的专家大多是卸任的前政府要员，这样的经历势必会影响其作为独立专家发挥正常职能。其次，专家的遴选程序不够透明。事实证明，条约机构的专家选举部分异化为国家间政治势力的博弈，专家的独立性缺乏一定的制度保障和监控。最后，在条约机构的日常工作中，委员会的政治化倾向影响了条约机构的公平和公正。对此，条约机构联席

---

〔1〕 Report of Committee against Torture, Forty-third session, forty-forth session, UN Doc. A/65/44, para. 31.

〔2〕 Anne F. Bayefsky, *The UN Human Rights Treaty System: Universality at the Crossroads*, Transnational Publishers, 2001, p. 9.

〔3〕 Michael O'Flaherty, "The Concluding Observations of United Nations Human Rights Treaty Bodies", *Human Rights Law Review*, 2006, vol. 6, p. 27; Effective Functioning of Bodies Established Pursuant to United Nations Human Rights Instrument, UN Doc. E/CN4/1997/74, para 109; Anne F. Bayefsky, *The UN Human Rights Treaty System: Universality at the Crossroads*, Transnational Publishers, 2001, pp. 61~66; Eric Tsitounet, The Problem of Overlapping Among Treaty Bodies in Alston and Crawford, The Future of UN Human Rights Treaty Monitoring, Cambridge University Press, 2000, p. 389.

会议最近通过了《亚的斯亚贝巴准则》，旨在保障专家的独立性。[1]条约机构也先后出台了一系列议事规则来规制委员会专家的行为，试图将政治性问题置于一个可控的范围之内。但是只要条约机构的任职资格没有重大调整，专家的独立性问题就很难有大幅度的改善。

五、中国在国家报告机制中的实践

（一）中国参与国家报告机制的实践

截至目前，中国已经签署了 7 个联合国核心国际人权公约，并批准了其中 6 个公约。它们分别是《消除对妇女一切形式歧视公约》（1980年签署和批准）、《消除一切形式种族歧视国际公约》（1981 年批准）、《禁止酷刑和其他残忍、不人道和有辱人格的待遇或处罚公约》（1986年签署，1988 年批准）、《儿童权利公约》（1990 年签署，1992 年批准）、《经济、社会、文化权利国际公约》（1997 年签署，2001 年批准）、《残疾人权利公约》（2007 年签署，2008 年批准）、《公民权利和政治权利国际公约》（1998 年签署）。此外中国还加入了《儿童权利公约》的两个议定书：《关于买卖儿童、儿童卖淫和儿童色情制品问题的任择议定书》（2000 年签署，2002 年批准）、《关于儿童卷入武装冲突问题的任择议定书》（2001 年签署，2008 年批准）。对于上述国际人权公约，中国均负有报告义务。而对于中国撰写国家报告与提交情况、报告的审议情况以及后续行动的实施情况的考察，不仅有助于清楚地认识中国履行缔约国报告义务的整体情况，也有助于发现中国的问题和不足。

1. 中国国家报告的撰写

在中国，国家报告的撰写主要采取外交部牵头组织，各政府机构分工合作、非政府组织广泛参与咨询的模式。2010 年中国向联合国提交的第二次共同核心文件中明确指出："中国外交部是撰写人权条约履约报告的协调部门。如需提交履约报告，外交部会提前半年至一年启动报告的撰写工作，牵头成立报告撰写的跨部门工作组，成员单位包括主管

---

〔1〕 Guidelines on the independence and impartiality of members of the human rights treaty bodies（"the Addis Ababa guidelines"）, UN Doc. A/67/222.

各具体领域的立法、司法和行政部门。报告撰写过程中，工作组视情况
举办数次会议就报告稿进行研讨，邀请相关领域的学术机构和非政府组
织参加，听取意见和建议并反映在报告稿中。"[1]

　　以往，中国在履行国家义务时，很少在报告中提及报告撰写的主体
等情况。例如，2003 年中国提交的关于《经济、社会和文化权利国际
公约》的首次报告，因只提及"中国有关非政府组织、相关领域的学
者、专家也为本报告撰写做出了贡献"而未作任何说明，使经济、社会
和文化权利委员会认为，"国家报告对于报告撰写过程不够开放"。[2]
但是自 2004 开始，中国向各个条约机构递交的报告中，均对上述情况
进行了汇报，从侧面体现了我国的国家报告在内容全面性、透明性、广
泛参与性等方面的发展。例如，《消除对妇女一切形式歧视公约》第五
和第六次合并定期报告中明确说明了此报告的撰写是由"中华人民共和
国负责妇女儿童事务的国家机构国务院妇女儿童工作委员会（以下简称
国务院妇儿工委）组织起草，参加编写的国家机构有：全国人大、外交
部、教育部、科技部、国家民族事务委员会等 19 个国家部委"，此外国
务院妇儿工委在报告的编写中广泛征求社会意见，全国妇联、全国总工
会、中国妇女研究会、中国女企业家协会等 7 个全国性非政府组织和研
究机构提供了相关材料和统计数据，国务院妇儿工委同上述部门和组织
进行了讨论并听取和采纳了它们提出的意见。[3] 又如，中国在《经济、
社会、文化权利国际公约》第二次定期报告中明确表明，"中国高度重
视此次履约报告的撰写工作。为做好报告的起草工作，中国外交部于
2009 年 10 月牵头成立了包括 30 多家立法、行政和司法部门在内的跨部

---

〔1〕　Core Document Forming Part of the Reports of States parties： China， UN Doc. HRI/
CORE/CHN/2010， p. 35.

〔2〕　Consideration Of Reports Submitted By States Parties Under Articles 16 And 17 Of the Cov-
enant， Concluding observations of the Committee on Economic， Social and Cultural Rights： People's
Republic of China （including Hong Kong and Macao） UN Doc. E/C. 12/1/Add. 107.

〔3〕　Concluding comments of the Committee on the Elimination of Discrimination against
Women： China， UN Doc. CEDAW/C/CHN/5-6.

门工作组，征询了近 20 家全国性非政府组织和学术研究机构的意见”。[1]

随着中国履行缔约国报告义务次数的逐渐增多和经验的积累，国家报告的撰写工作也逐渐程序化、体系化、规模化和科学化。

2. 中国提交国家报告并接受审议的情况

截至 2019 年 9 月，中国分别于 1993 年和 2010 年向条约机构提交了 2 份共同核心报告，23 份定期报告，参与了 23 次国家报告的审议会议并完成了相关的履约义务。[2] 具体包括：向禁止酷刑委员会提交 6 份报告，并于 1990 年、1993 年、1996 年、2000 年、2008 年和 2015 年分别接受了审查；向消除对妇女歧视委员会提交 5 份报告，并于 1984 年、1992 年、1999 年、2006 年和 2014 分别接受了审查；向消除种族歧视委员会提交 7 份报告，并于 1983 年、1986 年、1990 年、1996 年、2001 年、2009 年、2018 年接受了审查；向经济、社会和文化权利委员会提交 2 份报告，并于 2005 年和 2014 年分别接受了审查；向儿童权利委员会提交 3 份报告，并于 1996 年、2005 年和 2013 年分别接受了审查；向残疾人权利委员会提交 1 份报告，并于 2012 年接受了审查。

迄今为止，中国与条约机制已经经历了 30 多年的合作，在此期间，中国不但积极参加了条约机制的各项改革，加强与国际社会开展对话，而且还认真履行了国家报告的义务，不断完善和提升国内的人权状况。鉴于条约机构提出的国别结论性意见既具有现实针对性又有历史延续性，在此仅以中国在各条约机构最近一次国家报告的情况为例，来透视条约机构近年来对中国人权状况提出的建议以及中国与条约机构的合作情况。

中国与条约机构国家报告机制的合作始于 1983 年向消除种族歧视委员会提交的首次国家报告。2018 年，中国接受该委员会第七次审议。

---

〔1〕 “让世界了解中国人权事业进步”，载人民日报：http：//news. cntv. cn/china/20100902/100355. shtml，访问日期：2017 年 4 月 25 日。

〔2〕 http：//tbinternet. ohchr. org/_layouts/TreatyBodyExternal/Countries. aspx？CountryCode＝CHN&Lang＝CH，访问日期：2017 年 4 月 25 日。

在此次国家报告中，中国政府首先对实施上次国别结论性意见的情况进行了汇报，继而对保障民族平等的国内立法、政策，尤其国家人权行动计划进行了综述，展示了中国保障少数民族各项权益的制度框架。其次，国家报告对于推进民族平等的措施进行了详细的诠释，包括西部大开发、兴边富民行动、开展民族地区扶贫工作、发展基础设施建设、环境保护和资源节约、保护传统文化以及保障散居少数民族平等权益等方面。此外，报告还分析了民族地区发展的困难，例如对外开放程度低、产业发展基础弱、经济总量小、自然条件差、贫困程度深、公共基础设施建设困难以及教育、卫生、文化事业发展滞后等问题。最后，国家报告对于保障少数民族依法享有的各项权利进行了逐一说明，包括保障少数民族参与国家和本民族事务的管理、享有教育和培训的权利、健康权、就业权、社会保障以及宗教信仰自由等，并对煽动种族歧视行为的刑事处罚的情况以及对少数民族的司法保护等措施进行了介绍。[1]

消除种族歧视委员会对中国的报告进行审议后，提出如下结论性意见：首先，充分认可中国在立法、政策、方案和行政措施方面对于保障少数民族权益所做的各项努力，包括：《国家人权行动计划》（2011～2015年、2016～2020年）；《扶持人口较少民族发展规划》（2011～2015年）；2013年废止《劳动教养法》；《农村扶贫开发纲要》（2011～2020年）；以及在8个多民族聚居省份和地区大幅度减少贫困方面取得的显著成就。此外，消除种族歧视委员会提出了如下建议：①在国内法中明确界定种族歧视的定义，并对种族歧视行为加强刑事、民事和行政的司法惩处和救济。②建立国家人权机构，对有关问题进行监督和保障。③在减贫问题上，消除少数民族在经济发展方面的差距。④在教育问题上，确保所有族裔群体平等地接受小学和中学教育，保证教育质量，并增加资源投入。⑤对于重新安置的少数民族地区，确保其适足的生活水准，采取恢复生计的措施，并于必要时，在语言和文化融合方面提供帮

---

〔1〕 Committee on the Elimination of Racial Discrimination: Consideration of reports submitted by States parties under article 9 of the Convention Fourteenth to seventeenth periodic reports of States parties due in 2015, China, CERD/C/CHN/14-17.

助。⑥缩小影响部分少数民族健康方面的差距，包括消除妨碍他们获得卫生保健的障碍。⑦为从事反对种族歧视工作的组织提供发展空间，提高登记程序的透明度。⑧审查现行相关法律、法规和做法，确保法律的严格适用性，并建立有效的监督机制，防止歧视。⑨采取一切必要的法律和政策措施，确保所有寻求庇护的人得到独立和公正的机关的审议。[1]

虽然中国批准《禁止酷刑公约》的时间晚于《消除一切形式种族歧视国际公约》，但是由于该公约的报告周期较短，因此中国向禁止酷刑委员会进行报告的频率是最高的，截至目前中国已经接受了 6 次审议。中国于 2015 年提交的国家报告主要分为两个部分。第一部分重点阐述了 2008 年以来中国为执行公约所采取的新举措和取得的新进展以及遇到的障碍，并对公约的第 1~16 条进行了逐一说明。具体包括：采取防止酷刑的立法、行政及司法措施；实施酷刑不引渡原则的情况；对于定罪量刑标准规范化的改革；对于酷刑行为人的处罚和对于受害者的保障——建立专门机构进行审查、出台针对司法人员的纪律和处分规范；修订《刑事诉讼法》关于羁押等问题的规定；对法院、检察、公安和司法行政部门的执法人员进行有关禁止酷刑等内容的教育和宣传；建立审查、监督酷刑行为的机制；以及依法进行诉讼、救济以及国家赔偿等措施。第二部分中国结合《刑事诉讼法》的修订情况，对于前一轮国别结论性意见作出如下回复：完善了强制措施和侦查措施的程序；完善了犯罪嫌疑人和被告人委托辩护人的程序；明确了辩护律师会见在押的犯罪嫌疑人、被告人的程序；规定了人民检察院接到报案、控告、举报或者发现侦查人员以非法方法收集证据的，应当进行调查核实；严格控制和慎用死刑，对死刑案件的证据审查判断实行最为严格的标准，坚持死刑二审案件全部开庭审理的制度，保障死刑被告人的各项诉讼权

---

[1]　Committee on The Elimination of Racial Discrimination: Concluding Observations on the Combined Fourteenth to Seventeenth Periodic Reports of China, UN Doc. CERD/C/CHN/CO/14-17.

利；设置依法对不负刑事责任的精神病人的强制医疗程序。[1]

经过审议，禁止酷刑委员会对于中国关于《刑事诉讼法》的修正，严禁在诉讼中使用以刑讯逼供获得的证词作为证据、对于重大案件进行录音录像以及加强国家赔偿等方面的进步表示欢迎，并对如下问题提出建议：①缩短审前长期羁押，解除对于律师的限制。②确保被拘留者在看守所接受独立于警方和拘禁主管部门的体检。③废除对嫌疑人在指定地点执行监视居住的做法。④严格惩处实施酷刑和虐待的人员，并建立受害人的申诉机制。⑤确保对酷刑指控调查的独立性。⑥减少单独监禁等手段，对羁押期间死亡事件进行调查。⑦强化对羁押场所的监测。⑧保障性少数者以及精神疾病患者得到适当的医疗对待。[2]

《消除对妇女一切形式歧视公约》是中国批准的第二个核心人权公约。一直以来，中国对于妇女人权的保障以及与消除对妇女歧视委员会的合作屡次获得国际赞誉。中国最近一次向该条约机构递交国家报告是在 2014 年。该轮国家报告主要是对 2006 年至 2010 年中国执行公约情况的汇报。报告的第一部分首先概述了中国保障妇女人权的制度框架、各项实践以及妇女人权的现状及最新发展。其次，报告按照公约条文的顺序，对于保障妇女人权的法律政策、措施及其机制，特别是特别措施进行了诠释，并就消除对妇女的偏见及暴力、打击拐卖妇女问题进行了汇报。报告的第二部分对妇女参政、教育、就业以及卫生健康等经济、社会和文化权利，以及农村妇女的发展、妇女在家庭中的权利等问题进行了介绍。消除对妇女歧视委员会在结论性意见中首先赞赏了中国对于国家报告机制的重视，不仅对于委员会的会前工作组提出的议题和问题清单作出书面答复，并且派出规模大、级别高的代表团参与对话与交流，同时还积极肯定了中国如下方面的进步：2010 年的《社会保险法》对生育保险作出的规定；2007 年的《劳动合同法》禁止以女职工有怀

---

〔1〕 Committee against Torture: Consideration of reports submitted by States parties under article 19 of the Convention, Fifth periodic report due in 2012, China, UN Doc. CAT/C/CHN/5.

〔2〕 Committee against Torture: Concluding observations on the fifth periodic report of China, UN Doc. CAT/C/CHN/CO/5.

孕、生产或哺乳需要为理由终止劳动关系；2007 年的《就业促进法》禁止在就业中以种族和性别为理由的歧视；2010 年修订的《村民委员会组织法》规定了参加村民委员会和村民代表会议的妇女名额；通过并实施《国家人权行动计划（2012～2015 年）》《中国妇女发展纲要（2011～2020 年）》等。[1]

为了进一步促进中国对于妇女人权的保障，委员会建议：①在国内法中确定关于歧视妇女的全面定义；②设立一个独立的国家人权机构促进妇女权利和两性平等有关的事务；③强化国务院妇儿工委的职能，授予其对于《中国妇女发展纲要（2011～2020 年）》进行性别评估的职权；④提高妇女人权享有状况的数据收集能力，增进各项政策和计划中的妇女人权视角；⑤加强特别措施的实现，推进男女实质平等，特别是增进在族裔和宗教方面属于少数群体的妇女以及残疾妇女的权利；⑥改变强化男女传统角色的社会规范和文化习俗；⑦消除对妇女的暴力侵害，打击贩卖妇女的现象；⑧采取各种措施，确保在中央和地方有效执行《中国妇女发展纲要（2011～2020 年）》；⑨平等保障妇女与女童的受教育权，特别是增加资源投入，确保在族裔和宗教方面属于少数群体以及残障妇女和女童享有的相关权利；⑩落实《国家人权行动计划（2012～2015 年）》《就业促进法》和其他相关的法律，消除结构上的不平等和职业分隔现象，采取措施减少男女之间的工资差距，并建立解决纠纷的机制，以帮助由于遭受就业歧视因而寻求司法救助的妇女；⑪消除对携带艾滋病毒的妇女的歧视，并为照料这些妇女的社区妇女组织提供支持；⑫消除一切限制妇女（特别是农村妇女）获得土地的障碍，并且确保此类纠纷的调解和解决能够给予妇女有效的补救；⑬谋求消除在族裔和宗教方面属于少数群体的妇女以及残疾妇女所遭受的交叉歧视；⑭减少被拘禁妇女的人数，包括实施旨在解决妇女犯罪原因的有针对性的预防方案；⑮根据《联合国关于女性囚犯待遇和女性罪犯非拘

---

〔1〕 Consideration of Reports Submitted by States Parties under Article 18 of the Convention on the Elimination of All Forms of Discrimination against Women, Combined Seventh and Eighth Periodic Report of States Parties, China, UN Doc. CEDAW/C/CHN/7-8.

禁措施的规则》，改善妇女拘禁场所的条件，提供医疗保健设施和服务等。[1]

2014 年，中国还接受了经济、社会和文化权利委员会对于国家报告的第二次审议。此次国家报告主要从国家立法、行政和司法实践的角度对于中国 2005 年至 2009 年期间执行《经济、社会和文化权利国际公约》的情况和进展进行了汇报。其中包括国家保障自决权、男女平等、工作权、享有良好工作条件的权利、工会权、享有社会保障的权利、对家庭的保护、享有适当生活水准的权利、健康权、受教育权以及参加文化生活、享受科技进步的权利等各项权利的情况、进步和困难以及实施国别结论性意见的措施等。报告重点介绍了 2004 年"人权入宪"的影响；国家通过《国民经济和社会发展第十一个五年规划》对于建设社会主义新农村、促进区域协调发展、建设资源节约型、环境友好型社会、优先发展教育、提高人民健康水平、加强文化建设等各方面的推进；以及首个《国家人权行动计划（2009~2010 年）》的实施对于人权的保障和监测工作。[2]

通过审议，经济、社会和文化权利委员会对于中国的国家报告给予积极的评价。委员会首先对于中国批准《残疾人权利公约》《儿童权利公约关于儿童卷入武装冲突问题的任择议定书》，国际劳工组织的《就业及职业歧视公约》《联合国反腐败公约》等公约表示欢迎，并赞赏中国为增进经济、社会和文化权利所采取的各项措施，包括颁布了《社会保险法》《就业促进法》；实施了《国家人权行动计划（2012~2015年）》《国民经济和社会发展第十二个五年规划（2011~2015 年）》《中国农村扶贫开发纲要（2011~2020 年）》，实施了第一个《促进就业规划（2011~2015 年）》。此外，委员会还赞赏中国对于实施"千年发展目标"的各项指标所做的贡献。对于如何推进经济、社会和文化权

---

〔1〕 Committee on The Elimination of Discrimination Against Women: Concluding Observations the Combined Seventh and Eighth Periodic Reports of China, UN Doc. EDAW/C/CHN/CO/7-8.

〔2〕 Committee on Economic, Social and Cultural Rights: Implementation of the International Covenant on Economic, Social and Cultural Rights Second Periodic Reports Submitted by States Parties-under articles 16 and 17 of the Covenant, China, UN Doc. E/C. 12/CHN/2.

利的发展问题，委员会提出了如下建议：①设立国家人权机构增进经济、社会和文化权利发展；②颁布国内法，纳入《联合国反腐败公约》并实施；③将人权的方针纳入国际合作政策，并建立监督机制；④采取适当的立法和行政措施，确保在境内营业或由缔约国境内管理的公司及其分支机构对其境外侵犯经济、社会和文化权利的行为承担法律责任；⑤根据《经济、社会和文化权利国际公约》第2条第2款通过全面的反歧视法律，确保经济、社会和文化权利的平等保障；⑥取消户籍制度，确保所有农民工能够享受与城镇居民同等的工作机会以及社会保障、住房、卫生和教育福利；⑦采取一切必要并切实有效的支持家庭的措施；⑧严格执行《妇女权益保障法》，消除男女在充分取得高等教育、就业和住房的机会方面存在的差距；⑨增强妇女，特别是农村妇女、少数民族及残障人享有各项权利的数据统计和各项保障措施；⑩确保为私营部门劳动者提供公正良好的工作条件；确保各类劳动者都能获得医疗和事故保险等社会保障；消除工作场所的性骚扰；强化工会权利；⑪废除劳动教养制度；增强社会保障制度的建设和覆盖水平；⑫加快通过关于家庭暴力的具体立法，并将这类行为列为刑事犯罪；⑬实施《中国农村扶贫开发纲要》时，特别注意各地区之间以及城乡之间的差异和差距；⑭保护适足食物权，切实执行《食品安全法》，加强食品安全监督工作；⑮加强对于住房权的保障；⑯提高残疾人就业水平；⑰改善卫生保健服务，保证特定群体平等享有健康权；⑱确保艾滋病毒/艾滋病感染者能够在与他人平等的基础上适当获得卫生保健、就业和教育；⑲确保平等分配经费，以确保所有人平等获得教育资源；⑳保护少数民族文化；㉑确保所有人平等享受科技进步和应用带来的社会福祉。[1]

　　2013年，中国接受了儿童权利委员会第三次对于国家报告的审议。此次提交的国家报告共分为三个部分。第一部分主要是对中国在2002年至2009年期间执行《儿童权利公约》以及2005年至2009年期间执

---

〔1〕　Committee on Economic, Social and Cultural Rights: Concluding observations on the second periodic report of China, including Hong Kong, China, and Macao, China, UN Doc. E/C. 12/CHN/CO/2.

行《关于买卖儿童、儿童卖淫和儿童色情制品问题的任择议定书》的
情况进行了报告。报告首先对于中国坚持儿童优先原则，落实儿童优先
发展战略，充分保障儿童生存、发展、受保护和参与的权利的总体措施
进行了介绍，并对上一轮的建议进行了如下回应：中国进一步加大了对
于国别结论性意见的宣传和实施；加强了国务院妇儿工委等部门对于意
见的落实，并积极开展了国际合作推进对儿童权利的保障。报告第二部
分逐条汇报了保障儿童权利的各方面情况。首先，报告针对儿童的最大
利益原则、维护和保障儿童的生存和发展、尊重儿童意见以及平等保障
原则，从立法、行政和司法层面对于中国的实践进行了介绍，并结合中
国的儿童发展纲要，对于儿童的隐私权、信息自由、宗教自由、免受酷
刑的权利等人权状况进行了介绍，特别聚焦了少年司法、少数民族儿
童、受剥削儿童等问题，并对于上一轮国别结论性意见提出的出生登记
等问题作出了详细的回应，包括完善了农村户籍管理制度、出台解决无
户口人员落户问题的政策等。报告第三部分针对公约议定书的相关义务
着重介绍了预防拐卖儿童行为的措施；严厉打击并惩治拐卖儿童、对儿
童性剥削的违法犯罪行为以及做好拐卖受害人的救助康复的情况；保护
儿童免遭色情侵害，防止和制止色情制品等措施。[1]

经过审议，儿童权利委员会对于中国提交的国家报告以及答辩表示
赞赏：欢迎中国制定了《中华人民共和国未成年人保护法》，批准了
《关于儿童卷入武装冲突的任择议定书》，制定了以儿童为重点的《国
民经济和社会发展第十二个五年规划纲要（2011~2015）年》，出台了
《中国儿童发展纲要（2011~2020 年）》，启动了《反对拐卖人口行动
计划（2013~2020 年）》，等等。此外，委员会还针对加强保障儿童权
利提出了如下建议：①将执行《儿童发展纲要》作为优先事项，建立
责任制及监测和评价制度，并与儿童和包括独立专家在内的民间社会进
行定期、广泛和透明的磋商；②合理化分配资源，减小贫困地区和发达

---

〔1〕 Committee on the Rights of the Child: Consideration of reports submitted by States parties under article 44 of the Convention Third and fourth periodic reports of States parties due in 2009, China, UN Doc. CRC/C/CHN/3-4.

地区以及城乡差别，加大对于农村和西部地区的支持；③加大对于实施《儿童发展纲要》的预算分配和资助，特别是对于义务教育、妇幼保健、卫生基础设施、服务质量保证等关键领域的投入，以及扩大范围向贫困儿童、残疾儿童和弱势家庭提供福利和其他服务；④采取特别措施，建立从儿童权利角度编制预算的程序，确保预算适当考虑儿童的权利及其需求；⑤切实增加中国大陆中央政府对省和地方政府的预算拨款，落实与儿童权利有关的政策、计划和结构，并在各省、地、县建立监测资源分配的评价机制；⑥强化儿童权利实现方面的数据收集，建立独立的监测系统；⑦以体恤儿童的方式，处理儿童的申诉；⑧加强对于工商企业的监管和监测力度，提高环境和工业卫生水平；⑨加大在性别、民族、残疾的等方面反歧视工作的力度，提升对于儿童意见的尊重；⑩保障儿童的出生登记的权利；禁止体罚、性剥削和虐待等暴力侵害儿童行为；⑪完善有关儿童家庭照料的法律和做法，为儿童的发展提供更好的条件。[1]

　　2012 年，中国向残疾人权利委员会递交了首次国家报告，并得到了审议。国家报告的第一部分，首先就中国残障人保障制度的标准化、公共服务体系的完善化、社会环境的优化、残障人事业的国际化以及生存和发展权的提升情况进行了总体概述。第二部分，报告结合中国颁布实施的《残疾人保障法》《残疾预防和残疾人康复条例》《残疾人教育条例》《残疾人就业条例》《无障碍环境建设条例》等法律，以及中国制定的《国家人权行动计划（2012~2015 年）》《中国残疾人事业"十二五"发展纲要（2011~2015 年）》和《"十三五"加快残疾人小康进程规划纲要（2016~2020 年）》等政策，并针对国别结论性意见的落实情况，对于残障人士的生命权、无障碍、生命权、自由和人身安全、隐私权、教育权、健康权、免于剥削、暴力和凌虐，免于酷刑或残忍、不人道或有辱人格的待遇或处罚，独立生活和融入社区、在法律面

---

〔1〕 Committee on the Rights of the Child: Concluding observations on the combined third and fourth periodic reports of China, adopted by the Committee at its sixty-fourth session, UN Doc. CRC/C/CHN/CO/3-4.

前获得平等承认，以及参与文化生活、娱乐、休闲和体育活动等权利的实现情况进行了全面的介绍，并特别聚焦了残疾妇女和儿童的权利以及数据收集及国家检测等问题。[1]

残疾人权利委员会通过对于中国国家报告的审议，在国别结论性意见中作出了如下肯定和建议。委员会首先祝贺中国在无障碍方面取得的成就，如《残疾人保障法》《无障碍建设"十一五"实施方案（2006~2010年）》以及便于残障人使用公共设施的无障碍规定；支持中国法律对于保护残障劳动者免于剥削、暴力和凌虐的规定；肯定了《中国儿童发展纲要（2001~2010年）》坚持"儿童优先"原则以及在《未成年人保护法》中禁止歧视残障儿童的各种进步做法；赞扬了中国对于减少贫困特别是残疾人贫困的各种努力。对于中国在保障残障人事业方面的问题和障碍，委员会建议：①制定一项全面而包容的国家行动计划，促进残障人的全面参与，并将残障人权模式引入中国残疾政策。②对歧视残障人的行为作出法律界定，并在其中列入禁止间接歧视以及给予合理照顾的定义。③铲除抛弃残障儿童的根本原因，特别是在农村地区提供充足的基于社区的服务和援助；④开展人权教育，推动全社会对于残障人权利的认识、尊重和保障；⑤推动全国城乡实现无障碍出行环境及基础设施的建设；⑥废止那些允许对成年人进行监护和托管的法律、政策和做法，并采取立法行动，用协助决策制度取代代替决策制度，推动对残障人的照料；⑦向法律援助服务中心划拨必要的人力和财政资源，加强对残障人的司法保护；⑧废除残障人非自愿治疗的制度和做法，划拨更多的财政资源；帮助他们在家庭之外能够获得社会支助和医治；⑨调查侵害残障人权利的事件，进行司法制裁；⑩收集对于残障人的剥削、暴力和凌虐行为的数据，防止智残人遭遇诱拐，并向受害人提供补救；⑪逐步淘汰并消除对残障人的机构看护，为其提供支助服务，助其独立自主生活，并与残障人组织协商；⑫将特殊教育体系中的资源转用于促进主流学校中的包容性教育，确保更多的残障儿童可以接受主流教

---

〔1〕 Implementation of the Convention on the Rights of Persons with Disabilities, Initial reports submitted by States Parties under article 35 of the Convention, China, UN Doc. CRPD/C/CHN/1.

育；⑬将向残障人提供的所有医疗保健和服务，建立在相关个人自由和知情同意的基础之上，并废止允许非自愿治疗和拘禁的法律；⑭开发各种基于社区的服务和支助；⑮建议为适应训练和康复制定以权利为基础的办法，确保此类方案能够促进残障个人的知情同意；⑯确保残障人可以依照自己的喜好自由选择职业，并创造更多就业机会；⑰弥补农村地区和城市地区发放福利的差距；⑱所有残障人与他人同等享有投票权；按照促进和保护人权国家机构的地位的有关原则（巴黎原则），设立一个独立的国家监测机制。[1]

回溯条约机构向中国提出的上述国别结论性意见，除去少数建议部分脱离中国国情之外，多数建议对于中国推进人权保障事业具有指导意义。这些建议不仅是对于中国以往人权实践的评述，更为今后的发展提出了明确的努力方向。实践中，中国政府结合国内的实际情况和国家人权行动的部署对于条约机构提出的绝大多数人权建议给予了积极的落实，并切实提升了人权保障的水平。

（二）中国在国家报告机制中的问题及现状

1. 在国家报告的撰写方面

（1）数据和实例的提供。在国家报告中，有关数据和实例是对一国人权制度和实践的系统性深入阐释和对人权保障状况的动态、真实的反映，有利于全面展示人权状况的全貌。相比于政策法规和国家制度框架的概括性介绍而言，数据和实例也更有说服力。因此，条约机构制定的报告准则都要求缔约国全面报告国内执行公约的情况，提供按照地域、民族、性别、年龄等标准分列的各项权利享有的情况以及可进行逐年比较的统计数据和实例。而这些数据不仅需要有历史纵向可比性，还要有与其他参照体的横向可比性，以保证条约机构对缔约国执行公约的实际进展作出客观、公允的评价。中国在早期提交的国家报告中一直在不同程度上存在着统计数据不充分、缺乏相关实例等问题。一个曾经受到关注的例子就是，消除对妇女歧视委员会曾多次敦促中国在报告中按

---

[1] Committee on the Rights of Persons with Disabilities: Concluding observations on the initial report of China, adopted by the Committee at its eighth session, UN Doc. CRPD/C/CHN/CO/1.

照男女性别分类提供有关公约每一条执行情况的具体数据和统计资料。该委员会在对中国提交的第三和第四次合并定期报告的初步审议后，提出"（报告）并未充分遵循委员会制定的关于编写定期报告的报告准则"，并要求中国提交补充报告。[1] 而此后委员会对于中国后续提交的补充报告仍不十分满意，并在该次审议的结论性意见中认为中国的国家报告"没有载列足够的按性别分列的统计数据，没有对目前状况和前一报告所述期间的情况作一比较"。[2] 在中国提交的第五和第六次定期报告中，尽管中国对于这一问题的说明做出了实质性的提升，对于妇女人权状况按照时间、地域、性别、民族等提供了分列统计数据，但是委员会仍然认为数据分析不够充分，并认为国家报告缺乏"按性别、地区和民族分列的充足数据及妇女状况与男子状况相比较的资料"。对此，委员会建议中国"在下一次定期报告中提供此类统计资料以及演变趋势，以便深入评估在执行公约方面取得的进展"。[3] 随后，在对中国提交的第七次和第八次定期报告的审议中，消除对妇女歧视委员会进一步就有关数据问题提出了如下建议：强化数据收集和使用部门——妇儿工委的职能和权限；强化数据采集和分享系统；评估并消除有关安全法等对于获取妇女地位关键信息的限制等，从而深入强化数据的获取和使用能力。[4] 消除对妇女歧视委员会之所以如此重视对于分类数据的收集，是因为委员会认为，"由于缺少或无法充分获取这类详细数据，可能会阻碍缔约国制订和实施性别定向政策和方案以及监测在全国各地执行公约的能力。而对于按性别、地区和民族分列的统计资料的收集，有利于

---

〔1〕 UN Doc. CEDAW/SP/98/012.

〔2〕 Report of the Committee on the Elimination of Discrimination against Women, Twentieth session, Twenty-first session, General Assembly Official Records Fifty-fourth session Supplement No. 38, UN Doc. A/54/38/Rev. 1, para. 267.

〔3〕 Concluding comments of the Committee on the Elimination of Discrimination against Women: China, UN Doc. CEDAW/C/CHN/5-6, para. 13.

〔4〕 Committee on The Elimination of Discrimination against Women: Concluding Observations the Combined Seventh and Eighth Periodic Reports of China, UN Doc. CEDAW/C/CHN/CO/7-8, para. 18-21.

制订和实施旨在促进两性平等和妇女享受人权的定向政策和方案的能力"。[1] 从上述合作实践可以看出，尽管中国在国家报告中还不能完全满足条约机构关于数据信息的标准，但是却一直在持续不断地努力和完善，力求展现更翔实的资料，并表现出了积极合作的姿态。

此外，条约机构制定的报告准则还要求在缔约国报告中提供实例来说明公约每一条款的执行情况。与生硬的法律和政策相比，人权保障的实例更能体现针对性和真实性，从而增加国家报告的翔实程度和说服力。实践中，条约机构也曾在国别结论性意见中提出中国需要对某些实例（如对某个事件或个人）的具体情况作出进一步说明的建议，以期全面了解公约实施情况。近 10 年来，中国的国家报告开始关注数据和实例的重要性问题，并使国家报告的内容与形式得到了较大的提升。例如，相对于首次共同核心报告数据和实例缺乏的问题，第二次共同核心报告增加了 30 个图表来说明和展示各类人权状况，非常形象直观地展示了中国人权的发展。

（2）报告撰写技术及要求的差距。从总体上看，中国提交的国家报告基本上是符合条约机构的要求的，但是仍然需要从形式到内容方面逐步改进。从形式上，根据《协调准则》，首次报告一般以 60 页为限，定期报告为 40 页以内，但是中国提交的国家报告一般大大超出了这一长度，这就造成部分关键信息可能会被淹没在长篇累牍的一般介绍中，影响报告的质量以及审议的效率。2017 年消除种族歧视委员会在关于中国的国别结论性意见中再次写道："根据大会第 68/268 号决议，委员会促请缔约国遵守此类文件 42 400 字的篇幅限制。"[2] 从内容上，中国的国家报告偏重于资料和信息的介绍，却缺乏对数据适当的分析，部分报告缺乏针对具体问题的详细回应和解释。例如，根据《经济、社会、文化权利国际公约的专项条约报告编写大纲》的要求，对于自决权

---

〔1〕 Concluding comments of the Committee on the Elimination of Discrimination against Women：China, UN Doc. CEDAW/C/CHN/5-6, para. 13.

〔2〕 Committee on The Elimination of Racial Discrimination：Concluding Observations on The Combined Fourteenth to Seventeenth Periodic Reports of China, UN Doc. CERD/C/CHN/CO/14-17, para. 60.

的报告内容，应说明"以什么方式落实了自决权"和说明"采取了哪些措施承认和保护土著社区作为传统生计来源占有或使用的土地及所有权，并说明与土著和地方社区进行适当协商的程度，在涉及他们根据公约规定应享有的权利和利益的任何决策过程中是否事先征得他们的知情同意，并提供实例"，[1] 但是中国提交的首次报告却没有针锋相对地回答上述问题，而是泛泛地介绍了"新中国建立的过程""人民民主专政"的政治制度以及"新中国成立后土地改革"等情况，使报告的内容重点不突出，以致会影响审议的效果和对国家报告的整体评价，而此后的报告也没有进一步的全面阐释和补充信息。[2] 因此，条约机构频繁要求中国提供补充材料或者评价中国的报告缺乏翔实的资料。尽管上述问题是早期国家报告中存在的，这些写作技术方面的不足在最近几年的国家报告中得到了较为全面的改进，但是类似的问题仍然需要进一步完善。

综上所述，中国在撰写国家报告时存在的种种问题，一方面反映了中国在撰写报告时对于《协调准则》的理解还需要进一步深化；另一方面，也反映了中国在撰写报告方面资料、信息的缺乏等能力建设方面还需要进一步强化。对此，中国应该加大对于报告撰写要求的研究，积极参考他国经验和寻求国际技术支持，从而进一步提高国家报告及国际对话的质量，充分利用国家报告机制的对话平台开展国际人权交流。

2. 在提交国家报告方面

由于报告任务繁重，中国国家报告的延期问题值得进一步关注和完善。首先，在报告形式方面，中国未能严格按照每个报告周期及时提交

---

〔1〕 Committee on Economic, Social And Cultural Rights Guidelines on Treaty-Specific Documents to be Submitted by States Parties Under Articles 16 And 17 of The International Covenant on Economic, Social And Cultural Rights, UN Doc. E/C. 12/2008/2, para. 7-8.

〔2〕 Implementation of The International Covenant on Economic, Social And Cultural Rights, Initial reports submitted by States parties under articles 16 and 17 of the Covenant, Addendum, People's Republic of China, UN Doc. E/1990/5/Add. 59, 2004, para. 6-8; Implementation of The International Covenant on Economic, Social And Cultural Rights Initial Reports Submitted By States Parties Under Articles 16 And 17 Of The Covenant Addendum People's Republic Of China, UN Doc. E/C. 12/CHN/2, 2012. p. 4.

定期报告，而只能提交合并报告。其中，向消除对妇女歧视委员会提交了 3 份合并报告；向禁止种族歧视委员会提交了 5 份合并报告；向儿童权利委员会提交了 1 份合并报告。[1] 其次，报告时间方面，根据人权高专的统计，中国向条约机构递交的定期报告中多数存在 1~3 年的延期情况。例如，向禁止酷刑委员会提交的第 4 次报告延期了 5 年；向禁止对妇女歧视委员会提交的第 3~4 次合并报告延期 6 年；向禁止种族歧视委员会提交的第 10~13 次合并报告延期 2 年；向儿童权利委员会提交的第 2 次报告延期了 4 年。[2]

　　除此之外，中国提交的共同核心文件也缺乏适当的更新。中国于 1993 年和 2010 年向联合国提交的两份共同核心文件之间相隔 17 年之久。而在此期间，条约机构对中国履约报告的审议和对中国实施公约情况的评价只能参考中国于 1993 年提交的共同核心文件的内容。这一方面与《协调准则》关于"每逢条约机构要求提交具体条约文件时，就应尽力更新共同核心文件内容"[3] 的要求相去甚远。另一方面也不利于条约机构对于中国人权发展状况的认识，而且还会影响了他们对于中国保障人权所作的努力和进步的认可和评价。对此，消除种族歧视委员会在 2017 年对于中国递交的第 14~17 次合并报告进行审议后，提出了如下建议："委员会注意到，缔约国的共同核心文件是 2010 年提交的，目前正在对报告进行更新。委员会鼓励缔约国确保更新报告并符合关于国际人权条约下提交报告的协调准则，特别是有关共同核心文件的准则。"[4]

　　条约机制体系的日益庞大使国家报告的任务也随之徒增，这对于拥

---

〔1〕 http://tbinternet.ohchr.org/_ layouts/TreatyBodyExternal/Countries.aspx? CountryCode = CHN&Lang=CH，访问日期：2017 年 5 月 15 日。

〔2〕 http://tbinternet.ohchr.org/_ layouts/TreatyBodyExternal/Countries.aspx? CountryCode = CHN&Lang=CH，访问日期：2017 年 5 月 15 日。

〔3〕 Harmonized Guidelines on Reporting Under the International Human Rights Treaties, Including Guidelines on A Core Document and Treaty-Specific Documents, UN Doc. HRI/MC/2006/3, para. 17.

〔4〕 Concluding Observations on the Combined Fourteenth to Seventeenth Periodic Reports of China, UN Doc. CERD/C/CHN/CO/14-17.

有十几亿人口的中国而言，更是在统计数据、收集信息等方面提出了严峻的挑战。尽管延期报告的情况在世界范围内广泛存在，但是作为负责任的大国，中国还应竭力克服困难，力争垂范其他国家，从而不断提升国家报告等国际人权对话的能力。

3. 后续行动的问题

后续行动是各国在履行国家报告义务中的软肋，它反映了各国政府对于国别结论性意见的重视不足和实施不利，也反映了国家在履行国别结论性意见时的能力缺乏。后续行动同样是中国参与国家报告机制过程中应该加强的工作环节，从而进一步推动中国与条约机构的互动和对国别结论性意见的落实。早在 2004 年，消除对妇女歧视委员会就曾经建议中国"将本结论意见提交给所有相关的政府部委和人大，以确保全面执行"。[1] 近年来，随着中国履行国家报告义务的经验积累和国内人权事业的发展，特别是条约机制对于后续行动监督的强化，中国对于条约机构的国别结论性意见的执行也愈加重视，从后续行动的具体措施到对后续行动的报告都更加务实和详尽。例如，中国对于儿童权利委员会历次的国别结论性意见均给予了重视，并采取了一系列后续措施来实施。在首次报告后，中国根据相关建议，先后完善了一系列关于儿童权利的法律法规，加强对于儿童权利保障的措施，包括保障儿童权利的行动计划，建立健全有关出生登记的法律制度；建立关于儿童发展的监测系统和统计指标体系；建立关于收养问题的法律体系；修改《刑法》对未成年人的处罚的相关规定；批准《准予就业最低年龄公约》等公约，并在第 2 次定期报告中对于后续行动进行了详细的汇报。[2] 而对于第2 次国家报告的结论性意见，中国则采取了如下行动，并在第 3～4 次合并报告中进行了汇报：进一步完善各项立法，通过发布儿童发展纲要等政策和措施全面提高各项儿童权利；促进全民对公约的了解，鼓励社会

---

〔1〕 Concluding comments of the Committee on the Elimination of Discrimination against Women: China, UN Doc. CEDAW/C/CHN/5-6, para. 60.

〔2〕 Committee on The Rights Of The Child Consideration Of Reports Submitted By States Parties Under Article 44 Of The Convention, Second Periodic Report of States Parties Due in 1997, China, UN Doc. CRC/C/83/add. 9, para. 6, 8, 11, 19-20.

组织参与儿童权利保护；等等。[1]

当然，除了上述中国在后续行动中的进展之外，还有很多难题需要各部门充分重视和协调，从而进一步解决。过去几十年来条约机构对于中国提出的国别结论性意见，多数已经得到了落实，但是有的问题却始终悬而未决。此处以国内法中关于"歧视"概念的界定为例，而透视后续行动的复杂性和解决的必要性。

在联合国核心国际人权公约中，《消除对妇女一切形式歧视公约》和《消除一切形式种族歧视公约》都与反歧视制度和实践密切相关，因此，有关条约机构对于"歧视"概念在中国法律体系中的缺位问题一直"耿耿于怀"，并在国别结论性意见中屡次作出建议。例如，消除对妇女歧视委员会在中国第5~6次合并报告的结论性建议中提出，"委员会再次关切地注意到，中国国内立法仍未根据公约第1条对歧视妇女包括直接和间接歧视作出定义，这在委员会以往结论意见（A/54/38/Rev. 1）中已有提及，而且在2005年修订的《妇女权益保障法》中也没有这一定义。虽然公约是中国法律的组成部分，但委员会关切缔约国仍未明白作出这一定义的重要性，缺少一项专门的法律规定，会限制在缔约国充分适用公约对歧视的定义"。[2]而消除种族歧视委员会则在中国第10~13次合并报告的国别结论性意见中提到，"委员会注意到缔约国《宪法》第4条规定在缔约国各民族一律平等，但委员会重申其关切（A/56/18，上轮意见的第241段），缔约国国内法中仍没有一条完全符合公约的定义。委员会建议缔约国通过一项完全符合公约第1条第1款规定的全面的种族歧视的定义，禁止基于种族、肤色、世系或民族或人种的歧视。在这方面，委员会特别提请缔约国注意其关于对非公民

---

[1] Consideration of reports submitted by States parties under article 44 of the Convention Third and fourth periodic reports of States parties due in 2009, China, UN Doc. CRC/C/CHN/3-4, para. 6, 12, 15, 18, 20-21.

[2] Concluding comments of the Committee on the Elimination of Discrimination against Women: China, UN Doc. CEDAW/C/CHN/5-6, para. 9-10.

的歧视的第 30 号一般性建议（2004 年）"。[1]

对于上述建议，中国在向消除对妇女歧视委员会提交的第 7~8 次报告中答复："中国立法机构和中国政府对性别歧视和性别歧视的定义问题进行了深入研究，并在之后制定的法律和法律修正案中纳入或加强了公约的反歧视精神。"[2] 而对于消除种族歧视委员会的建议则在第 14~17 次国家报告中回复，"中国法律中禁止的'民族歧视'涵盖了委员会上述建议提及的各项歧视，符合公约第 1 条关于种族歧视的定义"。[3] 但是中国的上述观点未能有效说服有关委员会。其中，消除对妇女歧视委员会在嗣后的国别结论性意见中重申了先前的建议（CE-DAW/C/CHN/CO/6，第 10 段）并吁请缔约国按照《消除对妇女一切形式歧视公约》第 1 条的规定在本国立法中通过关于歧视妇女的全面定义，以确保妇女在生活的各个领域不会受到直接和间接的歧视。"尤其是，缔约国应当确保有适足的执行机制和制裁措施配合禁止基于性和/或性别的歧视。"[4] 而消除种族歧视委员会也再次敦促缔约国，"通过一项完全符合公约第 1 条第 1 款规定的全面的种族歧视的定义，禁止基于种族、肤色、世系或民族或人种的歧视，并建议修改国内法（特区法），全面遵照公约第 1 条的规定，明确界定一切形式的种族歧视，并将之入罪，在公共生活的所有领域明确禁止直接和间接的种族歧视，包括在执法和其他政府权力部门"。[5]

从中国与条约机构的上述交流来看，条约机构对于纳入歧视概念建

---

〔1〕 Consideration of Reports Submitted by States Parties Under Article 9 of the Convention, Concluding Observations Of the Committee on the Elimination of Racial Discrimination: China, UN Doc. CERD/C/CHN/CO/10-13.

〔2〕 Consideration of Reports Submitted by States Parties under Article 18 of the Convention on the Elimination of All Forms of Discrimination against Women, Combined Seventh and Eighth Periodic Report of States Parties, China, UN Doc. CEDAW/C/CHN/7-8, para. 53.

〔3〕 Concluding Observations on The Combined Fourteenth to Seventeenth Periodic Reports of China, UN Doc. CERD/C/CHN/CO/14-17.

〔4〕 Concluding Observations on the Combined Seventh and Eighth Periodic Reports of China, UN Doc. CEDAW/C/CHN/CO/7-8, para. 12-14.

〔5〕 Concluding Observations on the Combined Fourteenth to Seventeenth Periodic Reports of China, UN Doc. CERD/C/CHN/CO/14-17, para. 8.

议的不断重申，一方面表现出对于这一问题的关切，同时也反映了双方在这一问题上的认识差异。尽管"歧视"概念的缺位并没有影响中国在这一领域的人权保障和发展，但是中国对于国别结论性意见的回复显然差强人意，也没能阻挡住条约机构对于这一问题执着的关切。实践中，尽管中国的实践已经在实施国际人权标准，但是对于条约机构的建议却未能针对性地进行回应，这显然不利于维护中国的人权形象。此外，特别值得关注的是，2018 年消除种族歧视委员会的国别结论性意见已经不再单纯要求中国将"歧视的概念"纳入法律体系，而是进一步要求列明直接歧视和间接歧视的法律制度和实践，并提出了将歧视行为进行刑事处罚的建议；而消除对妇女歧视委员会对于性和性别少数群体平等问题的重视也已经超越了男女平等的范畴。这一系列围绕歧视概念衍生出的新的人权建议，将会使中国缺乏歧视概念的问题在此后的报告中愈加凸显。长此以往，一个源于反歧视的概念和立法技术上的差异可能会逐渐演化为制度和实践上的差距，这一问题和趋势颇值得进一步关注和切实的改变。因此，有关政府机关一方面应该积极采取措施，深入推动研究和实践，为相关法律的出台做出积极准备；另一方面应该强化在反歧视领域与条约机构的深入对话，从而帮助其全面理解中国在这一领域的制度和丰富的实践，全面回应相关关切。客观地讲，经过多年的发展，中国在保障男女平等、民族平等等方面已拥有诸多成就和经验，将中国的平等理念与国际标准相结合来阐释和说明中国在反歧视工作中的做法是非常重要的国际交流措施。对此，学界与实务界应该加强合作，全面梳理和深入探索中国在保障性别平等、民族平等方面的理论和制度体系，在发掘中国人权保障路径特色的同时，找到与国际标准的差距，从而更好地履行国际人权义务，全面推进中国与国际社会的人权对话和对各项人权的平等保障事业。

综上所述，中国在实施国家报告机制的后续行动方面存在如下问题：其一，对于国家报告义务以及对于条约机构的国别结论性意见的履行力度有待进一步增强。上述关于歧视概念的举例，不仅仅是一个后续行动的问题，还是公约的全面履行和整个国家报告机制顺利运行的重要问题。其二，缺乏非常有效的、积极跟进的后续行动的工作机制。尽管中国在国家报告撰写方面已经形成了一个较为完整的合作机制，但是在后续行动中尚没有积极的执行机制和监督机制，国别结论性意见的执行基本依靠各部委机关的自觉和主动，不免带有随意性和困难性。其三，在国家报告中缺乏对于后续行动实施状况的细致汇报，影响了条约机构对于我国落实国别结论性意见的评价。尽管近年来，中国在国家报告中对于后续行动已逐渐重视，并在现实中也确实采取了一系列措施来落实相关建议，但是这些工作并没有在国家报告中得到全面展现。对此，国内不但要对条约机构历年来不断重复的人权建议进行认真梳理和着重解决，而且还要提升对于这些人权建议在理论与制度上的回应，并形成切实有效的工作机制予以诸项落实，从而在推进条约机构对于国家报告积极评价的同时，借鉴国际经验，切实推进中国人权状况的提高。

3. 公众关注与参与问题

国家报告机制的设计理念一方面是开展国际人权对话，另一方面则是通过国家报告的撰写，发动政府与民间对话，并通过社会组织的监督来加强后续行动的实施，从而推进人权的发展。尽管非政府组织对于国家报告机制的参与可以说是风生水起，但是国内普通民众对这一国际机制所知甚少，对于国家报告、结论性意见不甚了解，对后续行动更是无从监督。为此，禁止酷刑委员会、儿童权利委员会、消除对妇女歧视委员会以及消除种族歧视委员会均在结论性意见中"促请缔约国将公约译成本国语言，通过官方网站、媒体和非政府组织广泛地分发其报告、对问题清单的答复、会议简要记录以及委员会的结论性意见，开展全面的宣传工作"。[1] 只有加大宣传和教育力度，才能提升公众的关注度以及参与性，从而切实发挥国家报告机制的实际作用。

上述对于中国实践的考察和分析，可以说是从国别视角对于缔约国

---

〔1〕 参见消除对妇女歧视委员会审议我国提交的第3~4第定期报告的结论性意见、禁止酷刑委员会审议我国提交的第4次定期报告的结论性意见、儿童权利委员会审议我国提交的初次和第2次定期报告的结论性意见以及消除种族歧视委员会审议我国提交的第5~7次、8~9次以及10~13次定期报告的结论性意见。

与条约机制合作情况的研究，既反映了条约机制自身存在的缺陷，同时也反映了缔约国在履约方面普遍存在的问题。就总体而言，条约机制与缔约国之间存在一定的紧张关系。一方面，条约机制通过国家报告等机制不断找出缔约国在保障人权方面的差距，并敦促完善；另一方面，缔约国在保障人权以及履行报告义务方面确实存在实际困难，需要不断努力提升，而两者的良性互动恰恰是推进人权发展一种方式。纵观中国与条约机构的合作实践，中国认真履行了相关国际义务，在推动国内人权状况不断发展的同时，取得积极的国际影响。近年来，无论是与国家报告程序的合作力度，还是从条约机构中的所占专家席位来讲，中国在条约机制中的参与度正在不断提升。当然在这些进步当中，仍然存在着需要进一步完善的空间。一方面，中国不仅要以身作则大力提升与国家报告机制的合作，还要针对国家报告延期等问题，推动条约机构的改革，努力简化报告义务，理顺报告义务间的重叠和无序问题，强化国际合作和技术支持，在世界范围内加强实施国家报告义务的能力建设，从而推动条约机构监督机制的工作效力和效率，为国家间的经验交流做出应有的贡献。另一方面，中国需要全面认识条约机制对于缔约国推进人权保障的期望和工作目标，结合本国的国情，有计划、有步骤地稳步推进相关工作，尽力符合条约机制的要求，支持其工作，从而共同推动世界人权的发展。

第四章　联合国人权机制的整合改革及中国对策

　　从建立至今，联合国人权机制已经发展成为一个非常庞大而复杂的体系，而且随着核心国际人权公约的缔结以及缔约国数量的激增，这个体系正在不断地膨胀之中。在过去几十年的发展中，尽管联合国人权机制对于实施和监督国际人权法以及推动各国的人权发展做出了巨大的贡献，但是其在运行和发展中所存在的问题也日显突出。除了该机制在设计上存在的一系列缺陷之外，日益繁重的人权保障工作与有限的资源之间的差距已经严重侵蚀了联合国人权机制的整体机能。举目四望，严重侵犯人权的事件在世界各地仍然时有发生；对经济、社会和文化权利的忽视在很多国家还相当普遍；国内的、区域的以及国际性的人权救济尚属稀缺资源；由于贫穷、腐败、恐怖主义、环境恶化等原因造成的人权侵害仍然是世界性的重大问题。由于缺乏政治意愿和国家合作，联合国人权机制在某些情况下无法正常运行，对于严重违反人权事件的监督失灵等原因，使联合国人权机制的实效性和价值备受质疑。因此，联合国自 20 世纪 90 年代就启动了各项改革，以提高整个机体的工作效率和监督能力。回顾和展望整个改革过程，一种资源整合的潮流势不可挡地凸显出来，它成为解决联合国人权机制现有矛盾的一种方法，也是支持和保障该机制在未来继续前行的必要措施。

第一节　联合国人权机制整合改革的必要性

一、资源与职能需求间的巨大差距

经过 60 多年的发展，联合国组织的成员国已从最初 51 个创始国[1]发展为 193 个。[2]截至 2012 年，世界上的所有国家都接受了 1 个以上的核心国际人权公约。而根据联合国秘书长于 2012 年发表的报告，加入 9 个核心国际人权公约及其议定书的缔约国总量已达 1953 个之多。[3]这样的监督规模让人们在欢欣鼓舞的同时，也为联合国人权机制所面临的巨大压力而担忧。联合国框架下的宪章机制和条约机制均面临着资源匮乏的窘境，以致在执行人权事务时捉襟见肘。超负荷的工作压力与联合国人权机制内的资源短缺，严重牵制了整个机制的发展。这种资源上的缺乏集中表现在人力资源和财政资源两个方面：

（一）人力资源的缺乏突出体现为人权专家以及行政人员的匮乏

联合国人权机制中的专家一般都是兼职的专业人士。这些专家只有在联合国规定的会议期间和被赋予特定人权使命的情况下，才参与到相关的人权事务中。尽管联合国成员国和条约缔约国逐年增加，但无论是宪章机制还是条约机制中的专家数量并没有得到成比例的增加。以条约机制为例，截至 2011 年，条约机构的专家总数为 172 人，与目前国际人权公约及其议定书的缔约国总量相比异常悬殊。如此数量规模的缔约国，如果都按照预定的报告周期提交国家报告，则条约机构平均每年将需要审查 320 份国家报告，如果再加上条约机构所承担的对个人和国家来文审查工作以及调查任务，条约机制的顺利运行更是岌岌可危，也因此导致了条约机构对于国家报告和个人来文的审议工作大大延后的局

---

〔1〕　饶戈平主编：《国际组织法》，北京大学出版社 1996 年版，第 37 页。

〔2〕　联合国网站：http：//www. un. org/en/sections/resources/delegates/index. html，访问日期：2017 年 5 月 20 日。

〔3〕　United Nations Reform：Measures and Proposals，Note by the Secretary-General，UN Doc. A/66/860，p. 15.

面。以 2011~2012 年为例，条约机构按照工作日程需要审查 246 份缔约
国报告以及 250 份个体申诉。同时，还有前期延迟提交或审议的 250 份
缔约国报告和 500 份个人来文有待审查，其超负荷和超积压的工作现状
可见一斑。[1] 此外，其他人力资源的配备不足也影响了整个联合国人
权机制的运转效率。众所周知，联合国人权机制的运行离不开人权高专
所提供的行政性事务的支持，而根据人权高专办对 2010 年工作量的分
析发现，人权高专办支持条约机构会议的在职工作人数与其所需工作人
员数量相差 30%。[2] 行政人员的缺乏也严重地影响了普遍定期审议机
制、特别程序、调查机制等宪章机制的正常运行。联合国只能通过减少
工作语言、减少翻译这样细枝末节的改革来节省资源，保证整个机制的
勉强运转，而这样的举措势必会影响非英语、法语及西班牙语国家的利
益，造成对于所有国家的不平等待遇。[3]

（二）财政资源的匮乏

人力资源的匮乏直接反映了整个联合国人权机制财政资源的不足。
除此之外，财政资源的匮乏还导致各种人权机制的会期严重不足，以致
无法应对大量的审议任务；无力承担专家的差旅费用，导致国家访问等
职能大大受限；不能及时、充分地准备会议文件及其翻译文件，从而影
响审议的质量；等等。以 2010~2011 年的财政经费为例，尽管该年度
整个联合国的经常预算高达 51 亿，但是拨给人权事务的经常预算只有
2970 万美元，即使再加上 960 万美元的自愿捐助，[4] 整个费用仍无法
满足联合国执行人权事务的各项需求。因此，联合国的相关预算拨款亟
待提高。

近年来，尽管面临着财政紧缩的严重影响，联合国仍然一丝不苟地

---

〔1〕 United Nations Reform：Measures and Proposals, Note by the Secretary-General, UN Doc. A/66/860, p. 19

〔2〕 United Nations Reform：Measures and Proposals, Note by the Secretary-General, UN Doc. A/66/860, para. 27.

〔3〕 Strengthening and Enhancing the Effective Functioning of the Human Rights Treaty Body System, UN Doc. A/RES/68/268, 2014, para. 30

〔4〕 United Nations Reform：Measures and Proposals, Note by the Secretary-General, UN Doc. A/66/860, para. 25.

按照国际人权法规定的基本原则完成条约各项义务。但是联合国人权机制对于节省成本的各种措施的运用几乎达到了边际效应的极致。整个联合国人权机制的运转都饱受财政支持不足的连累，以至于整个条约机制只能在84%的缔约国不服从报告义务的状况下才能勉强维持运转。[1]如果财政经费问题不能得到有效的解决，它将危及整个联合国人权机制的生存。

对此，有专家一针见血地指出，联合国人权机制现有问题的根本解决之道是加大对财政和人力资源的投入和供给，而不是在细枝末节上的斤斤计较。[2]而这一解决办法，联合国早在20世纪90年代就已经提出，[3]但是在人权事务仍具有高度敏感性，而国家的政治意愿严重不足的情况下，增加对人权事务财政支持的希望恐怕很难实现，也唯有通过整合联合国框架下的所有人权资源来改善资源不足的问题，才能进一步强化其监督能力和效率。

二、职能的重叠带来的任务冲突和重负

尽管联合国框架下的宪章机制和条约机制建立在不同的法律根据之上，总体上是相互补充、相辅相成的，但是随着各自的发展，两者无论在监督对象还是监督方法上的重合面却越来越大。例如普遍定期审查机制与国家报告机制的重叠，宪章机制和条约机制下的调查机制的重叠。此外，在宪章机制和条约机制内部，不同的人权机制也存在各种职能重叠，例如宪章机制中的特别程序与调查机制的职能边界含混不清、条约

---

〔1〕　United Nations Reform: Measures and Proposals, Note by the Secretary-General, UN Doc. A/66/860, para. 28.

〔2〕　Tania Baldwin-Pask, "Patirzia Scannella, The Unfinished Business of a Special Procedure", in M. Cherif Bassiouni and William A. Schabas, *New Challenges for the UN Human Rights Machinery*, Intersentia, 2011, p. 471.

〔3〕　在维也纳世界人权大会后，联合国有关加强人权机制的讨论就明确地指出，强化联合国人权监督的根本问题在于尽快加大对于人力和财力资源的投入。目前的资源规模无法支持联合国人权机制完成相应的人权监督任务，并造成了工作效率的严重拖拉。参见，World Conference on Human Rights-Facing Up to the Failures: Proposals for Improving the Protection of Human Rights by the United Nations, AI Index, 41/016/1992, in Tania Baldwin-Pask, Patirzia Scannella, The Unfinished Business of a Special Procedure, in M. Cherif Bassiouni and William A. Schabas, New Challenges for the UN Human Rights Machinery, Intersentia, 2011, p. 470.

机制中不同条约机构的职能交叉重复等。[1] 所有这些矛盾和冲突使原本已备受资源匮乏牵绊的联合国人权机制更加不堪重负，同时也给缔约国带来了沉重的工作负担。其中尤以国家报告机制为甚。对于缔约国而言，沉重的报告负担使多数国家不得不延期提交报告，甚至延期提交联合报告，以致报告周期由原来的 4~5 年延长为 8~10 年，乃至更久。因此，目前很少有核心国际人权条约的缔约国能够严格遵守每项条约所规定的报告周期来提交报告。即便在最后期限内给予了 1 年宽限期的情况下，仍然只有 1/3 的报告能够按时提交。[2] 向核心条约机构提交国家报告使很多缔约国背负了沉重的报告负担，特别是对于资源匮乏的发展中国家更是雪上加霜。因此，要求条约机制改革的呼声不绝于耳。

职能的重叠在增加工作负担的同时也带来了另一个弊端，就是各个人权机制间的结论性意见和建议存在部分冲突。当有的学者还在肯定普遍定期审议机制建立的积极意义时，有的学者已经开始批评该机制与国家报告机制彼此重复。后者一方面因为每个机制在同一人权问题上的不同态度和结论而忧虑，认为普遍定期审议机制作为政府间的审议机制，主要是政治代表通过政治方法完成的，在审议过程中政治考量多于专业性的考量，其结果导致对于一国人权状况的评估有可能不够客观或者比特别程序以及条约机制的建议和结论更加乐观，甚至相左，因此会影响其后两者建议的权威性，甚至淹没了后者提出的问题，更为国家不履行相关建议提供了借口。另一方面，对于不同条约机构在同一人权事项上的冲突性意见的批评就更加猛烈一些。由于不同公约对于同一人权存在重叠的规定和保障，因而赋予了条约机构相互交叠的管辖权。例如平等和禁止歧视几乎是所有公约都保障和规范的问题。实践中，人权事务委员会、禁止酷刑委员会、消除种族歧视委员会与儿童权利委员会、消除

---

〔1〕 在人权高专建立之前，条约机构之间没有任何的联系，也缺乏相互合作的意愿。尽管条约机构联席会议的设立为彼此之间的沟通和协助提供了机会，条约机构却始终没有能力来解决职能重叠等问题。Anne F. Bayefsky, *The UN Human Rights Treaty System：Universality at the Crossroads*, Transnational Publishers, 2001, p. 3.

〔2〕 United Nations Reform：Measures and Proposals, Note by the Secretary-General, UN Doc. A/66/860, para. 21.

妇女歧视委员会之间由于职能范围上的重叠而带来了对于同一人权问题的不同解释和结论，为一国解决人权问题提供了错综复杂的建议。例如，对于儿童的体罚和虐待问题，即属于禁止酷刑委员会、儿童权利委员会以及人权事务委员会共同的职能范围，[1] 而对于一个儿童的教育权问题则可能属于人权事务委员会，儿童权利委员会，经济、社会和文化权利委员会，消除妇女歧视委员会甚至是消除种族歧视委员会的管辖范围，并引起多方的讨论和建议。条约机构间职能的不同和管辖权的交叉不可避免地导致了对一国人权的建议比较凌乱而无法突出重点。例如针对德国警察向外国人暴力执法的问题，人权事务委员会建议建立独立专家机构进行调查，而消除种族歧视委员会认为应该加强有关人员的培训和严肃纪律。[2] 此外，在特别程序中，因专题任务之间[3]以及专题和国别任务之间的职能重叠而作出的矛盾性建议，更是让受访国家无所适从。[4]

三、后续行动监督机制和执行力的缺乏

国家对于联合国人权机制各项建议的实施，从某种程度上决定了该机制对于国际人权法的实施力度及其存在的价值。由于联合国人权机制乃至整个国际法的效力基础和实施机制主要依靠于各国的积极合作，因此，对于国家后续行动的监督是敦促国家采取行动解决人权问题、改善人权状况的重要途径和方法。但是后续行动监督机制的缺乏与运行不利

---

〔1〕 Consideration Of Reports Submitted By States Parties Under Article 44 Of The Convention：Convention On The Rights Of The Child：Concluding Observations Of The Committee On The Rights Of The Child：United Kingdom Of Great Britain And Northern Ireland，UN Doc. CRC/C/15/Add. 34；Consideration of Reports Submitted by States Parties Under Article 40 of the Covenant：Comments of The Human Rights Committee：United Kingdom Of Great Britain And Northern Ireland，Un Doc. CCPR/C/79/Add. 55. 另参见 Philip Alston and James Crawford ed.，*The Future of UN Human Rights Treaty Monitoring*，Cambridge University Press，2000，p. 386.

〔2〕 UN Doc. CERD/C/15/add. 43；UN Doc. CCPR/C/79/add. 72. in Philip Alston and James Crawford ed.，The Future of UN Human Rights Treaty Monitoring，Cambridge University Press，2000，p. 391.

〔3〕 例如，妇女歧视问题与暴力侵害妇女问题任务的重叠，健康权与食物权专题与适当生活水准与住房权专题的重叠等。

〔4〕 Surya P. Subedi，Protection of Human Rights through the Mechanism of UN Special Rapporteurs，in Human Rights Quarterly，Volume 33，Number 1，2011，p. 217.

却是整个联合国人权机制的软肋。[1] 其中，宪章机制普遍缺乏后续行动的监督机制。如新建立的普遍定期审议机制并未设立强制性的后续行动报告义务，因此，多数国家仅仅在下一轮审议时对落实建议的情况进行简要概述，即使内容简短或者空洞也不会受到任何的指摘。[2] 在特别程序中，专家通过书信督促缔约国履行建议的力度微乎其微，而后续的国别访问则往往受制于经费不足也无法成行。以 2004 年的统计为例，特别程序的专题和国别任务专家向原人权委员会提交了 100 多份关于 39 个国家人权发展状况的报告，并向共 142 个国家发出了 1300 份信函（指称函），涉及 4448 份个人案例，但是只有部分国家进行了回复或采取了后续的行动配合。[3] 此外，申诉程序及调查程序的后续行动同样也是无法推进的。尽管条约机构已普遍建立针对国家报告和个人来文程序的后续行动监督机制，但是以报告和约谈为主的主要工作方法却使其督促力度非常微弱。目前，联合国人权机制后续行动监督机制的短板严重影响了该机制对于国际人权法的实施力度，强化这一机制性的缺陷，还需结合各人权机制自身的制度建设，并打破现有的机制格局，建立机制间的合作，从而使国家的后续行动得到多元化的跟进和监督。

四、国家的不合作与监督职能的漏洞

尽管联合国人权机制已经建立起了一个庞大的体系，但是该体系并非完美，其中既存在人权职能的重叠，也存在监督职能的罅隙。由于每个机制在制度设计上各司其职，难免会造成监督空白，而国家的不合作

---

〔1〕 正如某些学者所言，希望国际人权机制能够发挥积极的监督作用的国家应该对于那些国家对于各种建议表现出来的一贯的冷漠和忽视，有所警觉。Philip Alston, "Reconceiving the UN Human Rights Regime: Challenges Confronting the New UN Human Rights Council", *Melbourne Journal of International Law*, vol. 6, 2006.

〔2〕 自愿提交报告截至 2015 年 9 月 30 日，58 个国家在自愿的基础上提交了普遍定期审议的中期报告。这些提交至人权高专办的报告按原样发布。54 个国家提交了与第一轮普遍定期审议期间所提建议相关的报告，还有 8 个国家提交了与第二轮审议期间所提建议相关的报告。4 个国家提交了与第一轮和第二轮审议期间所提建议相关的中期报告。http://www.ohchr.org/CH/HRBodies/UPR/PAGES/UPRImplementation.aspx

〔3〕 In Larger Freedom: Towards Development, Security and Human Rights for All, Addendum: Human Rights Council, UN Doc. A/59/2005/Add. 1

则更加剧了联合国人权机制的监督障碍。首先，在条约机制下，将所有国际人权公约的非缔约国拒之门外极大地限制了该机制的主体监督范围，而各条约机构间的职能分工又进一步缩小了其监督事项领域。此外，由于多数条约机构不具有调查的能力，条约机制对于缔约国的监督职能只能通过书面资料作出审议和建议不免有所偏颇，因此，条约机构需依靠其他人权机制提供的信息才能弥补其在监督职能上的不足。其次，尽管宪章机制能够监督所有国家和地区，但是其监督方法政治性大于法律性的特质也影响甚至剥夺了该机制的行动能力，使各项人权机制的运行举步维艰，严重限制了宪章机制的监督范围和力度。其中，原人权委员会的框架下的国别人权机制就是最好的例证，该机制因受到政治绑架而将监督对象集中于国家势力微弱的亚非拉国家，而后者的政治结盟曾使人权委员会对国别人权的审议彻底瘫痪。与此同时，特别程序也受到极大的牵连，从以往在国别人权任务设定上的政治斗争，到目前国别人权任务的逐渐凋零，都可以清楚地看到政治化问题在宪章机制中的负面作用，并造成了特别程序不可弥补的国别性的监督漏洞。[1] 此外，宪章机制框架下的某些人权机制运行也是需要其他人权机制和机构给予支撑和合作的。例如，特别程序主要是依靠专家个人来执行人权监督任务，然而专家无论进行国别访问还是其他形式的沟通与调查都需要人权高专的行政支持和联合国其他机构的合作和帮助。普遍定期审议机制的审查内容更是要倚重条约机制和专家机制提供的报告。因此，无论宪章机制还是条约机制都需要整合和利用机制内和机制间的资源才能很好地完成其人权职能，整个联合国人权机制内只有相互合作和优势互补，才能弥补监督漏洞，进而提升监督力度。

---

〔1〕 Tania Baldwin-Pask, Patirzia Scannella, "The Unfinished Business of a Special Procedure", in M. Cherif Bassiouni and William A. Schabas, *New Challenges for the UN Human Rights Machinery*, Intersentia, 2011, p. 430.

第二节　联合国人权机制整合改革的动力和进程

联合国人权机制在职能设计上的缺陷和在现实运行中的矛盾使其保障人权的职能受到诸多限制，而且工作效率低下。因此，该机制自 20 世纪 80 年代就开始不断地谋求革新以提高其工作力度和监督效力。冷战结束后，铁幕的倒塌使联合国人权机制迎来了快速发展时期，面对新的人权监督和保障任务，在反思以往实践的基础上，联合国开始酝酿完善人权职能的一系列措施。其中，于 1993 年在维也纳举行的世界人权大会对于加强联合国人权机制发挥了纲领性作用。在会上各国达成了根据未来发展的需要，不断加强和调整联合国人权机制，在促进其协调发展的同时，提高监督效力和效率的共识。[1] 维也纳人权会议的精神得到了联大第 55 届会议的肯定并通过了相关决议。在《维也纳人权宣言》的影响下，联合国人权机制启动了一系列加强联合国人权机制的改革措施，使整个机制的资源得到提升和整合。

在宪章机制下，针对人权问题政治化备受诟病的一系列问题，人权委员会成立了特别工作组来研究和推动该机构工作的有效性问题，并嗣后通过了如下决议[2]："①联合国人权机制中任何一个组成部分都不能脱离整体或者独立于其他机制而存在。②在保持人权机制具有稳定性的同时也应该不断地进行革新。③公民、政治权利以及经济、社会和文化权利应该在联合国人权机制框架中予以平等保障。"该决议明确宣示了人权保障的统一性原则，以及联合国人权机制的相互依赖性和整体性，从而为未来整合联合国内部的人权资源奠定了思想和制度基础。但是此后几年的实践表明，联合国针对人权委员会的改革措施收效甚微，该委员会的政治化问题积重难返，已无法应对新的人权需求，因此，宪章机

---

〔1〕　Janusz Synibudes, *Human Rights*: *International Protection*, *Monitoring*, *Enforcement*, UNESCO Publishing, p. 11.

〔2〕　UN Doc. E. CN. 4/DEC/2000/109.

制从结构上的根本改革势在必行。

一、宪章机制的改革与人权主流化

对于宪章机制的改革是镶嵌在联合国的整体改革之中进行的。1997年，面对联合国禁止使用武力原则的实施不利，人权委员会的政治化问题以及无力应对人道主义灾难事件的窘境，联合国开始推行整体改革。但是由于国际政治的复杂性，改革的思路并未在世界各国间达成共识，并遇到了巨大的阻力。值得庆幸的是，人权领域的改革却"一枝独放"，取得了较为成功的改革成果。

人权主流化思想是推动联合国宪章机制改革的内在强大动力，它从战略高度上擢升了人权在联合国事务中的地位，为宪章机制乃至整个联合国人权机制的资源整合和整体提升奠定了基础。1997年，前联合国秘书长安南在向联大提出的《革新联合国：改革方案》的报告中，首度提出了人权问题主流化的思想。报告认为人权不仅是促进和平与安全以及经济繁荣和社会公正方面的重要因素，而且是跨越联合国主要事务的重要主题，因此，要进一步加强人权建设，并且将人权纳入联合国的各项活动。[1] 此后，安南秘书长又在名为《大自由：实现人人共享的发展、安全和人权》的报告中，进一步论述了人权主流化的思想，并确定人权与安全、发展并列成为联合国人权事务的三大支柱，切实提高人权问题在联合国组织中的地位。报告认为："发展、安全和人权不仅都有必要，而且互为推动。我们处在一个技术突飞猛进、经济日益相互依存、全球化及地缘政治巨变的时代。在这一时代，发展、安全和人权之间的关系更加密切……没有安全，我们就无法享有发展；没有发展，我们就无法享有安全；不尊重人权，我们既不能享有安全，也不能享有发展。除非这些事业齐头并进，否则其中任何一项事业都不会成功。"在此基础上，联合国秘书长进一步提出了建立人权理事会以及普遍定期审

---

〔1〕　Reviewing the United Nations: A Programme for Reform, UN Doc. A/51/950, pp. 78~79.

议机制的建议，从而将人权提升到《联合国宪章》原本赋予的优先地位。[1]

在人权主流化思想和联合国秘书长报告的共同推动下，联合国采取了一系列改革措施。首先，建立人权理事会取代人权委员会，有效地提高人权机构的地位，而普遍定期审议机制的引入则加强了人权监督的公平性。同时，对原有监督机制的规范化和完善，整合了内部资源，强化了宪章机制的运行效力和效率。其次，进一步提升了人权高专在联合国组织中的地位，加强了该机构在人权问题上的领导权威，及与其他机构和专门组织的联系和合作，从而大力推动人权主流化进程，并对联合国框架内的人权资源进行有效的整合。这些举措包括，人权高专参与联合国主要机构的会议；与专门机构及组织签订人权谅解备忘录，促使这些组织将人权原则有效纳入其职责当中。[2]

人权主流化思想不仅为联合国的改革奠定了重要的基础，而且也为整个联合国人权机制的整合提供了条件。人权主流化的核心思想就是将人权原则纳入联合国的各项事务以及各机构决策之中，使人权成为联合国工作的原则性指导。人权主流化不仅有效地促动了联合国人权机制内部整合，而且还在更高层面上实现了对安全与发展两个主题及相关人权资源的整合。首先，对安全主题的整合，使维护人权成为联合国维和行动中的重要目标和举措，同时也成为继维持和平任务之后，缔造和平的重要砝码，对于人权的保障不仅为维和行动带来了重要的道义支持和行动指南，也为安理会和整个联合国干预严重侵犯人权的事件，提供了人权调查和人道主义救助的机会。其次，对于发展主题的整合使人权原则成为实现发展的重要原则。《2030年可持续发展议程》明确了人权与发展的关系问题，揭示了两者之间存在目标重合相辅相成的关系。联合国强调通过人权途径来实现发展目标，一方面旨在取得更为全面的发展成

---

〔1〕 In Larger Freedom: towards Development, Security and Human Rights for all, Addendum: Human Rights Council, Explanatory note by the Secretary-General, UN Doc. A/59/2005/Add. 1, para. 1.

〔2〕 BG Ramcharan, The Future of the UN High Commissioner for Human Rights, vol. 94, No. 1, pp. 98~108.

果，通过人权原则矫正发展中的不足，为发展带来附加值。另一方面，也旨在使人权水平的提高能够受益于发展带来的成果和资源。例如联合国开发计划署将人权原则纳入项目规划就极大地推动了人权目标的实现和人权保障的提高。

总之，人权与安全和发展两个主题的紧密结合是人权主流化的巨大成果和愿景，它为联合国人权机制整合提供了核心价值和内在动力，从而有助于该机制借力整个联合国组织的资源来实现保障人权的职能。

二、加强条约机制监督作用的改革

联合国解决条约机制运行困境的相关决策可以追溯到 1988 年通过的第 43/115 号决议。[1] 根据该决议，联合国秘书长指派了菲利普·阿尔斯通教授为特别报告员就改革条约机构提交建议报告。阿尔斯通教授分别于 1989 年、1993 年和 1997 年提交了三份报告，分析了造成缔约国和条约机构工作负担过重的情况和原因，以及条约机构工作效率低下和资源匮乏的困境，指出了条约机构间职能的重复和缔约国的增多进一步加重了条约机构的运行负荷的矛盾，并在此基础上提出了延长会期、增加经费、扩充信息源、允许国家对同一信息的交叉引用以减少缔约国负担等改善条约机制的短期性建议，以及合并人权报告乃至建立统一的条约机构、加强条约机构与人权高专的合作等长期性建议。[2]

为了评估和采纳专家的建议，特别是配合和推动联合国秘书长提出的改革建议的实施，人权高专召开了两次关于条约机构改革的会议，后被称为两次马尔邦会议，从而完善了条约机制。

第一次马尔邦会议主要是针对秘书长在《加强联合国：进一步改革纲领》报告中提出的建议的讨论。秘书长提出通过两个途径来改革条约

---

〔1〕　Reporting Obligation of States Parties to International Instrument on Human Rights and Effective Functioning of Bodies Established Pursuant to Such Instruments, UN Doc. A/RES/43/115.

〔2〕　Effective Implementation of International Instrument on Human Rights, Including Reporting Obligation under International Instrument on Human Rights Annex, UN Doc. A/44/668; Interim Report on Updated Study by Mr. Philip Alston, UN Doc. A/CONF. 157/PC/62/Add. 11/Res. 11/Rev. 1, Addendum; Final Report on Enhancing the Long-term Effectiveness of the United Nations Human Rights Treaty System, UN Doc. E/CN. 4/1997/74.

机构，一是建议统一和规范现有的报告制度，促进各种报告和审议活动协调一致；二是建议提交合并报告，允许缔约国提交一份单一报告来汇报对所有加入的国际人权公约的实施情况。[1] 马尔邦会议对于第一种方法给予认可的同时，否认了第二种方法，因为与会者担忧单一报告可能缺乏针对性、忽视各种人权问题和各种弱势群体。[2]

第二次马尔邦会议是在联合国秘书长发表了《大自由：实现人人共享的发展、安全与人权》报告的大背景之下召开的，是以建立统一的条约机构为主题的会议。联合国秘书长的报告再次提出了"制定统一的报告准则，并使这些机构能够作为统一的系统运行"的想法。[3] 应报告要求，人权高专编写了《行动计划》，详述了设立统一的人权条约机构的必要性。[4] 联合国秘书长随后提交了《关于高级专员设立统一常设条约机构建议的构想文件》，阐述了条约机构的改革方案。[5] 但是正如第一次马尔邦会议的结论，与会者对于建立统一的条约机构的设想仍持否定态度。

尽管建立统一的条约机构的建议被束之高阁，但是人权高专对于条约机制改革的决心却没有动摇，在反思前期工作和总结专家建议以及各轮会议的讨论结论后，人权高专于 2009 年启动了"加强条约机构的进程"，以期进一步简化和加强条约机构，并建立一个高效、可持续的条

〔1〕 Strengthening of the United Nations: An Agenda for Further Change, Report of the Secretary-General, UN Doc. A/57/387, para. 54.

〔2〕 Background Note on the Secretary-General Proposals for Reform of the Treaty Body System, UN Doc. HRI/ICM/2003/3

〔3〕 In Larger Freedom: towards Development, Security and Human Rights for all, Report of the Secretary-General, UN Doc. S/59/2005, para. 147

〔4〕 Plan of Action Submitted by the United Nations High Commissioner for the Human Rights, Report of the Secretary-General, UN Doc. S/59/2005/Add. 3

〔5〕 Concept Paper on the High Commissioner's Proposal for a United Standing Treaty Body, UN Doc. HRI/MC/2006/2.

约机构体系。[1] 在这一进程中，人权高专组织了多次协商会议，邀请了条约机构专家、缔约国、联合国有关机构及专门机构、国家人权机构以及民间非政府组织就加强条约机构进行共同讨论。2012 年 6 月，人权高专将协商会议得出的意见和建议进行汇总和筛选，撰写了《关于加强联合国人权条约机构体系的报告》，[2] 并由联合国秘书长提交联合国大会审议。[3] 目前，联合国大会已就减轻缔约国负担，强化条约机构的监督能力等建议通过了相关决议。[4]

第三节　联合国人权机制整合改革的路径及作用

纵观联合国人权机制的发展历史，各个人权机制在运行之初，为了显示其建立的必要性和独特性，常常强调它们之间的不同作用，而在实践中缺乏彼此的联系与合作。但是这种“各自为政”的情况自 20 世纪末开始，特别是在联合国提出了人权主流化的思想，以及建立了人权理事会之后有所转变，一种旨在强化协调与合作的整合趋势，正在每个人权机制内部、各人权机制之间以及人权机制与联合国的其他机构的合作中逐渐形成，联合国人权机制的整体监督力度得到显著的强化。

---

〔1〕 2012 年 2 月 23 日第 66/254 号决议，其中启动了大会关于加强和增进人权条约机构体系有效运作政府间进程，及其延长政府间进程的 2012 年 9 月 17 日第 66/295 号和 2013 年 9 月 20 日第 68/2 号决议，Intergovernmental Process of the General Assembly on Strengthening and Enhancing The Effective Functioning of the Human Rights Treaty Body System, UN Doc. A/RES/66/254. 15, 2012; Strengthening and enhancing the effective functioning of the human rights treaty body system, UN Doc. A/RES/68/268, 2014; Extension of the Intergovernmental Process of the General Assembly on Strengthening and Enhancing the Effective Functioning of the Human Rights Treaty Body System, UN Doc. A/RES/66/295, 2012.

〔2〕 Navanethem Pillaym, Strengthening the United Nations Human Rights Treaty Body System: A Report by the United Nations High Commissioner for Human Rights, 2012.

〔3〕 United Nations Reform: Measures and Proposals, Note by the Secretary-General, UN Doc. A/66/860.

〔4〕 Strengthening and Enhancing the Effective Functioning of the Human Rights Treaty Body System, UN Doc. A/RES/68/268, 2014.

一、联合国人权机制整合的路径

（一）每个人权机制内部的整合

联合国人权机制的整合首先发端于每个人权机制内部。各个机制采取了不同的路径以强化其监督的力度、持续性和内在凝聚力。以特别程序为例，尽管该机制为了优化资源的利用，要求专题任务和国别任务专家尽量选择不同的国家和区域以及不同的人权专题作为各自的任务目标，但是与此同时，也日渐鼓励承担不同任务的专家之间展开合作，以增强监督的影响力。回首特别程序的运行伊始，承担各种人权任务的专家之间几乎没有任何的沟通与合作，而这种情况在很长一段时间内也没有得到改善，直到人权理事会成立后，随着《联合国特别程序行动手册》和《人权理事会特别程序任务负责人行为守则》的通过以及特别程序咨询委员会的建立,[1] 特别程序的内部协调与合作机制才得以实现。新建立的咨询委员会，不仅强化了特别程序自身的常设性，同时也为该机制框架下各项人权任务的有序进行以及彼此合作提供了组织支持。该机构通过为各专家提供特别程序的工作信息、建议、工作简报以及召集联系工作会议等方式，促进了专家间的工作信息和经验的交流，提供了彼此合作的机会和平台。除此之外，为了扩大特别程序在处理人权问题上的影响力，《联合国特别程序行动手册》还积极鼓励专家发表联合来文以提高国际社会和当事国对于有关人权事件的关注,[2]并通过特别程序的年度会议来强化专题和国别任务专家间的信息沟通、业务交流和相互协助。

另一个令人瞩目的人权机制内的整合发生于整个条约机构内部。如前文所示，条约机构正在酝酿一场旨在全面提升条约机制的监督能力和

---

〔1〕 Manual of Operations of the Special Procedures of the Human Rights Council, http：// www. ohchr. org/Documents/HRBodies/SP/Manual_Operations2008. pdf；Code of Conduct for Special Procedures Mandate-holders of the Human Rights Council, art. 4 (1), UN doc. A/HRC/RES/ 5/2, 2007.

〔2〕 Manual of Operations of the Special Procedures of the Human Rights Council, para. 115.

工作效率，并辐射整个联合国人权机制的深入改革。[1] 这些措施包括协调各条约机构的报告义务，改革共同核心报告和规范各专项定期报告；举行条约机构联席会议，强化条约机构合作的措施，以及协调各条约机构报告周期等。根据人权高专制定的《综合报告日程表》，条约机构的所有缔约国被分组后，按照既定的顺序向条约机构递交国家报告。即，第一年向人权事务委员会和经济、社会和文化权利委员会提交报告，第二年向儿童权利委员会递交报告，第三年向禁止酷刑委员会和强迫失踪问题委员会提交报告，第四年向消除种族歧视委员会和消除对妇女歧视委员会提交报告，第五年向保护所有移徙工人及其家庭成员权利委员会、残疾人权利委员会提交报告。国家在完成了向条约机制进行报告的义务之后，再向宪章机制下的普遍定期审议机制递交国家报告并接受审议。对《综合报告日程表》的实施，不仅能够减少缔约国和条约机构的工作负荷，而且还能让整个报告机制有序、合理地运行，从而真正实现国家报告机制的监督目的。此外，条约机构要求国家报告应汇报对于个人来文和国家报告机制的建议实施情况的做法，也极大地促进了报告机制自身及其对个人来文机制的资源整合。这一系列改革不仅理顺了条约机构之间的报告义务并通过加强彼此之间的合作和协调发展，促进了条约机制的整体发展，加强了条约机构的监督能力。

（二）联合国人权机制之间的整合

联合国人权机制是一个有机的整体，每个机制内部的整合必将延伸到机制之间的联系与合作。而普遍定期审议机制的建立及运行恰似这种机制间整合趋势的一个缩影。普遍定期审议机制之所以被认为最具代表性，是因为该机制的运行正是整合其他人权机制资源的结果。为了全面审查一国人权状况，普遍审议机制制定了最为全面的审查内容。其不仅审查国家提供的报告，还审查由联合国人权高专编纂的主要反映该国在

---

〔1〕 United Nations Reform: Measures and Proposals, Note by the Secretary-General, UN Doc. A/66/860; Report of the Secretary-General, Measures to Improve further the Effectiveness, Harmonization and Reform of the Treaty Body System, UN Doc. A/66/344.

条约机制和特别程序中实践的报告以及非政府组织递交的人权报告。[1]
普遍定期审议机制通过对三份报告的审议实现了对特别程序、条约机制
与人权高专等人权机构以及非政府组织的整合，并实现了共赢的效果。
一方面，上述机制或机构提交的报告为普遍审议机制提供了较为全面的
人权信息，为该机制审查和评估一国人权状况提供了前提和基础。另一
方面，普遍定期审议机制对于上述机制和机构报告的审议，实际上为它
们的工作成果提供了一个更大的展示平台，起到了增强各机制监督效果
的作用。从这个意义上讲，普遍审议机制就是其他机制后续行动的一部
分，为强化其后续执行力提供了可能。

除此之外，特别程序与条约机制的合作也是可圈可点的，并呈现出
多样化态势。其中，特别程序的贡献主要在于提供有关国家和人权问题
的翔实信息，包括国家人权保障的制度和现状及其对于国际人权法的适
用情况，为条约机制对一国人权状况的审查和建议提供参考和根据，并
为条约机制编纂一般性意见提供意见和建议。特别程序对于人权状况的
调查和研究日渐为整个联合国人权机制所重视，任务专家不仅列席条约
机构审议国家报告的会议，而且还被邀请列席安理会有关一国安全形势
及维和行动等方面的会议，并应邀提供国别人权信息，帮助这些机构对
国别人权状况以及严重侵犯人权事件做出判断。另外，由于《联合国特
别程序行动手册》鼓励特别程序专家关注条约机构在国家报告机制中发
布的国别结论性意见，并从中寻找适当的工作重点。[2] 因此，特别程
序有可能成为国家报告机制的后续行动。而条约机制对于特别程序的贡
献则表现于，向特别专家提供必要的信息，[3] 以及在必要时，为国别
任务专家提供法律咨询意见，以及通过对特别程序专家提供的人权信息
的参考和利用，来延续和强化其工作成果。而特别程序与条约机制的合
作还通过召开联席工作会议而得到进一步的加强，借此交流的平台，两

---

[1] Institution-building of the United Nations Human Rights Council, A/HRC/5/1, para. 15.

[2] Manual of Operations of the Special Procedures of the Human Rights Council, para. 119.

[3] Commission on Human Rights Resolution 1994/45, para. 7 (a).

个机制不仅互相通报了工作信息，还为谋求彼此间的合作提供了机会。[1] 除此之外，条约机构还会督促缔约国加强与特别程序的合作。通常情况下，一个条约机构在审理缔约国报告时，对于特别程序专家提供的有关该国的报告只是作为背景材料进行考量。但是，当该国拒绝与特别报告员进行合作时，条约机构可能明确提醒其加强与特别程序的合作。

（三）对联合国其他机关、派出机构和非政府组织的整合

联合国人权机制的整合趋势还超越自身的框架，扩展至整个联合国组织及非政府组织。得益于人权主流化进程，联合国人权机制与联合国其他机构的合作也在日益增强，从而实现对有关资源的整合利用，使人权问题嵌入整个联合国的工作框架中进行发展。

联合国人权高专为了进一步推动联合国人权机制的发展，着力采取各种措施来强化其他机构对于人权机制的支持与合作。人权高专一方面加强与联合国内部机构和专门机构的联系，强化在联合国对人权事务中的政治领导力；另一方面，积极促进联合国人权机制与联合国内部机关、专门机构以及联合国派出机关的联系与合作。为了进一步推进人权主流化进程，人权高专不仅积极参与联合国主要机构的会议，而且与联合国专门机构分别签订了人权备忘录，将人权原则和人权事务纳入各机构的工作目标中，从而促进整个联合国组织对于人权的保障和监督。其中，联合国计划发展署努力结合人权理念推进发展目标，极大地促进了人权指标的提升，使人权与发展相辅相成、共同发展。此外，许多发展基金，例如联合国青少年发展基金就直接承担了促进儿童权利发展的一些任务，有力地推进了儿童权利的提高，并对国家保障儿童权利的问题形成有效的监督。除此之外，人权高专还特别重视利用联合国派出机构配合联合国人权机制的监督工作，并于 1998 年和联合国国家工作组签

---

[1] Manual of Operations of the Special Procedures of the Human Rights Council, para. 120; Rodley, "United Naitons Treaty Bodies System and Special Procedures on the Commission on Human Rights-Complementarity or Competition?" *Human Rights Quarterly*, vol. 25, No. 4, 2003, pp. 882-908.

订了一个《关系指南》[1]，为条约机制、特别程序与国家工作组的合作提供了指导性说明，明确和理顺了联合国人权机制与联合国派出机关之间在工作上的关系和联系，并指明了可能的合作机会和方式等问题，从而将人权问题融入联合国对一国的总体战略发展之中，促进了人权事务的主流化。

关于对非政府组织的整合问题，联合国人权机制在建立伊始就非常注意利用非政府组织的资源强化自身对于人权的保障和监督能力。因此，无论是特别程序、来文审查机制、调查机制还是国家报告机制、个人来文机制都与非政府组织有着一段较长的合作历史，而普遍定期审议机制的建立，无疑将对非政府组织资源的整合推向了一个更高的阶段，它表明了国际社会对于非政府组织在国际和国内层面所具备的人权监督作用的认可。目前非政府组织在联合国人权机制无法触及、无力监督的国家和地区的人权问题上，发挥着探针和桥梁似的作用，在协调各方利益的同时，协助联合国人权机制发挥监督作用，从而逐渐推动人权的发展进程。

二、联合国人权机制整合改革的作用

（一）提升监督的整体性和统一性

整合联合国人权机制的最大作用就是使联合国乃至世界范围内的人权资源得到重新配置，改变各机制间各自为政的松散局面，强化机制、各机构以及与非政府组织的合作，以期弥补该机制存在的监督漏洞，从而对缔约国形成更为全面的、统一的监督。

对联合国人权机制全方位的整合，弥合了每个人权机制在职能上的差异和局限性，强化其监督职能，使整个联合国人权机制的监督效果实现增值。这种整合加强了各机制间彼此的分工合作和职能互补，实现了在相同人权事务上共同发力的格局，提升了联合国人权机制作为一个整体进行监督的功能性和增值性，推动了人权监督的统一性和一致性。具体而言，体现在如下两个方面：其一，整合使整个联合国人权机制所拥

---

[1] Manual of Operations of the Special Procedures of the Human Rights Council, para. 123-126.

有的人力、物力和智力资源得到更为合理的配置，优化了资源的利用率。在彼此合作的过程中，各人权机制利用自身资源为彼此的人权监督职能提供多种支持和协助，从而实现优势互补和密切合作。以特别程序为例，执行国别访问任务的专家在信息收集方面具有独特的优势，但是其在审查力度、国际影响力及国家的合作意愿方面都有所欠缺。而特别程序的这些优势和弱点恰恰可以通过联合国人权机制的整合得到极大地发挥和弥补，从而与其他联合国人权机制形成互补。例如，人权高专专门编制了《关于特别程序的普遍定期审议建议（2008～2013年）》，综述了世界各国在普遍定期审议机制中所接受的关于加强与特别程序合作的所有建议，它们清楚地展示了特别程序借力普遍审议机制强化自身发展的进程和成果。这些建议敦促国家对国别访问的接受；向特别程序提供长期访问邀请；以及加强与特别程序专家的合作；等等。[1] 鉴于条约机制和普遍定期审议机制都缺乏独立调查的能力，特别程序的调查结果恰好能够为两者所充分利用，帮助其完成监督职能。而条约机制和普遍定期审议机制则为特别程序延续其监督作用提供了一个更大的"舞台"，强化了特别程序的实施力度，实现了共赢。其二，各个人权机制间沟通与合作的加强，有利于推动彼此采用相一致的国际人权标准来进行人权监督，并在相互参照的基础上，提供相互包容且并行不悖的建议，从而提升整个联合国人权机制监督的一致性。

（二）提升监督效率和协调性

联合国人权机制的整合提升了其监督效率和协调性。

第一，整合使各机制掌握的人权信息得到广泛传播和充分利用，信息共享使整个联合国人权机制不仅节省了大量的人力、物力和时间等资源，减少整个联合国人权机制的运行成本，而且能够弥补某些机制在调查职能上的缺憾，而促进多方面人权信息的汇集，则为联合国全面评估一国人权状况和问题提供了较为全面的数据和客观的基础。

第二，简化了监督程序，精简了国家接受监督的各项程序性义务，

―――――――――

〔1〕 UPR/SPB Review Table 1st and 2nd Cycle Recommendation on Special Procedure（2008～April 2013）.

减轻了联合国人权机制的工作负荷。在加强条约机构的监督作用的进程中，无论是最初关于提交核心共同报告的改革，还是对于对合并报告的接受，以及建立统一的报告制度以及条约机构的讨论，无不体现了联合国和各国减少条约机制工作负担的思路和设想。此外，人权高专新近建设的各国人权信息平台，更是开创性地将普遍定期审议机制和国家报告机制的国别结论性意见一并呈现给每个国家，以便其加以综合实施，为各国采取后续行动改善人权状况提供了方便。

第三，理顺监督工作，提高效率，促进协调发展。这种人权机制及其职能的协调主要体现在三个方面：一是每个机制内各项任务和各个机构的彼此协调；二是各机制之间的相互协调；三是联合国人权机制与整个联合国人权发展战略的总体协调。而这三方面的协调则有助于实现如下三个目标：首先，理顺各机制内每项任务的关系和工作秩序，避免简单重复，促进任务布局的合理性，增强任务实施的合作性。其次，协调各机制间的工作步伐，寻求共同关注的人权问题，在保持任务独立的前提下，彼此借力，集中发力，着力解决突出的人权问题。在增强整体监督力度的同时，提高工作效率，实现事半功倍的效果。最后，顺应联合国对于人权事务推动和发展的形势，与联合国在人权领域的总体发展战略相契合，借力整个联合国的力量和资源，在增强联合国人权机制实施力的同时，共同推动人权问题在联合国事务中的主流化进程。

（三）增强监督的持续性

联合国人权机制的整合同样可以整体增强实施机制的后续执行能力，强化监督的持续性。联合国人权机制的实施效果是评估该体系有效性的重要指标之一，而监督的持续性则能够强化联合国人权机制的实施效力。实践中，无论是普遍定期审议机制对特别程序和条约机制所关注的人权问题的再聚焦，还是特别程序和条约机制对普遍定期审议机制建议的利用；无论是条约机构对于特别程序所提供的人权信息的采用，还是特别程序专家以条约机构的国别结论性意见为指引所开展的人权调查；无论是联合国人权机制与联合国组织专门机构以及派出机构工作的配合，还是通过与非政府组织的合作，实现对信息收集、后续行动的落实以及对国家的人权监督的强化，都是联合国人权机制整合及综合利用资源，提升监督力度和持续性的最好例证，而监督持续性的提升，必然能够增强该机制的整体监督效力和效率。

第四节　联合国人权机制整合改革的挑战及中国对策

联合国人权机制的整合一方面能够提高联合国人权机制的监督机制的统一性、持续性和实效性，另一方面也为各国实践带来挑战。对此，有必要关注联合国人权机制在发展中的这一新趋势，洞察其中的变化和价值增量，分析这一变革带来的挑战，从而适当调整中国的相关做法，进一步完善在联合国人权机制内的实践，提升国际人权形象。

一、联合国人权机制整合改革的挑战

（一）整体监督与部门应对监督之间的冲突

在整合的过程中，联合国人权机制旨在通过充分利用所有的资源和每个机制的优势，对一国人权状况实现系统的、整体的和全方位的监督。对此，各国只有通过国内机关通力合作，形成一个团结的整体来接受监督，才能迎接这一挑战。但是多数国家均缺乏一个完整的工作机制来应对联合国的整体性监督。在各国的实践中，接受联合国人权机制监督的任务常常被交付外交部来独自完成，其他国家部门无法给予有力的支持，从而给前者带来了不堪重负的压力。作为负责国家外交事务的部门，尽管外交部在国际层面代表国家参与联合国人权机制的主要工作，参与国际人权公约的编纂或者人权问题的审议等，但是该部门在国际人权法领域的职能却更多地侧重于"上传下达"的对外宣传和联络作用。一方面，外交部将中国的人权状况和履行国际人权义务的情况报告给联合国人权机制，同时，也把国际人权标准和信息传递给国内社会。另一方面，外交部在组织国内机关参与联合国人权机制方面发挥牵头作用，主导一国在国际人权问题上的实践。但是，由于外交部自身并不承担保障人权的主要责任，因此，该部门在国际层面代表国家接受联合国人权

机制监督的工作，从根本上要依赖与其他国家机关的通力合作。只有国内各实务部门将人权保障到位，外交部才能向国际社会提交合格的人权答卷，从而提升国家的整体人权形象。然而现实中，由于国际人权法在国内法中的地位及其适用的问题，以及国内机关对于联合国人权机制缺乏深入了解等原因，很多国内机关无法全面意识到自身所承担的国际人权义务，更不必论及接受和遵循联合国人权机制的建议，采取后续行动改善国内人权及其他合作义务了。

（二）持续性监督和断续性实践之间的冲突

联合国人权机制在设计上希望通过多种人权机制的运行促使各国的人权状况实现持续的发展态势，但是多数国家并没有给予这种监督的持续性以足够的重视，因而在联合国人权机制中的实践出现断续性问题。以国家报告机制为例，条约机构旨在通过定期的国家报告以及国家对于条约机构的国别性结论意见的履行，来推动国内的人权状况呈不间断地、螺旋形上升的趋势。但是，多数国家在国家报告机制方面的实践却是将其视为阶段性工作，忽视了后续行动的环节，没有充分意识到每一轮对国家报告的审议既是对一国过去 4~5 年人权保障状况的阶段性评估，更是新一轮报告周期的开始，这期间报告国除了一如既往地履行国际人权公约之外，还需要根据上一轮的国别性结论意见采取相关的改善措施，并在此基础上推动国内人权的发展。而持续性监督和断续性实践之间的冲突，使联合国人权机制的监督目标无法有序实现，导致监督效率的降低，某些人权问题不断重复出现，迟迟得不到改善。这种冲突既体现了各国对于国家报告机制在认识上的缺陷，也反映了国内机关之间在履行后续行动问题上所应有的协调和合作机制的缺失。而这些问题都会在联合人权保障体系整合的过程中不断被放大，从而影响对于各国与国家报告机制合作状况的评价以及对国内人权状况的有效提高。

（三）全面监督和部分接受监督之间的冲突

尽管联合国人权机制中的各项人权机制具有不同的职能、监督对象和运作机制，但是其保障人权的宗旨和目标却是一致的，而整合的趋势恰好将这些机制联合成一个有机的整体发挥作用。此外，联合国还不断拓宽获取信息的渠道以及与非政府组织的合作，从而实现对一国人权状况的全面监督。但是联合国人权机制的这一工作思路，与目前多数国家只能部分接受监督的实践形成冲突。以条约机制与普遍定期审议机制为例，由于各国的情况千差万别，联合国核心国际人权条约的签署和批准尚不具有普遍性，进而造成了条约机制的监督漏洞。但是与此同时，各国却要接受普遍定期审议机制根据《世界人权宣言》等文件所进行的全面的人权监督，从而导致国内实践和国际标准存在较大差距，并引起国际社会对于受审议国相关人权状况的集中关切，甚至影响到国家人权形象。因此，在联合国人权机制不断协调发展的今天，该机制已经形成一个较为细密的网络，将世界各国都纳入了监督范围之内，国家在保障国内人权方面任何一个环节上的薄弱问题都会在国际舞台上得到充分的"展示"，从而为各国带来了较大的压力。除此之外，在部分国家中，由于政府缺乏与非政府组织的广泛的沟通渠道，非政府组织监督人权的作用受到了较大的限制，使其未能在推进人权发展和监督的过程中与政府产生良性互动，甚至在其参与联合国人权机制的过程中带来了国际社会对于一国政府不必要的误解。这些问题反映了各国在接受国际人权义务、联合国人权机制以及非政府组织的监督方面均存在着不同程度的限制性问题，其与联合国人权机制所倡导的全面监督的做法形成落差，并陷入被动的局面。

二、中国面对挑战的对策

整合后的联合国人权机制强化了监督的统一性、持续性和力度，势必对中国目前的实践形成挑战。对于目前中国在联合国人权机制中实践的全面考察和分析表明，中国履行国际人权义务，与联合国组织进行合作并接受国际监督的相关活动和措施还有待于进一步的提升，而联合国人权机制的整合更为中国调整相关实践带来了紧迫性。反思中国的经验和教训，以及各个人权机制向中国提出的人权建议，中国应该在如下方面进一步提高，以应对新的挑战，完善并稳步提升中国在联合国人权机制中的实践，以提升在国际人权领域的作用和领导力。

（一）加强对于联合国人权机制的法律性质的认识

纵观中国在国际人权事务中的整体实践，尽管近年来已经取得了巨大的进步，但是由于长期以来人权问题的政治化等原因，导致了中国在相关领域合作的主动性还有待于进一步提高。随着国际社会局势的转变和中国地位的提高，中国也应随之更新在国际人权实务中的战略思路，从而与大国形象相契合。其中，进一步提高对联合国人权机制的法律性质的认识是提升国际人权实践的重要步骤和思想前提。这是因为：一方面，人权问题在国际和国内涉及政治、经济、社会和法律制度的方方面面，将联合国人权机制单纯看作是国际政治斗争的场所，不免有失偏颇。加强对联合国人权机制的法律性质的认识和承认，才能进一步增强国家的合作意愿和法律义务感。另一方面，人权理事会的建立意味着联合国人权机制对原有的促进和发展人权的宗旨的回归。随着国际法治化进程的不断深入，国际社会已开始逐步重视通过国际法来调整国家之间的关系；将国家之间的关系纳入国际法律框架中，已成为一种国际潮流。

加强对于联合国人权机制的法律性质的认识，首先要从认识其法律根据、宗旨、职能、框架性结构及运行机制的本质等方面着手，加强对于该机制的本质性认识。从总体来讲，联合国人权机制是根据《联合国宪章》和《世界人权宣言》以及国际人权公约建立的国际实施机制。尽管联合国框架下的各人权机制根据国际组织法和国际人权法设定了不同的职能和程序规则，并为国家设立了不同的程序性义务，但是，该人权保障体系的基本职能是为各国提供一个国际性论坛和沟通渠道，就各国保障人权方面的进展、经验和困难进行交流、对话和建议。多数人权机制的评价机制是以国家的行为和进程而不是以指标和结果为标准来考量一国的人权状况，侧重于对国家人权状况的纵向评估而较少进行简单的横向比较。而联合国人权机制产生的决议和建议一般也不具有约束力，甚至条约机构的来文机制作出的建议也不具有任何执行效力。因此，联合国人权机制鼓励所有成员国积极参与国际人权保障实践，切实地展开对话，鼓励和促进各国积极接受并实现尊重和保障人权的核心价值，共同讨论保障人权的问题和解决方法，并在可能的情况下提供国际合作和援助。联合国人权机制的核心精神是鼓励参与与合作，从而推动和监督国家对于国际实体性义务和程序性人权义务的履行，进而推进国内人权的发展。其次，参与联合国人权机制并与之合作是各国根据《联合国宪章》及相关国际人权公约等国际法所应履行的国际义务。据此，所有的国家部门都应该认真思考其根据国际人权法所应承担的义务以及与联合国的合作义务。在当今中国，由于国际人权法在国内无法直接适用，国内机关很难将国际标准与日常的工作结合起来，加之对于某些联合国人权机制的实践存在误解和不满，导致与联合国的合作并不是十分主动。而加强对于联合国人权机制的法律性质的认识，有利于促进中国对国际义务的履行及与联合国的合作。

（二）加速国内法改革并强化国际人权合作

近年来，中国强化了与联合国人权机制的合作，积极融入国际秩序，并主动维护国际人权标准，为推动世界的人权进步作出贡献。尽管已经取得了较大的成果，中国与联合国人权机制的合作仍然有一定的提升空间。在条约机制方面，中国不仅积极参与了部分公约的编纂过程，而且加入了 27 项国际人权公约，并积极与条约机制开展互动。尽管如此，还有若干项联合国核心国际人权公约中国尚未接受，并在联合国人权机制的人权对话与交流中承受较大压力。以普遍定期审议机制为例，在第二轮对中国的审议中，各国对于中国批准国际人权公约的问题分别提出了近 30 条建议，占总建议的 12%。[1] 尽管中国对于国际人权公约的接受是根据国内的人权现状做出的实事求是的判断和选择，但是面对联合国核心公约缔约国数量的日益扩大和中国国际地位的不断提高，中国对于国际人权标准及其监督机制的接受还需要不断提升，才能逐步实现和强化国际人权话语权。对此，中国一方面应该加速国内法的改革并提升相关实践，为接受包括《公民和政治权利国际公约》在内的国际人权公约作出扎实的准备；另一方面应该在立法工作中优先修订相关法律，从而为更好地接受国际人权标准铺平道路。对于国际人权公约的广泛接受不仅能够促进国内对于国际人权义务的履行，还有助于国内机关

---

〔1〕　Report of the Working Group on the Universal Periodic Review, A/HRC/25/5, 2013.

191

与联合国人权机制的合作意识的提高，并有助于整体提高中国对于人权的保障。在特别程序方面，充分认识特别程序在联合国整合中的上升趋势，进一步提升对于特别程序专家国别访问的支持力度，给予更加积极的合作，并切实履行特别报告员的各项建议，有力提升中国在该机制实践中的国家形象。这也是结合国际社会的人权建议，提升中国应对联合国人权机制整合趋势的能力的重要举措。

（三）建立和加强部门内责任机制和部门间的合作机制

加强与联合国人权机制的合作，不仅需要提高对于国际人权义务的履行和对联合国人权机制的认识，还需要建立相应的工作机制来领导和配合有关国际人权建议的具体实施。该工作机制应包括两个部分：第一部分是部门内部有关人权事务责任机制，尤其是各部委都应该设置相关工作机制。以最高人民法院为例，这个责任机制至少需要由政治部、法官培训中心、研究室以及分管副院长在内的部门和人员组成。其主要职责在于提升本单位对于人权的尊重与保障，加强对于国际人权义务的履行以及与联合国人权机制的合作。具体任务包括：通过会议、简报和培训等方式加强对于国际人权法及相关知识的传播和教育；通过参与国家报告的撰写和对特别程序专家来信的回复，以及对国别结论性意见采取后续行动等措施，提升与联合国人权机制的合作质量和效率。这一责任机制的核心在于通过明确责任人和职责，建立相应的工作协调机制，加强国家机关系统内对于人权问题的反应能力和责任制度，并将人权问题融入整体发展战略之中，促进人权的保障与发展。

这个工作机制的第二部分就是部门间的合作机制。中国在联合国人权机制中面临各种挑战，从某些方面反映了国家机构间缺乏紧密合作的问题。因此，只有建立相应的合作机制，协调彼此的行动，才能使国家机关作为一个整体参与到联合国人权机制的实践中，从而提高中国在国际层面履行国际人权法的能力和效率，提升中国的国际人权形象。在这个工作机制中，鉴于外交部的职能优势，中国仍需在国家报告撰写等程序中发挥牵头和组织作用，并进一步加强对联合国人权机制相关信息的传递，而其他部委机关则通过内部的责任机制给予相应的支持与合作。

此外，为了切实加大对联合国人权机制后续行动的实施，各部委还需积极进行调研并展开行动，将中国接受的国际人权建议纳入工作予以执行。对此，应以国务院法制办或者更高机关为主导，建立起对于各部委实施后续行动的监督机制，加强领导与合作，促进有关建议的具体落实，从而促进联合国人权机制发挥应有的作用。总体来讲，如果上述两个机制能够非常顺畅地运行，中国在联合国人权机制中的实践就应该能够得到极大的提高。

（四）建立开放的人权信息数据库

建立开放的人权信息数据库，从根本上有利于国内和国际层面对于一国人权状况的监督，并有助于国内机关与联合国人权机制的合作。表面上看，联合国人权机制仅仅涉及国际层面与国家等主体的人权互动，但实际上，该体系却蕴含着以国际监督促动国内人权进步的深层次目的。联合国人权机制建立的根本主旨并不仅仅停留在国际层面的对话，而是深入到国内层面，通过促动国家机关和民众对于国家报告等人权机制的广泛参与，带动国内社会对人权的保障和监督，从而促进人权的实现和发展。基于对联合国人权机制的深刻认识，建立开放的人权数据库，是推动国内人权保障的前提和基础性工程。

第一，建立开放的人权信息数据库有利于人权知识、信息和数据的公开、透明和传播，有助于提高公众的人权知识和人权意识，同时也为国内社会监督人权状况提供开放的途径。这个数据库的信息资料不仅应该包括国际人权公约，还应该包括人权条约机构发布的一般性意见以及国别性结论意见及建议；不仅应该包括国内人权状况的一般数据，还应包括联合国提供的关于中国履行国际人权公约状况的信息汇编，从而全面地反映中国真实的人权现状。通过这一平台，中国政府可以在展现国内人权进展和成果的同时，揭示人权实现的问题及困难，从而加强与国内社会的对话与合作，为人权监督的实现提供渠道。

第二，建立人权信息数据库能够为政府部门的信息共享和通力合作提供一个平台。这个数据库不仅能够为国内机关提供人权教育和信息传播的平台，使其获知及更新国内和国际层面有关中国的人权信息和建议，逐步完善对国际人权义务的履行，从而进一步加强与联合国人权机制的各种合作；此外，还能为各部门联合采取保障人权的行动提供一个合作和联动平台。

（五）适度加强与非政府组织的合作

非政府组织在人权事务中，主要发挥着重要的社会监督的职能，部分还能够分担国家保障人权的责任，并已得到国内和国际社会的充分认可，这一趋势仅从普遍定期审议机制对于非政府组织报告的重视程度就可略见一斑。与国家报告机制中的影子报告相比，非政府组织递交给普遍定期审议机制的报告已经成为"法定"接受审议的文件，使其在国际层面的监督作用发生了质的飞跃。这一变化从根本上确立了非政府组织在联合国人权机制中的地位。

鉴于此，中国应该逐步加强与非政府组织的沟通与合作，进一步提升中国在联合国人权机制中的整体实践。鉴于非政府组织在国内的人权监督职能，中国应采取的具体措施包括：①为非政府组织合法的监督行为提供政策和制度支持，是肯定非政府组织贡献的前提。②信任并依靠非政府组织在专业领域的资源优势，解决具体的人权问题。③为非政府组织提供更多的与政府正常对话的渠道，将非政府提出的人权问题和建议纳入国家人权行动计划予以重视和解决。④扩大非政府组织参与联合国人权机制的渠道，将咨询非政府组织的意见作为常规机制纳入监督体制。

中国政府与非政府组织合作的积极效果是非常明显的。首先，政府可以倚重非政府组织的资源优势解决中国的部分人权问题。其次，对非政府组织监督权利的尊重和认可，并为其提供沟通和参与渠道，能够减少与非政府组织的分歧，缓解人权矛盾，共同推进对人权的尊重、保障和实现，不仅有利于国内人权状况的提高，也有利于整体提升中国在国际层面的实践。当然非政府组织在人权保障事业中的作用也不能过分夸大，国家还要对非政府组织的体制化等问题带来的负面作用有所警惕，并对其在国际人权法生成中的角色进行深入反思。因此，对于非政府组织的活动，有关部门仍然需要依照法律进行规范，促进其发挥在保障人权积极效用。[1]

综上所述，联合国人权机制的整合将原来零散的资源，通过协调与合作的方式，重新加以配置和利用，展现了该人权体系整体性、结构性以及协调性的发展趋势，这一趋势在强化联合国人权机制监督功能的同时，也为中国在普遍定期审议机制、特别程序以及国家报告机制中的实践带来了新的挑战。这些挑战揭示了联合国人权机制的监督要求与目前国内实践之间的差距和不足。对此，中国应当在提高对联合国人权机制全面认识的基础上，加强国内法律的改革、国内各机关的人权责任机制以及合作机制的建设，同时拓宽与非政府组织的合作渠道，从而进一步提高与联合国人权机制的合作能力，在整体提升国际层面的实践能力的同时，提高国内的人权状况。

---

〔1〕　何驰："国际法上的非政府组织：理论反思与重构"，载《中外法学》2020年第3期。

第五章　中国通过联合国人权机制
实现国际人权话语权

　　国际人权话语权凝聚着一国实现全球人权治理的精神内核，是国家综合实力的象征。在国际层面，主流的话语权能够凝练全球人权发展的共同价值，维护或者重构国际秩序，影响人权规范和机制的规则。因此，国际人权话语权的掌握和实现既决定了一个国家在全球人权治理中的身份和角色，也决定了其在人权、安全与发展事务中的国际地位和影响力。争取国际人权话语权一直是中国在国际事务中最重要的战略目标之一，它是中国在全球治理中软实力的重要体现，但是国内对于中国国际人权话语的内涵及如何利用国际机制实现话语权的研究还比较匮乏。实践表明，对于国际人权话语权的把握，不仅需要将人权话语进行传播，更需要在国际关系中予以实践；不仅需要遵循已有的国际秩序和规范，更要通过人权话语的科学性和感召力来重构已有的理念和制度框架。鉴于国际社会日趋组织化和制度化，在国际组织的框架下落实中国的国际人权话语权是非常重要的路径和有力的制度保障。

　　联合国人权机制是实现国际人权话语权最主要的国际舞台，作为该机制的重要组成部分，普遍定期审议机制、特别程序和国家报告机制等是国家间进行利益博弈以及话语交锋较为激烈的平台，并在构建和实现国际人权话语权方面发挥着关键性的作用。

第一节　国际人权话语权的内涵

一、国际人权话语权

话语，是借助于语言、含义、符号等形式在言说者和受话人之间进行交流的工具，是一种关于语言传达和交流的社会实践活动。[1] 当然，话语不仅仅是沟通工具，还是重要的文化载体。话语中往往包含着一种独特的价值观和思维习惯，它以潜移默化的方式对其表达的价值取向和思维方式进行弥漫式的传播和渗透，并对已有规则和行为产生深远的影响。[2]

话语权是话语分析的结果，是通过社会学、国际关系等学科角度，以及后现代和结构主义的哲学思维来对"言语"进行理解和释义，它关心的是话语主体之间的交往互动以及用来操持和控制的特定语境下的话语规则与准则。[3] 话语首先是一种知识体系，是一种文化的外化形式，同时，作为一种实践活动，话语不仅是静态的知识结构，它既是一个规则体系又是建立、实现规则的实践过程，注重的是对于其他主体的影响。在诸多话语分析的流派中，福柯对话语权的阐释可谓是最经典的学说，深刻地影响了关于话语的认识论以及实践论的诸多研究。福柯话语权的核心理论在于揭示话语实际上是一种权力的表达，[4] 权力和话语所承载的知识之间存在着相互连接关系。话语不但意味着一种言说方式，而且意味着对言说者权威地位的承认。由此可知，话语权实际上是一种传播承载了特定价值的知识体系的能力及其影响力的综合实力。因此，话语权的实现取决于谁在说、说什么、怎么说、说的效果等诸多方

---

〔1〕 参见陈正良、周婕、李包庚："国际话语权本质析论——兼论中国在提升国际话语权上的应有作为"，载《浙江社会科学》2014 年第 7 期。

〔2〕 参见阮建平："话语权与国际秩序的建构"，载《现代国际关系》2003 年第 5 期。

〔3〕 参见李彬："传播学的关键概念"，载《国际新闻界》2002 年第 5 期。

〔4〕 福柯：《语言的秩序》，转载于《语言与翻译中的政治》，许宝强等译，中央编译出版社 2001 年版，第 1~22 页。

面，它不仅意味着话语主体有权力（利）说，还意味着话语主体有权力（利）被听到。话语权的实质是影响话语接收方的能力，通过话语外化成制度和秩序让其他主体信服、接受或者遵守，进而产生新的权力。因此，话语权的实现是一个互动的过程，主要通过沟通和交流，以及言语所承载的理念价值的传播和广泛接受而实现，尽管话语权的实现同样有一定的强制力，但是更需要受众的认同和信服，并以制度保障为最高目标。

国际话语权，是将话语理论在国际关系层面进行分析和实践的结果，源于后殖民主义和后现代主义理论，并对 20 世纪 80 年代以来国际政治和关系理论的研究产生了深刻影响，使"国际关系处于认识论方面的反思"。[1] 国际话语权实际是源于对国际秩序合理性的挑战，其本质在于建构、维持或改变国际秩序的诉求和能力，以此重新定位一国在国际事务中的权力地位。在国际关系中，国际话语权是通过话语进行自我认同和利益表达，从而参与国际社会活动的必要环节，是对国际事务、国际事件的定义权，也是对各种国际标准和游戏规则的制定权以及对是非曲直的评议权、裁判权。[2] 而国际人权话语权则是指一国在人权领域中的发言权，是塑造人权价值、改变人权内容，建立和发展人权机制和保障模式，界定人权发展目标和国家合作方式的权威。人权话语在国际层面的实现呈现出主体多元化和更富竞争性的特点，但是其中的权力实质和话语的基本要素并没有改变，它们的共同作用决定着一国的国际人权话语权的实现。首先，"谁在说"主要是指话语者的实力及影响力，它决定着听者对于言说者地位和权力的隐蔽性认同和服从，是实现话语权的实质基础。[3] 不可否认，在全球多民族话语交锋的背后，是其物质利益和力量的竞争。而话语的主体地位是以国家的实力，特别是以经

---

〔1〕 James Derian, *Philosophical Traditions in International Relations*, Journal of International Studies, p. 17, No. 2, 1988, 转引自倪世雄等：《当代西方国际关系理论》，复旦大学出版社 2001 年版，第 204 页。

〔2〕 参见梁凯音："国际话语权与中国拓展国际话语权的新思路"，载《当代世界与社会主义》2009 年第 3 期。

〔3〕 参见阮建平："话语权与国际秩序的建构"，载《现代国际关系》2003 年第 5 期。

济实力作为保障的。"话语的权利总是与物质也就是资本主义全球秩序的经济权力连属，二者不可分离。"[1] 一种秩序的形成，标志着某种话语主导地位及其所代表的利益分配模式的建立。但是随着世界多极化和全球治理的不断演化，纵使物质资源超级发达的国家也无法控制各个领域的国际话语。因此，除了综合实力具有决胜地位外，国际人权话语权的掌握还取决于国家在人权领域的软实力，而这些软实力则表现为传统的话语地位、国际人权形象以及人权文化等要素。其次，"说什么"主要是指话语的内容，是权力的知识外化，尽管话语权的实现从根本上取决于话语主体地位的影响力，但是话语权又不同于其他权力，它的实现还取决于话语内容的合理性和可信性，以及在政治、思想以及道德上所拥有的广泛认同感。在国际层面，尽管奉行的是"用实力说话"的规则，但是在平等的、横向的国家关系当中，国际话语中的文化软实力却是不可低估的要素。尤其是在国际人权法这种缺乏利益制衡的领域，话语权的实现就必须能够体现共同关切的人权问题，拥有各国能够接受的文化底蕴，以此获得广泛的认同和支持，而这对于新话语的传播尤为重要。再次，"怎么说"主要是话语表达的场合、途径和方式，话语毕竟是以交流为载体的实践活动，言说方式需要选择适当的场合与时机，也要参考受众以往的话语习惯和接受能力，从而具有说服力。国际人权话语需要选择适当的组织平台和国际契机才能得到广泛的传播，与此同时还需要考虑援用国际社会通行的术语进行有效的交流。再次，"说的效果"即话语影响力，它是前者要素综合实现的结果，旨在使受众对于知识体系服从和遵循。对于国际人权话语权而言，这是得到国际认可和共识的初步结果。最后，"话语的制度化"则是通过国际组织平台将国际人权话语中的国际共识转换为规则、制度，融入新的国际秩序，进而产生新的权力。

国际话语权是影响世界格局的能力，对于每个国家具有不同的目标和价值。就经历过被殖民统治的国家而言，曾经被剥夺过独立和自由的

---

[1]　[英]汤林森：《文化帝国主义》，冯建三译，上海人民出版社1999年版，第33页。

历史，造成了他们在文化上的断层和在国际事务中的失语，导致其利益需求在国际秩序中得不到足够的尊重。因此，这些国家争取国际话语权的目标首先是平等的发言权，继而是参与国际秩序的重构，使他们的主张融入国际社会发展之中的权利（力）。而对于先发国家而言，话语权的实现意味着确保其主导的话语继续产生秩序性的效果。因此，话语权的实现是一种解构和维护的关系，体现着变革和抗争的过程。国际人权话语权同样受制于已有的国际秩序和格局。人权话语肇始于西方的政治文化，并在国际社会生活中被不断强化为一系列的国际规则，而对于发展中国家来说，人权话语却是一种舶来品，需要结合当地的文化来转化和接受。在国际社会中，西方国家掌握着最大的话语权，坚定地传播其主导的人权价值，却排斥其他国家的人权需求。为了使国际人权秩序中能够包容不同的人权价值和人权保障模式，很多发展中国家一直在通过争取国际人权话语权，来促进世界人权文化的丰富和发展。

二、中国的国际人权话语权

作为最大的发展中国家和新兴国家，中国特别关注国际人权话语权的实现。目前，中国已经建立起以生存权和发展权为核心的人权话语体系，主张和平促发展，以发展促人权，坚持人权的普遍性和特殊性相结合的原则，反对将人权问题政治化和人权监督的双重标准，并致力于倡导构建人类命运共同体，促进国际交流与合作来发展人权的理念。[1]中国的国际人权话语既体现了人权保障的历史经验，同时也包涵着对于未来人权进步的期望；既是中国人权理念的延伸，又超越了国家利益，提出了对于世界人权发展的愿景。中国的国际人权话语权以持久的人权理论创新与扎实的人权实践为基础，体现了中国特色的人权价值取向和发展模式，展现了发展中国家的基本人权问题和人权诉求，以国际人权外交经验为镜鉴，既蕴含着中国文化的底蕴，同时着眼于世界发展的现实，着力寻找全球人权治理的方案。

作为中国人权的理论与实践的重要组成部分，中国国际人权话语权

---

〔1〕 国务院新闻办：《〈改革开放40年中国人权事业的发展进步〉白皮书》，2018年12月12日。

经过了一个历史性的构建和逐步实现过程。它成形于 20 世纪 90 年代初，中国的理论界和实务界从历史经验和现实需要出发，通过大量的系统性研究，阐明了中国人民的人权需求、发展道路和保障模式，回答了个人人权和集体人权以及主权与人权等问题，并以《1991 年人权白皮书》的发表为标志，正式宣告了中国特色社会主义人权观的基本形成和国际人权话语的确立。[1] 此后，中国国际人权话语在实践中得到了进一步的充实和发展。在国内，以改革开放、民主法治建设为内驱力的人权事业得到了突飞猛进的发展。尊重和保障人权不仅成为中国政府的政治纲领，而且正式写入《宪法》（2004 年），并在嗣后各期《国家人权行动计划》中得到逐年落实，这些实践为国际人权话语的丰富提供了扎实的基础并拓宽了合法性维度。[2] 而中国改革开放多年来所取得的物质性成就与精神自信也使得中国越来越具有参与国际社会平等对话的资格，而丰厚的历史和思想资源则构成了重塑话语和规范的重要条件。[3] 在国际层面，中国全面加大与国际社会的人权交流与合作，签署和批准了一系列国际人权公约，充分融入国际人权秩序。[4] 与此同时，中国也深刻体会到了联合国组织内部人权问题政治化、霸权主义的弊端，并联合其他发展中国家，力图实现平等的话语权，主张人权文化的开放性、包容性发展，致力于促进国际人权监督的公平与正义。[5] 最近 10 年，随着经济发展和综合实力的提升，中国需要谋求与当前国际地位相

---

[1] 学者的主要文章包括：李步云："论人权的三种存在形态"，载《法学研究》1991 年第 4 期。徐显明："'基本权利'析"，载《中国法学》1991 年第 6 期；徐显明："生存权论"，载《中国社会科学》1992 年第 5 期。刘海年："不同文化背景的人权观念"，载《中国法学》1994 年第 3 期。董云虎："人权概念的由来及其历史演变"，载《世界知识》1992 年第 7 期。

[2] 参见韩大元："宪法文本中'人权条款'的规范分析"，载《法学家》2004 年第 4 期，第 10、12 页。柳华文："改革开放 40 年与中国人权发展道路"，载《世界经济与政治》2018 年第 9 期。

[3] 参见袁正清、李志永、主父笑飞："中国与国际人权规范重塑"，载《中国社会科学》2016 年第 7 期，第 196 页。

[4] 罗艳华："联合国对于国际人权保护机制的构建及中国的参与"，载《国际政治研究》2015 年第 6 期。

[5] 参见《中国关于联合国改革问题的立场文件》，2005 年 6 月 7 日，载 http：//www. fmprc. gov. cn/ce/ceun/chn/zgylhg/lhgzyygg/t199100. htm，访问日期：2018 年 6 月 10 日。

配位的国际人权话语权，这既是中国自身发展的要求，也是国际社会对于中国的期望。而作为负责任的大国，中国深知引领世界的人权话语不应仅仅局限于满足自身的利益，更要以国际社会的共同发展为己任，从而倡导和实践世界共荣的人权价值。对此，中国结合国内经济发展对于人权保障的经验和模式，着眼于世界人权发展的需要，提出了构建新型国际关系、构建人类命运共同体的思想，进一步丰富和深化了中国国际人权话语的内涵，为全球人权发展提供了新的价值观和治理模式。[1]

从对抗到对话，从边缘化到走向世界的中心，从争取平等的发言权，到全面参与人权话语的构建，继而引领人权发展的方向，中国对于国际人权话语权的定位，是突破既有的话语霸权，在兼顾文明多样性的同时，重塑符合全球共同发展的人权文化。一路走来，中国的国际人权话语权在提升，中国的外交立场也随之进一步调整。近年来，国家的外交政策从"韬光养晦"逐渐进入到"有所作为"的新时代，为中国拓展交流与合作，掌握国际人权话语权提供了战略支持和实践基础。其中，中国在人权理事会中地位的持续提升既是人权成就的彰显，也是一个重要的发展契机。中国需要进一步强化在联合国人权机制的相关实践，从而助力国际人权话语的传播和实现。

第二节　联合国人权机制实现国际人权话语权的价值

作为政治性的人权机制，联合国人权机制的启动和运行一般是依靠人权理事会等机构的决议而产生，因此整个运行机制和实践过程都伴随着各国国际人权话语权的实现和博弈。因此，无论是特别程序的设立，还是普遍定期审议机制、国家报告机制中的国家审议和辩论都体现着特定的人权价值和理念。一方面，联合国人权机制希望通过人权信息的沟

---

〔1〕 2017年1月18日，习近平主席在日内瓦出席"共商共筑人类命运共同体"高级别会议，并发表题为《共同构建人类命运共同体》的主旨演讲，深刻、全面、系统阐述人类命运共同体理念。

通、国别访问、人权建议及答辩来推动国际人权法在国内的适用，以维护国际人权秩序，并对某些国际前沿的人权问题进行价值引导和软法规制。另一方面，相关的当事国则通过这一对话渠道和平台来展现各自的人权观念和价值，借以推动和改变现有的国际人权话语和规则秩序。因此，在联合国人权机制的运行过程中，联合国组织以及各成员国都在努力争取实现各自的国际人权话语权。对于联合国人权机制实现国际人权话语权的价值探讨，既是对于该程序在构建和实现人权话语中的作用的探索，更是对各国如何利用该程序实现国际人权话语权的分析。

一、国际人权法实施中的人权话语权

在国际层面实施国际人权法，主要是指在联合国人权机制框架下适用国际人权法规则来对一国人权的状况进行评估和建议，甚至是"人权指控"。其中，条约机制的国家间控诉恐怕是最"激烈"的形式，而在宪章机制中，各国通过决议的形式对于一国建立国别人权调查任务也是非常严苛的方式，甚至引发集团性的政治斗争。除此之外，各国还可以通过普遍定期审议机制、特别程序所提供的对话平台等来表达各自的人权观点和对他国的人权评价。以特别程序为例，该机制对于实施国际人权法具有开创性的作用，被认为是最有价值的人权机制之一。[1] 它的建立打破了联合国建立 20 多年后对于国别人权问题的沉默，使联合国实现了从国际人权标准的制定者转变为实施者的跨越，并巩固了联合国在人权事务中的监督能力和政治地位。[2] 尽管特别程序为联合国人权机制武装上了牙齿，但是在这个通过"点名和羞辱"的"惩罚性"的机制中，话语权的享有和实现在很大程度上关乎国家的尊严和国家利益。这一特征也让特别程序自建立伊始便烙有鲜明的政治印痕，并充斥着对国际人权话语权的争夺。

在特别程序中，尽管专家们的监督工作是独立和中立的，但是国别

---

〔1〕　M. Cherif Bassiouni and William A. Schabas ed. , *New Challenges for the UN Human Rights Machinery*, Intersentia, 2011, p. 389.

〔2〕　C. Flinterman, J. Gutter, The UN and Human Rights, Achievement and Challenges, in UNDP, Human rights Development Report 2000 Background Papers, 2000, http：//hdr. undp. org/docs/publications/background＿ papers/flinterman2000. pdf.

任务和专题任务的确立却具有选择性，都是通过国家间的辩论和投票而决定的，因此启动特别程序的过程淋漓尽致地体现了国家间的政治博弈和国际人权话语权的影响力。[1] 特别程序的政治性造成了综合实力弱小的国家成为国别审查"黑名单"上的常客，而有些国家则很少受到审查的不公平待遇。[2] 冷战期间，特别程序国别议题的决议过程使国际矛盾尖锐化，并被严重异化。而冷战结束后，该机制被进一步政治化，从而引起国际社会的谴责和批评。[3] 在特别程序专题任务的设立中，尽管没有遇到像设立国别任务一样强大的政治对抗，但是依然凸显着不同国家的利益诉求，因此也是国际人权话语权的集中体现。

二、软法治理中的人权话语权

软法治理是当今全球治理中的一种趋势和特色，尤其是在贫困、环境、人权等领域发挥着重要的作用。在亟待调整却又缺乏有约束力规则的国际关系中，软法的存在不仅弥补了法律空白，而且还促进了国际法的形成和细化，因此，利用软法进行治理逐渐成为国际社会解决全球问题的重要途径，同时也是各国在前沿国际问题上构建和实现话语权的重要方式。而如何推进软法的形成、使其"硬化"，并在国际治理中予以实施，则是国家意志体现的重要方式。

---

〔1〕 Jeroen Gutter, Special Procedures and the Human Rights Council, p 107; in Paulo Sergio Pinheirio, Being a Special Rapporteur: a Delicate Balancing Act, in The international Journal of Human Rights, vol. 15: 2, 2011, p. 165.

〔2〕 Manfred Nowak, *Interdiction to the International Human Rights Regime*, Martinus Nijhoff Publishers, 2002, p. 165; Tania Baldwin-Pask, Patirzia Scannella, "The Unfinished Business of a Special Procedure", in M. Cherif Bassiouni and William A. Schabas, *New Challenges for the UN Human Rights Machinery*, Intersentia, 2011, p.430.

〔3〕 Oliver Hoehne, Special procedures and the new human rights council-a need for strategic positioning, Essex human rights review, vol. 4. no. 1, 2007, p. 3; Oliver Hoehne, "Building A Universal System for the Protection of Human Rights: the Way Forward", in M. Cherif Bassiouni and William A. Schabas, *New Challenges for the UN Human Rights Machinery*, Intersentia, 2011, p. 242. 以古巴为例，该国代表认为人权委员会在50届（1994年）会议通过的建立古巴国别专题的决议就是不公正的，该决议是通过不公正的程序产生的结果。它只反映了美国一个国家的政治利益。因此，古巴拒绝接受国别报告员。UN Doc. E/CN.4/1994/SR.49 在52届（1996年）会议上，古巴代表再次表达了对于人权委员会的政治性和选择性的批评。再如斯里兰卡的代表也认为，人权委员会的监督行动应该是讲信誉的和一致的，不应该对于不同国家采取不同的标准。UN Doc. E/CN.4/1996/L.86.

　　近年来，联合国人权理事会顺应全球化的需要，逐渐将职能扩展为具有一定软法弹性的全球人权治理机制。在国别人权方面，有关人权任务的执行已经不仅仅聚焦于独立的人权问题，而是逐渐触及人权问题的根源，在兼顾地缘政治、安全与发展事务的大背景下，推动人权状况的提高，从而对于人权问题进行综合治理。鉴于多数国别人权问题中都含有国际或者国内冲突的战乱因素，联合国人权机制的人权职能已经突破了适用国际人权法对于国家进行"谴责"的作用，并开始担负全面调查危及和平的人权问题并提出建设性人权建议的重任，从而辅助联合国组织实现缔造和平、推进人权发展的重任。在人权专题方面，人权理事会等机构所设立的人权任务部分超越了现有的国际人权法框架，从而发挥着引导国际人权秩序建立、进行全球人权治理的作用。实践中，联合国的人权机构及专家在执行人权任务时，并不局限于解决个别国家的问题，而是通过协调国家间的利益以及促进国际合作来推动对于人权的保障和提高。以特别程序的赤贫与人权专题为例，该专题任务聚焦世界性的难题，倡导并发动全球性的关注与消除贫困的行动，强调国际经济和政治秩序的重构和合作机制的运作。

　　与此同时，人权理事会还在构建国际人权秩序中发挥着价值引导作用。在过去十几年中，人权理事会通过一系列人权决议保障和规范相关的人权问题，扩充了新的人权领域、拓宽了人权保障的主体和内容，尽管部分人权任务是通过实施软法来完成的，但是却实现了全球人权治理的目标，在有效解决人权问题的同时，为该领域国际法的形成承担了催化剂的作用。例如，性少数者的权利、发展权以及商业与人权专题的设立、研究和实施，都是在尚无拘束力的规则下对于相关重要人权议题的引导、规制和监督。

　　当然，每个人权专题背后体现的是不同国家的人权需求以及一个国家或者国家集团的政治观点。实践中，所有的国家都在人权专题的设立中力求实现各自的人权话语权和人权理想。看似具有世界性的人权问题，却有可能具有明确的国家针对性。人权专题的设立以及结构性布局体现着不同国家间在人权概念、社会制度、发展进程以及文化上的分歧，也是一种国际人权话语权较量的结果。例如，人权理事会关于"防止基于性取向和性别认同的暴力和歧视"专题的设立过程就显示了不同国家在宗教、文化方面的冲突。[1]

三、国际人权法解释中的人权话语权

宪章机制的特别程序和条约机制在对一国人权状况的调查、国家报告的审议以及个人来文的审理过程中，根据国际人权法来进行评估，并形成相关意见，从而督促一国对于人权的保障。在这一过程中，有关专家结合国际人权法的规则对于各国人权状况的观察以及与有关当事国的交流与合作，形成了对于国际人权法的价值和规则的新认识，并通过对国际人权法规则的解释，将其融入国际人权法的体系中，成为可适用的人权法规则。

联合国人权机制中的专家对于国际人权法的解释不仅使有关国际人权规则具有可操作性，丰富了国际人权法的制度体系，而且还结合各国实践考察、检验了国际人权法及其具体标准的普遍性和合理性，并通过适当的修正，使其更具科学性并保持鲜活的生命力，[2] 从而促进了国际人权法的不断完善和发展。截至目前，条约机制已经通过上百份一般性意见或建议，以此指导国家履行国际人权公约义务。而宪章机制的特别程序专家发表了上千份国别和专题人权报告，对于国际人权法的重要诠释，受到了联合国、区域组织以及世界各国的瞩目，并被其他人权机构引用而具有了一定的权威性。例如，目前得到国际广泛公认的关于经济、社会和文化权利的"4AS"分析框架，就是最初由特别程序的教育权专家提出的，[3] 该分析框架为分析国家履行人权义务提供了层次清晰的标准和角度，并被经济、社会和文化权利委员会广泛适用于关于水

---

〔1〕 关于设立"防止基于性取向和性别认同的暴力和歧视"人权专题的提议受到了非洲国家集团的强烈反对。Protection against Violence and Discrimination Based on Sexual Orientation and Gender Identity, UN Doc. A/HRC/RES/32/2

〔2〕 Paulo Sergio Pinheiro, "Being a Special Rapporteur: A Delicate Balancing act", *The International Journal of Human Rights*, vol. 15: 2, 2011, 166.

〔3〕 特别报告员在向人权委员会提交的初步报告中提到，初等教育应展现四项基本特征：可提供性（available）、可获取性（accessible）、可接受性（adoptable）和可调适性（adaptable），UN Doc. E/CN. 4/1999/49.

权、食物权、健康权以及社会保障权的一般性意见中，从而对于国际人权法的解释发挥着独特的作用。

在这一过程中，尽管联合国人权机制专家在工作中发挥主导作用，但是其对于人权规则的细化或将人权理念"制度化"却是多种思想碰撞的成果，也是各种话语权相互作用的结果。这种共同的作用使专家们的工作不仅解决了具体的人权问题，还为国际人权法体系的构建作出了重要贡献。

第三节　中国利用联合国人权机制实现国际人权话语权的成就及路径展望

一、中国实现国际人权话语权的成就

中国与联合国人权机制的互动，一方面集中反映了中国在国际人权事务中的态度和实践，另一方面也反映了中国构建和实践国际人权话语权的经历和成就。回首历史，中国在联合国人权机制的平台之上，实现了人权话语的一次次突破，不仅维护了国际人权事务中的公平正义，推动了联合国人权机制的良性发展，而且还丰富了人权的价值和理念。

（一）对于平等保障经济、社会和文化权利的强调，促动了联合国人权机制的改革

由于历史、政治、经济、社会和文化的不同，世界各国对于人权的理解存在较大的差异性。回首联合国人权机制过去 50 年的历史，其在建立之初基本上都是由西方国家人权观主导运行的，其中最大的问题就是对于公民和政治权利的过分关注，导致人权保障结构的严重失衡。

以特别程序为例，1968 年~1998 年的 30 年间，特别程序从未建立过任何关于经济、社会和文化权利的问题。这种不合理性在实践上造成了那些刚刚成立或者脱离殖民统治的发展中国家因为政治制度等问题纷

纷成为特别程序重点监督的对象，并备受指责。[1] 而作为全球性的人权监督机制，如此有失偏颇的实践显然是不妥当的，并激起了国际社会对于该机制政治化倾向的批判。

为了扭转发展中国家的这种被动局面，中国在多个国际场合指出了特别程序存在的问题，并推动国际社会在 1993 年维也纳世界人权大会上对于经济、社会和文化权利的重要性取得共识。《维也纳宣言和行动纲领》（以下简称《行动纲领》）不仅肯定了人权的整体性、不可分割性及相互联系性等，还强调了各国应通过各项措施实施《经济、社会和文化权利国际公约》中规定的国家义务，并且提出加强联合国人权机制，特别是对于特别程序的审查建议。从某种程度上，此次世界人权大会成为了中国等国家实现国际人权话语权的一个高峰，会议通过的宣言及其后续行动成为改变特别程序专题任务失衡状态及其机制政治化弊病的重要基础和根据，并得到了经济、社会和文化权利委员会的大力支持。

维也纳世界人权大会后，中国等部分国家根据《行动纲领》的建议，从改变特别程序专题设立环节着手，开始启动对于该程序的改革进程。中国先后推动了关于《审议特别程序》决议以及《人权与（特别程序）专题任务》决议的通过，在促动人权委员会全面审查特别程序的基础上，进一步强化了《行动纲领》所重申的将所有人权纳入特别程序人权专题的共识。[2] 面对西方国家的质疑，中国代表在第 53 届人权委员会的会议上发表了掷地有声的发言："关于公民权利和政治权利的专题以及其他人权机制异常繁多，但是对于经济、社会和文化权利的监督机制却寥寥无几。这一情况应该终止了。"对此，国外学者评论道："中国一贯重视对于经济、社会和文化权利的保障，在中国发言的一年

---

〔1〕 有统计表明，在 1990 年~2000 年，所有专题特别报告员对世界各国的国别访问高达 197 次，但是其中仅有 25 次是对于发达国家的访问。参见 M. Cherif Bassiouni and William A. Schabas eds, *New Challenges for the UN Human Rights Machinery*, Intersentia, 2011, pp. 298 – 301.

〔2〕 Review of the Special Procedures System, UN Doc. E/CN. 4/1997/L. 87; Human Rights and Thematic Procedures, Commission on Human Rights resolution 1998/74.

后，特别程序重公民权利，轻经济、社会和文化权利的情况，果真'终止'了。"此外，中国等国家的观点还得到了条约机构——经济、社会和文化权利委员会的积极支持。该委员会报告员在人权委员会的发言认为："将经济、社会和文化权利专题纳入现有的专题任务框架是非常必要的，因为关于任意执行、酷刑和宗教等公民和政治权利的问题渊源直接与经济、社会和文化权利相关。将经济、社会和文化权利作为特别程序的专题任务予以实施，是全面保障人权的重要举措。"[1]

尽管关于特别程序的改革问题在第 53 届会议上受到了某些质疑，但是在中国等国家及条约机构的共同促进下，特别程序专题任务的失衡问题在第 54 届会议上最终得到承认，并成功启动了设立经济、社会和文化权利专题的程序。在这一届会议上，人权委员会并没有一如经济、社会和文化权利委员会所建议的那样，建立一个综合性的专题任务，而是分别设立了受教育权、外债与经济和社会权利、发展权现状、绝对贫困与人权以及被侵犯人权者获得恢复原状、赔偿及修复的权利这 5 个专题任务，并在 2 年后又追加了食物权和住房权 2 个专题。[2] 中国作为建立这些专题任务的独立或共同提案以及支持国，不遗余力地促成了相关决议的通过，不仅促进了联合国成员国的民主协商和全面共识，而且有力推动了特别程序专题任务的整体变革。[3] 这 7 个专题任务的建立开启了特别程序均衡发展的历程，不仅提升了该程序对于经济、社会和文化权利的实施能力，而且还拓展了人权监督的国家范围，并从一定程度上将公平性带回了人权委员会。

站在历史的高度，评价当时中国在特别程序专题任务中实现国际人权话语权的意义，主要有如下几点：其一，中国通过对于经济、社会和文化权利的主张引发了对于特别程序政治化的反思及日后对于人权委员会的改革。其二，对于经济、社会和文化权利的彰显，展现了中国的人

---

〔1〕　UN Doc. E/CN. 4/1998/45, annex, paras. 38~41.

〔2〕　Commission on Human Rights resolution 1998/33, 1998/24, 1998/72, 1998/25, 1998/43, 2000/9, 2000/10.

〔3〕　Human Rights and Thematic Procedures, Commission on Human Rights resolution 1998/74.

权成就，确立了中国的人权话语权，明确了中国保障人权的发展道路，并帮助中国摆脱了此前的被动局面。其三，中国逐步在联合国人权领域找到了实现话语的有效路径，团结了发展中国家、形成了人权共识，并积累了经验。其四，优化了特别程序的任务结构，并使其监督覆盖所有成员国，让更多国家的民众真正享受到了联合国对于人权的保障和发展。总之，这是中国成功利用特别程序实现话语权的浓墨重彩的一笔，它使曾经由西方人权话语主导的联合国人权机制从此开始了改变。

（二）通过设立专题任务，为发展权建立实施机制

发展权是个人、民族和国家平等参与政治、经济和社会发展，共享世界发展成果的权利。发展权是发展中国家的核心利益，旨在通过制度安排为后发国家提供平等的发展机会，以及为实现全球共荣提供支持与合作。作为中国人权保障体系的核心内容，发展权也是中国在国际层面最重要的人权话语。中国一贯重视对于发展权的倡导和保障，不仅积极主导所有关于发展权议题的全球磋商，推动了《发展权宣言》的通过，还努力促进和实施关于发展权的各项国家义务及国际合作，并通过国内的经济发展为全球范围内发展权的实现作出了特殊贡献。在国际层面，中国不仅提前完成了《千年发展宣言》中的各项指标，而且还积极参与《2030年可持续发展议程》的协商和实施，推动该议程进一步重申发展权的重要性，促其为发展中国家参与和分享发展成果提供国际合作，从而全面助力世界的发展以及发展权的实现。

在过去几十年，尽管发展权的概念取得了国际共识，但是由于部分发达国家缺乏政治意愿而怠于履行经济援助等国际合作义务，导致《发展权宣言》在通过40年后，发展权仍然停留在宣言层面，并没有一个有约束力的国际机制监督该权利的有效实施。而从《千年发展宣言》的实施情况来看，很多发展目标都没能实现，很多发展中国家的发展权也没有得到很好的保障。

面对实践中的种种挫折和困难，中国一直致力于在联合国框架下推进发展权的落实和发展，不仅借力《2030年可持续发展议程》所构筑的新发展框架，积极为发展权在国际层面的实施搭建平台，而且还配合

这一发展进程，推动特别程序建立了关于发展权的专题任务，在推动该议程的监督和落实的同时，促进国际社会对于发展权的软法治理。特别程序专题任务的设立使发展权的国际实施达到了前所未有的高度，从此开启了发展权在人权制度框架下实施的新历程，这也是中国利用特别程序实现国际人权话语权的又一个重要成果。

在此次推动发展权"制度化"的过程中，中国结合以往的成果和经验，对于通过特别程序实现国际人权话语权的路径已经驾轻就熟。关于设立"发展权专题任务"的决议[1]中提到了两个重要文件，它们都是由中国作为提案国，分别在人权理事会和联合国大会通过的关于发展权的决议。[2]中国的这一贡献再一次体现了对于该问题形成国际共识的主导。

当然，中国对于发展权话语权的实现并没有随着该专题任务的设立而终结。实际上，特别程序为中国切实落实发展权的各项话语提供了新的制度性平台。中国不仅通过与发展权专题报告员的对话，充分表达了发展权的理念，并主动向该专题任务进行捐款，积极推动报告员对于发展权问题的监督、保障和推动。[3]与此同时，中国还积极与普遍定期审议机制、条约机制开展对话，全面倡导发展权的保障，并促动人权理事会通过了"发展对享有所有人权的贡献"等决议，推动发展权的全球治理。

如果说对于经济、社会和文化权利平等保障是中国彰显人权保障体系的特色，确立中国的国际人权话语权是对特别程序话语路径的尝试，那么对于发展权专题任务的设立，则显示了中国对于人权保障和发展模式话语的深化，是积极利用特别程序实现人权话语权的自主性体现。从在人权事务中的相对消极的、"防卫性"的对话，到积极为人权和发展提出中国方案，这其中的变化既反映了中国国际地位的提升，也反映了中国对于联合国人权机制的态度变化。

---

〔1〕　Right to Development, A/HRC/RES/33/14.

〔2〕　Right to Development, A/HRC/RES/30/28；Right to Development, A/RES/70/155

〔3〕　OHCHR, "Funding" in OHCHR Report 2017.

二、中国通过联合国人权机制实现国际人权话语的展望

中国在联合国人权机制中的实践，尤其是通过特别程序所实现的人权话语成就，不仅有助于拓展人权文化的多元性和代表性，弥合了发展中国家与发达国家在人权问题上认识的分歧，强化了各国与联合国人权机制合作的基础，而且有效地提升了联合国人权机制的公正性和有效性。中国国际人权话语在未来的发展，还应继续从世界人权和联合国人权机制发展的需要出发，着眼于中国的国际人权责任，进一步完善和实现中国的人权主张。

随着国际地位的提升，中国需要重塑国际人权话语权，从而符合中国的大国身份和人权责任。这关涉到中国国际人权话语走向核心地位的战略转变，并引发话语内容等一系列问题的微调。其一，中国对于国际人权话语权主体地位的重新定位需要进一步明确人权职责。作为发展中国家和新兴大国的代表，中国对于世界人权发展已呈现出多个层面的权利和义务，这意味着中国不仅要继续作为经济落后、政治实力弱小的国家争取平等的发展权，同时还要进一步承担新兴大国应尽的人权责任。这不仅需要中国继续坚持和平发展的道路，为世界人权发展提供安全稳定的环境；同时也需要中国进一步加强与联合国人权机制的合作和支持，从而垂范其他国家彰显大国在推进人权方面的道义和法律责任。其二，中国需要重塑国际人权话语的内容获得广泛共识和支持。国际人权话语应超越狭隘的民族利益，反映共同利益或者人权追求才具有突破性的号召力，对此，中国以生存和发展权为核心，以"构建人权命运共同体"为时代标志的国际人权话语具有较强的"公共产品"性质和传播潜力，但是实践中这些话语还需要进一步协调以突出新时代的重点。中国国际人权话语传播和实现的核心问题之一就是将中国特色与已有人权话语的对接问题，其目的是将中国的人权保障模式作为独特的人权经验与世界分享。这种经验背后的人权知识和实践是指导中国选择人权模式

的根据，也是中国话语权的重要根源和重塑人权话语的基础。[1] 但是中国特色人权话语的传播，应该从"构建人类命运共同体"的思想出发，侧重于对"和而不同"精神的强调，并本着"普遍原则与特殊情况相结合的人权原则"进行解释，从而为中国人权观的有效沟通营造更包容的话语环境。即中国特色人权话语是在吸取了世界人权发展文明的基础上，植根于中国特色的人权保障经验和创新发展，是文明互鉴，实现人权保障这一共同追求的结果。中国的国际人权话语是以中国特色为底线，以寻求国际社会的最大人权共鸣为诉求，对于现有人权话语的充实和补充，而非竞争与替代，是对于人权文化多样性的丰富和贡献。[2] 其三，话语的方式。从新话语的传播和中国话语地位的提升角度出发，中国的话语方式应该从以往那种回应性、跟随性、被动性，甚至是对抗性的模式逐渐向引领性、战略性、主动性和深入对话的方向全面发展。[3] 而为了强化传播效果，中国国际人权话语应该最大可能地以国际人权公约等为话语载体，对中国的人权理念和主张进行阐释，从而用国际社会所熟知的人权话语方式进行沟通和交流。其四，话语的实现和制度化。为了促进国际人权话语权的实现，中国应进一步通过特别程序等人权机制把话语纳入联合国人权机制框架，促进人权主张的具体落实，推动话语的规则性和制度化。其中，在特别程序中提升中国在人权议题的设置能力是至关重要的路径，[4] 从而促进人权专题结构的公平、科学、平衡发展，体现对于不同国家和共同发展需求的尊重，促使联合国发挥应有的人权职能。

---

〔1〕　参见袁正清、李志永、主父笑飞："中国与国际人权规范重塑"，载《中国社会科学》2016 年第 7 期，第 197 页。秦亚青："行动的逻辑：西方国际关系理论'知识转向'的意义"，载《中国社会科学》2013 年第 12 期。秦教授的论文指出，随着实践理论的兴起，国家行动的逻辑及制度的形成逐渐从先验的理性选择，逐渐向以实践背景的知识转向。

〔2〕　参见郑永年："确立中国外交政策的国际话语权"，载《公共外交通讯》2010 年春季号（创刊号），第 13~14 页。

〔3〕　参见刘志强："新时代中国人权话语体系的表达"，载《法律科学》2018 年第 5 期，第 19 页。

〔4〕　参见韦宗友："国际议题设置：一种初步分析框架"，载《世界经济与政治》2011 年第 10 期，第 42 页。

综上所述，国际人权法话语权是一国通过人权话语在国际社会展现人权理念、人权主张以及人权模式等内容，并以此影响全球人权价值和国际秩序的综合实力。中国以生存权和发展权为核心的人权话语，是代表发展中国家以及新兴国家的人权理念的表达，补充和丰富了现有国际人权话语的内容和价值。中国对于国际人权话语权的寻求旨在打破话语霸权，把握与现有国际地位相契合的发言权和影响力。作为最早建立的、最具影响力的联合国人权机制之一，特别程序在构建和实施国际人权话语方面具有重要的价值和意义，是中国实现国际人权话语的重要平台。借此平台，中国不仅推进了经济、社会和文化权利的平等保障，确立了中国特色的国际人权话语，而且通过推进发展权在特别程序的实施和发展，深化了中国关于"以人权促发展"等人权保障模式及相关人权理念的传播及影响力。展望未来，随着中国综合实力的提升和在国际人权事务中地位的提升，中国应以推进世界人权发展为己任，着眼于迫切需要解决的全球人权问题，在坚持中国一贯人权原则的同时，从中国的大国地位和责任出发，继续深化与联合国人权机制的合作，利用该机制参与国际人权秩序的构建和全球人权治理，从而推进中国的人权话语在国际社会的传播和共识，从而进一步提升中国在国际人权事务中的影响力。

第六章 中国通过联合国人权机制
实现全球人权治理

全球人权治理是全球治理的重要组成部分，它为全球性人权问题的解决提供新理念和新框架。联合国是全球治理中的重要参与者，同时又是最重要的组织和协调者，在面对全球治理模式的冲击时，仍旧发挥着重要的规制、监督以及协调利益的作用。中国对于全球治理提出了"构建人类命运共同体"的新理念，着力引导联合国人权机制的改革，促进联合国在全球人权治理中发挥核心领导力，并努力在人权治理中发挥大国作用。

第一节 全球人权治理的内涵及对于
联合国人权机制的挑战

一、全球人权治理的概念

尽管全球治理模式的提出源于 20 世纪 90 年代的全球化风潮，但是全球人权治理这一概念是随着人权问题的跨国性日益深化，而由中国政府在最近几年倡导的。[1] 因此关于全球人权治理的内涵和外延还需要进一步的探究，从而为相关理论及实践打下坚实的基础。

全球化是市场、法律和政治的非国家化进程，它为了共同的利益而将各民族和个人联结在一起。[2] 全球化概念"引发了一个社会发展方向，即经济活动空间的扩大超越了民族国家的边界，而政治调控的空间也随之扩大"。[3] 因此，全球化促动了世界秩序的重要变革，推动政治、经济等领域融合发展的同时，也带来了一系列的问题。一方面，个人、国家和市场的权力关系得到重塑，传统的国家主权及边界问题处于复杂关系之中；另一方面，全球性问题日益严重，亟待通过新的治理模式予以解决。这一时代的巨变推动了全球治理概念及其体系的构建和实践。

全球治理是随着交往的不断加深和密切，行为主体之间在某些事务上形成的有别于政府统治的解决矛盾和管理事务的模式。[4] 全球治理是 20 世纪 90 年代伴随着全球化的到来，顺应世界多极化趋势而提出的通过有约束力的规则对于全球政治、经济等事务进行共同管理的理论与模式。罗西瑙教授率先在其代表作《没有政府的治理》和《21 世纪的治理》等文章中指出，全球政治、经济乃至文化正在经历前所未有的一体化和碎片化，政治权威的重心在这样的背景下发生着重大转移，即对

---

〔1〕《2014 年中国人权事业的进展》白皮书在"对外交流与合作"部分第一次正式提出"深入参与全球人权治理"的观点。此后，2017 年《中国人权法治化保障的新进展》白皮书在"积极促进全球人权法治建设"部分再次提出了，"'构建人类命运共同体'理念被联合国大会、安全理事会、人权理事会等载入相关决议，标志着这一理念成为国际人权话语体系的重要组成部分，拓宽了国际人权保障视野，为推进全球人权治理朝着公正合理的方向发展发挥了重要作用"。2018 年《改革开放 40 周年中国人权事业的发展进步》白皮书在"积极参与全球人权治理"部分提出，"40 年来，中国广泛开展人权领域交流合作，认真履行国际人权义务，全面参与国际人权事务，积极促进全球人权治理体系变革，致力于构建人类命运共同体，为推动世界人权事业发展不断作出新贡献"。

〔2〕 Jost Delbruck, "Globalization of Law, Politics, and Markets-Implications for Domestic Law: A European Perspective", *Indiana Journal of Global Legal Studies*, Vol. 1, no. 1, 1993, p. 9, 11.

〔3〕 拉尔夫·达伦多夫:《论全球化》，参见乌·贝克和哈贝马斯等:《全球化与政治》，王学东等译，中央编译出版社 2000 年版，第 212 页。

〔4〕 James N. Rosenau and Ernst-Otto Czempiel, *Governance without Government: Order and Change in World Politics*), Cambridge University Press, 1992, p. 5.

社会生活的治理正在从以国家为主体的政府治理转向多层次的治理，而
全球层面的治理则至关重要。[1] 其后，全球治理委员会于 1992 年在
《天涯若比邻》报告中对于全球治理概念作出了进一步的界定。该委员
会将治理定义为各种公共的或私人的个人和机构管理共同事务的诸多方
式的总和。它是一个通过共同行动，使不同利益得到调和的过程，还包
括赋予公认的团体以权力，确保符合人民利益的协议。[2] 治理的主要
特征"不再是监督，而是合同包工；不再是中央集权，而是权力分散；
不再是由国家进行再分配，而是国家只负责管理；不再是行政部门的管
理，而是根据市场原则的管理；不再是由国家'指导'，而是由国家和
私营部门合作"。[3] 而全球治理则主要是指多元行为体管理全球事务的
过程与机制。[4] 具体讲，它是通过全员参与具有约束力的国际规则解
决全球性的发展、环境、人权、毒品、武装冲突、疾病等问题，使跨国
界的矛盾和利益得到调和，以维持正常的国际政治、经济秩序的过
程。[5] 全球治理概念的提出反映了国际乃至国内政治理念的巨大变化，
它揭示了在全球化的冲击下，各国之间的联系日益增强，一国凭借一己
之力已经无法全面独立地解决政治、经济和社会问题，以国家统治为核
心的国家中心主义及其实践正在逐渐被瓦解，多主体参与以及共同协商
与管理的新治理形态及其机制正在形成。这个趋势在国际层面形成了更
多的所谓"超国家"或者"非国家"组织与制度，而在国内逐步促进
国家权力的分解。在全球化和全球治理的背景下，无论是在国际还是国
内层面，国家已经不是政治、经济和社会生活中绝对的主体，国际组
织、非国际组织、跨国公司甚至是个人都可能成为治理的主体，他们通

---

〔1〕 参见何颖、霍建国："全球治理对人权保障与发展双重作用的分析"，载《人权》
2012 年第 1 期，第 40 页。

〔2〕 ［瑞典］英瓦尔·卡尔松、什里达特·兰法尔主编：《天涯成比邻：全球治理委员会
的报告》，中国对外翻译出版公司 1995 年版，第 2 页。

〔3〕 弗朗索瓦-格扎维尔·梅理安（Francois-Xavier Merrien）："治理问题与现代福利国
家"，肖孝毛译，载《国际社会科学》杂志（中文版）1999 年第 2 期。

〔4〕 李东燕等：《全球治理：行为体、机制与议题》，当代中国出版社 2015 年版，第 5
页。

〔5〕 俞可平："全球治理引论"，载《马克思主义与现实》2002 年第 1 期，第 25 页。

过正式的甚至是非正式的安排，越来越多地参与到国家和国际社会的治理体系中，共同管理和解决各种冲突和矛盾。

因此，从总体上讲，全球治理是全球问题解决、管理与合作的过程和机制，在这一过程中，并不存在世界政府一样的统治，但是却需要有一定的权威来组织和保障对于规则的遵守和秩序的维护，从而动员和组织社会成员参与，并实现治理效果。因此，全球治理有四个特质：治理不是一整套规则，也不是一种活动，而是一个过程；治理过程的基础不是控制，而是协调；治理既涉及公共部门，又包括私人部门；治理不仅是一系列正式的制度，而且是持续的互动。[1] 这背后意味着理念、制度和主体以及价值观的变更。全球治理的理念在 20 世纪得到许多西方国家政要的支持和推动，但是他们在推动无疆界行动，促进全球化进步的同时，也因为弱视国家的作用而引发了警惕与反思。

由此，全球人权治理的概念虽然以全球治理的理念为基础或渊源，但是对于其限制人权发展的方面应有所扬弃，[2] 并结合中国政府近年来对于这一概念倡导的内涵来进行定义。[3] 因此，全球人权治理是指全员参与并通过制度性或非制度性的规范及机制来解决全球性的人权问题、促进人权发展的过程；但从目前发展阶段来讲，全球人权治理是国家联合其他主体通过国际规制解决相关人权问题，使跨国界的矛盾和利益得到调和，以促进全球人权问题改善的过程。

从总体上讲，全球人权治理的概念超越了传统的国家—个人这一国际人权保障框架，它是建立在个人、民族和整个人类利益基础之上的多元治理理念，从而为世界人权的共同发展提供共同参与的新模式。

二、全球人权治理的内容

关于治理的构成要素，不同的学者有着不同的理解。有的学者将全

---

〔1〕 参见全球治理委员会：《我们的全球之家》，牛津大学出版社 1995 年版，第 2~3 页。http：//www.gdrc.org/u-gov/global-neighbourhood/chap1.htm，访问日期：2019 年 6 月 20 日。

〔2〕 何颖、霍建国："全球治理对人权保障与发展双重作用的分析"，载《人权》2012年第 1 期。

〔3〕《新中国人权事业发展 70 年白皮书》指出：作为国际社会重要一员，新中国高举和平、发展、合作、共赢的旗帜，坚持维护世界和平、促进共同发展，坚持以合作促发展，以发展促人权，全面参与全球人权治理，努力推动世界人权事业发展进步。

球治理总结为：责任与信任，即全球治理实践主体的内核与前提；制度与机制，即全球治理实践的载体；规范与遵从，即全球治理实践机制与行为主体的互动模式；以及权威与善治，即全球治理实践的效能。[1] 俞可平教授则将全球治理要素归纳为治理的主体、客体、规则机制、价值和效果等诸项内容。据此，全球人权治理的构成要素主要表现为如下几个方面：

第一，全球人权治理的主体。全球人权治理的主体是非常广泛的，根据《天涯若比邻》报告的要义，它指的是全员。即包括国家、国际组织、非国际组织、工商企业、社区甚至是私人在内的一切主体。这个宽泛的主体范围突破了以往在国际和国内层面以国家为人权义务主体的格局。在传统的人权概念中，国家才是最重要的义务主体，企业、个人因为国家人权义务的横向效力承担尊重人权的义务，而在国际层面却没有主体资格。全球人权治理主体的结构变革，不仅打破了"领土疆界"的划分，强化了所有主体的人权责任，同时也降低了法律义务性要求。全球治理不仅扩展了新兴国家参与人权治理的空间，而且开拓了非国家主体，甚至是私人实体的参与平台。其中非政府组织的游说和对人权议程的影响，以及工商业对于人权的影响及其对于国家行为的改变等都是全球人权治理中的重要特点。因此，治理主体的多元化是全球人权治理概念不同于国家间人权监督体系的重要标志，表现为国家和非国家主体在不同利益、议题以及领域中的妥协与共存的形式。[2] 当然，国家依然是最重要的主体，而主权原则在全球治理中仍然处于国际社会组织原则的基础地位。

第二，治理的客体，也就是被纳入全球治理范畴的人权问题。当代全球化特别突出的一点是，社会交往的所有关键领域——政治、军事、经济、文化等方面的发展不仅交汇在一起，而且产生了复杂的相互作

---

〔1〕　参见肖欢容、张沙沙："全球治理实践的维度论析"，载《江西师范大学学报》2019年第3期。

〔2〕　Thomas Hale, Charles Roger, "Orchestration and Transnational Climate Governance," *The Review of International Organizations*, 2014, vol. 9, no. 1, p. 59, 63.

用。人权问题与和平与安全、环境保护、南北关系、控制国际犯罪、疾病控制、金融危机、能源危机、粮食危机、资源短缺、海洋利用与宇宙开发、禁毒、难民等问题的相互交集同样成为了全球人权治理的重点。与以往受到关注的人权问题相比，全球人权治理的客体既包括传统的人权问题，也包括一些新兴的人权问题，并呈现出了如下鲜明的特点：其一，具有跨国性。全球人权治理对象的最大特点就是具有跨国性影响，如恐怖袭击以及跨国公司的人权责任问题等。以往人权的国际保护主要是一种监督制度，即主要对一国国内人权问题的规范和推进，对于超越一国管辖权的人权问题的回应存在理论和实践不足，因此需要全球人权治理的理念与新机制来处理相关问题。其二，具有共同性。全球人权治理更加关注所有国家和地区共有的人权问题，如不平等、食品安全以及疾病控制等问题，主张通过国际合作与技术支持共同推进这些问题的解决。其三，具有整体性。全球人权治理旨在处理影响全人类的人权问题，如可持续发展等问题，其更倾向于将全球作为"一个大家庭"或者"一个社会"来谋求人权问题的解决和管理，既处理国家间人权发展的不平等问题，也更注重处理国家与整个国际社会的人权利益纠葛，特别是涉及人类总体利益的人权问题，旨在为人类社会与自然和谐共处、可持续发展、应对新科技的变革以及环境变化等挑战人类整体命运的人权问题做出选择和制定解决方案。从全球治理所调整的关系视角去看待这些人权治理的客体，传统的国际人权保护主要调整国家对待个人的纵向关系，也涉及发达国家与发展中国家的横向关系，但是在全球人权治理中，除上述关系之外，还需要应对人民与人民间的关系，一国人民与全球人民之间的关系，以及全人类与自然、科技发展等方面的关系。[1]

第三，全球人权治理的规则与机制。全球人权治理虽然弱化了政府统治的要素，但是并不是零散的、随机偶发的合作和管理，而是系统的、体系化的合作和共同行动，这种理念需要一定的规则和机制来规范

---

〔1〕 常健："构建人类命运共同体及其对于全球人权治理的启示"，载中国人权研究会编：《构建人类命运共同体与全球人权治理》，五洲传播出版社 2018 年版，第 107 页。

和调整相关行为。尽管全球人权治理不再完全受限于国家统治的权威，甚至不再突出法律方式在人权问题解决中的唯一性，但是全球化时代同样需要公共权威和公共秩序来承载全球人权治理。从广义上说，全球人权治理包括制度性和非制度性的安排。而多元主体的参与则使全球人权治理体系具有多元化、多层次的特征。对此，部分学者认为在这个全球人权治理体系中存在着两个子系统：一个是控制和管理核心人权事务的国家体系，另一个是由其他行为体组成的多元体系。[1] 从总体上讲，这两个体系存在相互对抗又相互补充的关系，两者彼此合作，协调内部的利益。因此，全球人权治理中国家体系与非国家体系之间的关系并不是秩序与无序、民主与强权的对立，而是两种层次的合作机制。在目前阶段，全球人权治理亟需国际规制，并通过集体行动来构建权威性的制度和框架，处理全球人权问题。

第四，全球人权治理的价值。由于全球治理的核心是全员协作、共同行动，因此，只有被普遍接受的价值观才具有号召力来引领普遍的信守与合作。这种价值观至少应该包涵民主、多元和包容的底蕴才能得到广泛的响应。在全球人权治理中，更多的新兴国家和非国家主体融入治理过程中，势必对于已有全球治理价值观形成检验和挑战。例如，发达国家认为提供公共产品是全球治理的良好方式，但是发展中国家由于恐惧这种跨国界的产品会侵犯主权，因此认为平等才是全球治理首要的价值，并认为现有的治理机制虽具有效率但并不公正。[2] 正是基于上述预见性思考，全球治理委员会早在《天涯若比邻》报告中就倡导公认的价值、行为和准则对于确立有效合法的全球治理方式的必要性，并"号召对一切人都能信守的核心价值承担共同义务，尊重生活，尊重自

---

〔1〕 Corneliu Bjola, Markus Kornprobst, *Arguing Global Governance*: *Agency*, *Lifeworld and Shared Reasoning*, Routledge, 2010, p. 3.

〔2〕 Corneliu Bjola, Markus Kornprobst, Arguing Global Governance: Agency, Lifeworld and Shared Reasoning Routledge, 2010, p. 3.

由，尊重公平和平等，互相尊重、关怀，正直诚实等"。[1] 这些全球价值在《联合国千年宣言》及其《成果文件》中得到再次重申，"自由、平等、团结、包容、维护人的尊严和公平以及共同承担责任"，不仅是国家应该遵循的规则，还是全球公民应该遵循的规则。[2] 因此，由于全球人权治理的主体、客体和机制发生了结构性的变革，其遵循的宗旨和追求的价值目标也应随之进行合理的调整。面对全球治理的未来，新价值观的确立应该是对于以往价值的扬弃和创新，这种价值应以尊重主权平等为基石，同时着眼于人类共同的利益，突破政治纷争，促进国家、民主和个人间的合作。因此全球人权治理是一个互动合作的过程，是一个促进人类社会可持续发展的过程，它不是零和游戏，而是一个实现互利共赢，促进人权发展的过程。与此同时，全球人权治理将整个人类社会视为一个大家庭，不仅要在所有国家、所有人民，还要在所有个人之间实现平等。因此，全球人权治理的理念还应该包括：平等、共赢与合作原则，从而补充或者修正已有公认的价值，使其成为指导全球人权治理方向的内在驱动力。

第五，全球治理的效果。全球人权治理的效果是对治理结果的评估。这是一个异常宏大的课题，需要制定一系列的指标，并需要构建体系化的模型进行宏观和微观的监测和分析，从而对于全球治理的效率、成就等问题做出基本判断。

综上所述，与传统的国际人权保障模式相比，全球人权治理存在如下最核心的突破：主体的多元化、治理客体的整体性、价值的平等与合作取向，机制的多层次建制，等等。正是这些特点开启了全球人权治理的新时代。

三、全球人权治理对于联合国人权机制的挑战

二战后建立的联合国人权机制，是国际人权保障体系的中流砥柱，

---

〔1〕 ［瑞典］英瓦尔·卡尔松、［圭］什里达特·兰法尔主编：《天涯成比邻——全球治理委员会的报告》，中国对外翻译出版社公司组织翻译，中国对外翻译出版公司1995年版，第324页。

〔2〕 United Nations Millennium Declaration, UN Doc. A/RES/55/2.

也是全球治理的一种初步尝试。全球化时代的真正到来，不仅产生了前所未有的人权问题，而且扩大了全球性影响，一系列人类共同面对的人权问题呼唤着新的治理模式。它不仅需要协调与合作的平台，还需要开放、包容和参与性的全球人权治理机制。对此，联合国人权机制在面对上述全球人权治理需求时将遭遇一系列挑战，并需要进行相应的调整与改革。

（一）对于联合国人权机制的合作与民主化要求

全球人权治理对于联合国人权机制的冲击主要涉及联合国在人权领域的权利能力和行为能力、组织结构、职能范围、机制的工作方法及其民主和效率问题以及与成员国、非政府间组织关系等方面，这些问题都需要在全球人权治理中得到进一步的调整、改革和提升。

第一，全球人权治理需要充分合作，这关涉联合国人权机制在人权保障理念和工作方式上的转变。冷战时期形成的政治格局导致人权长期沦为政治工具，阻碍了国家间的人权合作，以至于联合国人权机制对于人权的监督和保障，多数仍然停留在羞辱和批评的层面，并始终延续着对抗和不满，鲜有系统性的、实质有效的建议，导致联合国人权机制在处理人权问题时行动乏力。[1] 人权机制如何去政治化，并将其工作定位向合作平台转变，促进共同的人权行动，是联合国需要着重思考和改革的问题，从而促使联合国人权机制能够在全球治理中发挥应有的作用。千禧年前后的联合国通过建立人权理事会和普遍定期审议机制等措施来推进人权监督方面的公平与公正，力图消解政治对抗对于人权问题带来的不利影响，并取得了一定成效。在全球人权治理的潮流下，联合国人权机制的改革需要进一步深化，从而为国际人权交流与合作提供广阔的平台。

第二，全球人权治理需要广泛的民主参与。全球人权治理的要旨是

---

[1]　Oliver Hoehne, "Building A Universal System for the Protection of Human Rights: the Way Forward", in M. Cherif Bassiouni and William A. Schabas, *New Challenges for the UN Human Rights Machinery*, Intersentia, 2011, p. 242; Petter F. Wille, "The United Nations' Human Rights Machinery: developments and Challenges", in Gudmundur Alfredsson ed., *International Human Rights Monitoring Mechanisms*, 2nd edition, Martinus Nijhoff Publishers, 2009, pp. 10–12.

促动全员参与、共同管理人权问题。而协调行动的核心动力则是广泛的民主参与和决策。回顾联合国人权机制的实践，曾经因其存在"民主赤字"问题，而阻碍着广大发展中国家广泛参与民主决议，而其他主体参与人权监督和保障的渠道也不够畅通。历史上，联合国人权机制的构建和发展一直存在发达国家主导人权话语的问题。在全球化进程中，发展中国家，特别是新兴国家一直在争取自己的话语权，以期在联合国人权事务中获得平等的地位和公平的待遇，并在全球治理中发挥有效的作用。[1] 但是由于缺乏制度保障，发展中国家的人权需求和价值始终得不到足够的重视，从而削弱了这些国家参与全球人权治理的信心和动力。因此，面对全球人权治理所主张的多元参与的需求，联合国人权机制不仅要为发展中国家，特别是新兴国家以及非国家主体提供平等参与治理的机会，更需要进一步充实和丰富联合国框架中的人权价值的多元化和话语的代表性，从而为建立包容、民主参与的治理体系奠定基础。

（二）对于联合国人权机制治理体系多样化与合法性要求

第一，依托国家管理机制的断层问题。全球人权治理的理想旨在动员所有主体参与人权治理，形成多层次、多样化的治理体系。联合国人权机制面对多元治理的机构性变化，既需要为这些非国家主体参与人权治理提供路径，借力他们的资源促进人权问题的解决，同时更需要提供人权规则的引导和规制，从而充分发挥这些主体在人权治理中的适当作用。但是，联合国人权机制目前的运行主要还是依托于国家的合作，并以国家的人权责任为主，既缺乏调度和协调非国家主体的能力，也缺失组织、协调和规范其他主体参与全球治理的能力和平台。虽然联合国人权机制这一特点是由其国家间政府组织的身份决定的，但是在面对全球人权治理的新需求时，仍然凸显了治理机制的单一化断层，进而在很多人权领域出现治理漏洞。对此，联合国人权机制需要正视全球治理的需求和现状，在无法搭建国际性合作框架的问题上，构建次级国家政府的

---

〔1〕 参见毛俊响："国际人权话语权的生成路径、实质与中国的应对"，载《法商研究》2017 年第 1 期。阎学通等："国际规则制定权与中国的位置"，载《世界知识》2002 年第 6 期。阮建平："话语权与国际秩序的建构"，载《现代国际关系》2003 年第 5 期。

合作机制，或者吸引和组织更多的非国家主体参与治理，并与其建立广泛的联系，通过软法治理的模式，为更多的行为体参与全球治理提供机会和渠道，并规范治理行为，使其符合人权目标和人权价值，同时提供制度化的监督和管理。

第二，消除官僚主义，提高治理的合法性。全球化和全球人权治理也促发了联合国人权机制职能的膨胀。人权主流化使联合国人权机制在安全与发展领域能够整合更多的资源并发挥更大的作用。随着联合国人权机制的权力日益扩张，其独立性不断加强，同时专业化、官僚化程度也在日益增强。在某种程度上，联合国人权机制的日常行政运作可能已经远离成员国的控制，日益成为自成体系的国际官僚机构。在全球治理的过程中，联合国人权机制应该防治权力滥用和官僚主义作风，并减低腐败的可能性，确保行动的合法性。对此，很多学者或机构在推动联合国应对全球性问题及促进国际社会法治化的同时，也对联合国的责任缺失和官僚化现象表现出关注。作为理论回应，国际法学界先后提出了三种理论学说：宪政主义、全球行政法、公权力学说，从而为联合国人权机制在全球人权治理中的合法性提供支持和完善的方案，[1] 而联合国也在逐步强化自身的组织建设，保证其人权治理的合法性。

（三）联合国人权机制遭遇多重机制以及单边主义的冲击

在全球人权治理的过程中，出现了两个相悖的发展趋势。一方面是全球治理体系进一步复杂化，治理体系不断丰富、交错发展；另一方面是单边主义的逆全球化发展。这两个力量均对联合国人权机制造成冲击。

第一，全球治理主体和机制的剧增形成了对于联合国人权机制领导权威的离心力。全球化带来了多主体和多层次的全球治理体系，它是国际权力分散的结果，直接导致了国际组织的扩散，并进一步造成了治理机制的交叠重复和碎片化。国际组织的发展是二战后国际政治最突出的特点，在全球化浪潮的推动下出现了数量上的剧增。据《国际组织年

---

〔1〕　陈一峰："全球治理视野下的国际组织法研究"，载《外交评论》2013 年第 5 期，第 117 页。

鉴》统计，1909 年世界上只有 213 个国际组织，1956 年发展到 1117 个，1990 年为 26 656 个，1998 年增至 48 350 个。[1] 目前，世界上已有 6.2 万余个国际组织，包括有主权国家参加的政府间国际组织、民间团体成立的非政府国际组织，它们既有全球性的，也有地区性、国家集团性的。[2] 全球化还带动了国际组织多样化的发展。从组织形式来看，除协定性政府间国际组织之外，还有论坛性组织、条约性组织、协定性组织内具有独立对外职能的机构以及国际组织间的合作机构等多种形态的国家间组织。[3] 这些国际组织中很多负有人权职责，其职能的发挥对于联合国所倡导的人权主张形成有力支持的同时，也从客观上削弱了联合国人权机制的核心作用，产生了离心力。以区域人权组织为例，它们具有成熟的治理体系、不断深化的组织建设、地域认同感和凝聚力，而且近年来也开始注重横向合作，例如欧盟与非盟的合作等，从而拥有强大的治理实力。如若上述组织的实践能够引领对于世界人权的保障，那么其对于联合国人权机制的影响就是正相关的，反之则掣肘了该机制的作用。除此之外，随着国际和非国际组织多元化的发展，全球治理的碎片化也越来越严重，各类组织的重合、职能的冲突，不仅加剧了全球治理的成本，也为联合国人权机制带来了较为繁重的"对接性"任务。如何促使这些治理的主体和机制在全球治理中发挥积极作用，并与它们在人权职能、资源与规范方面进行有效衔接，共同构成和谐的治理体系，强化彼此的合作、支持与协调发展，共同促进全球人权问题的解决与改善，则是联合国人权机制面临的重任。而近年来人权主流化以及联合国人权系统内开展的整合趋势，强化了全面合作及人权资源的充分利用，进一步增强联合国的人权职能，成为其对抗组织碎片化和单边主义

---

〔1〕　Union of International Association ed. , Yearbook of International Organizations, 1998/1999, vol. 2, pp. 1759~1760.

〔2〕　中华人民共和国人力资源和社会保障部关于国际组织的相关信息：http://www.mohrss.gov.cn/SYrlzyhshbzb/rdzt/gjzzrcfw/zygjzz/201604/t20160413_237951.html，访问日期：2019 年 6 月 20 日。

〔3〕　饶戈平：《国际组织与国际法实施机制的发展》，北京大学出版社 2013 年版，第 10 页。

的重要途径。[1]

　　第二，单边主义对于联合国人权机制的威胁。在全球化的过程中，推进全球政治、经济领域的融合为各国带来差别性的影响。近年来，随着新兴国家的崛起，全球治理的结构和权力分散的方式和方向也在发生重要的变化。在这个过程，国家的利益和全球化的利益产生了一系列冲突问题。除此之外，由于全球化发展不平衡、全球问题日趋复杂以及部分国家传统优势地位削弱等原因，以维护国家利益为核心的单边主义和民族主义复苏，与全球化进程形成了互逆的趋势。例如，美国以"美国优先"为核心价值，从各种国际组织中"退群"，以及英国脱欧等行为，都显示出对于多边主义的减损，以及逆全球化趋势，或者是逆全球化中权力分散趋势的价值取向，从而对联合国人权机制提出直接挑战。这些国家的行为从本质上讲是国家治理对于全球治理的单边渗透，对于国际秩序的发展带来了不稳定性。这种政治战略的调整意味着主要西方国家从注重多边主义和大国合作的战略日益向着国家利益优先、单边主义的侧重。而全球治理的国内化治理倾向和大国竞争的道路转变，对于未来全球治理格局造成动荡，并对于二战后所建立的国际秩序构成极大的危害，严重影响了全球治理的效率和治理效果。具体而言，这种单边主义降低了全球治理的组织化和行动效率；降低了发展中国家的话语权，增加了全球治理的成本。例如对于环境权的保障和实现，如果主要发达国家不承担重要责任或另立门户，会严重削弱联合国的权威，并降低全球人权治理的效率，极大地威胁联合国人权机制的核心地位。面对这种挑战，联合国多次在重要场合强调通过多边机制解决国际问题的重要性，以积极的姿态和更加开放的态度欢迎成员国的合作，从而促进全

---

〔1〕　In Larger Freedom: towards Development, Security and Human Rights for all, Report of the Secretary-General, UN Doc. S/59/2005, para. 147; Strengthening of the United Nations: An Agenda for Further Change, Report of the Secretary-General, UN Doc. A/57/387, para. 54; Strengthening and enhancing the effective functioning of the human rights treaty body system, UN Doc. A/RES/68/268, 2014. 参见孙萌："论联合国人权机制的整合"，载《世界经济与政治》2017 年第 6 期。

球人权问题的共同解决。[1]

综上所述，全球人权治理的新理念、新问题为联合国人权机制带来了新的挑战，这种挑战不仅是针对联合国的权利能力、行动效率和合法性本身的考验，也是对联合国与其成员国关系的一个考验，对此，联合国人权机制应该针对全球人权治理的要求深化改革，从而更好地发挥人权职能。

第二节　联合国人权机制在全球人权治理中的作用

作为国际社会组织化的载体，联合国是全球性事务的管理者、组织协调者，同时也是全球治理的主要工具、场所和重要参与者。在全球化的过程中，如何确定联合国人权机制在全球治理中的作用，使其继续发挥人权保障和发展的核心作用，对于维护人权领域的多边机制，稳定国际人权秩序具有重要的意义。

一、联合国人权机制在全球治理中的核心地位

在全球化发展的今天，联合国仍处于全球治理的核心地位，在整合全球不同行为体关系方面发挥着独特的、不可替代作用。[2] 联合国人权机制在全球人权治理中的重要性取决于如下几个要素。

首先，联合国人权机制具有普遍代表性。联合国人权机制的管辖范围覆盖 193 个联合国成员国。世界各国都有义务遵守以《联合国宪章》《世界人权宣言》为核心所确立的人权原则和规则，并接受宪章机制的监督。而联合国编纂的部分国际人权公约更是达到了全球承诺的规模，从而形成了普遍的全球共识。因此，就其普遍性和权威性而言，目前任何一个区域组织或者非政府组织都无法与之比拟。其次，人权职能的全

---

〔1〕　对此，联合国秘书长古特雷斯多次在正式场合强调多边主义对于应对全球挑战的重要性。例如，古特雷斯秘书长于 2019 年 24 日在第 74 届联大一般性辩论的有关致辞。

〔2〕　We the Peoples：The Role of the United Nations in the 21st Century：Report of the Secretary-General，UN Doc. A/54/2000.

面性和体系化。联合国人权机制是由宪章机制和条约机制构成的一整套人权保障和监督体系。它不仅具有编纂和实施国际人权标准的"立法"和"司法"职能，而且还拥有组织国际人权对话与合作，协调和推进人权事务发展的"行政和管理"作用。而联合国人权机制所涉及的人权事务的广泛性也是其他组织无法望其项背的。在当今世界，尽管区域组织日益在全球治理中发挥重要的作用，但是由于各地区治理水平不一致，区域内的矛盾限制了利益的一体化，撕裂了区域内的人权共识，并削弱了治理水平，因此，联合国组织及其人权机制仍旧发挥着最广泛的组织和联系作用。最后，联合国人权机制与其他国际法主体以及非国际法主体具有广泛的联系性。以联合国组织为依托的人权机制不仅与许多专门组织具有密切联系，而且与区域人权组织也保持着适当的合作。这些专门组织，例如世界卫生组织等不仅能够为联合国人权机制在特殊领域的人权治理提供专业合作，而且能够独立提供世界性的规则框架，并主导相关的工作。而区域组织，例如欧洲理事会的欧洲人权法院则在人权判例方面给予联合国人权机制诸多启示与参考。

除此之外，联合国人权机制还与广大的非政府组织保持着紧密的合作，并在普遍定期审议机制、国家报告机制中为非政府组织参与人权监督提供了桥梁。[1] 截至 2010 年，全球有 12 000 个组织与联合国经社理事会建立了合作地位，3743 个非政府组织获得了经社理事会的咨商地位，有权参与人权等领域的联合国会议及议程。作为人权的监督者，非政府组织就是联合国人权机制监督国别人权的"眼睛"和耳朵。总之，联合国人权机制处于全球人权事务的枢纽，它因为具有广泛的国家代表性、系统化的职能体系以及与其他组织的全面联系而拥有独特的资源和治理能力，并为构建全球性的人权治理体系提供了合作的框架和渠道。

二、联合国人权机制在全球治理中的规则与监督作用

全球治理虽然弱化了政府统治的要素，但是并不是零散的、随机偶

---

〔1〕 普遍定期审议机制将非政府组织的报告与国家报告、联合国信息汇编报告并列规定为合法的受到审议的信息。Institution-building of the United Nations Human Rights Council, UN Doc. A/HRC/RES/5/1, 2007.

发的合作和管理，而是系统化、体系化的合作和共同行动，它需要一系列规则和机制来为合作行为提供制度和运行框架。因此，全球治理委员会在《天涯若比邻》报告中提出，全球治理的实质是国际社会有能力保证社会准则得到遵守，从而保持全球人权治理的秩序和能力。

（一）制定规则的作用

全球人权治理的虽然弱化了政府的权威，但是凸显了规则的重要性。因此，全球人权治理有序进行的前提就是确保对于规则的遵守，从而保障治理体系的合法性和治理的顺畅性。作为最重要的国际组织，联合国在国际法编纂过程中处于核心的地位，在人权领域，以人权委员会及其继任者人权理事会为核心制定的国际人权标准在人权监督和治理中发挥着主导作用。这些国际人权标准不仅包括国际人权公约，还包括人权决议、一般性意见等软法，它们为规制和引导成员国保障人权的行为提供了良好的指引和规范，而且为非国际法主体参与全球治理提供了标准与规则。其中，联合国对于工商业与人权规则的编纂是最值得肯定的成就之一，工商业等非国家主体参与全球人权治理不仅是全球化时代最重要的特点，而且推动了国际人权保障的结构性转变。为了规范工商业追求利润的行为，使其能够遵守人权原则，并配合国家或独立参与人权治理，联合国进行了一系列国际文件的编纂，发挥了良好的软法治理效果。从《跨国公司行动守则》到《全球契约》《跨国公司和其他工商企业在人权方面的责任准则》再到《工商企业与人权指导原则》《在国际人权法中规范跨国公司和其他工商企业活动的具有法律约束力的文书（修正案）》[1] 联合国为工商业履行人权责任提供了基础性规则体系和制约机制，并专门设立了工商业与人权专题特别报告员来进行监督，促进工商业参与人权治理，并在运营过程中切实保障劳动权、环境权等权利，全面履行人权责任。联合国对于工商业人权责任问题的编纂历程跨越了 40 多年的时间，不仅推动了这一问题的软法治理，而且逐步将其全面纳入有约束力的国际人权法框架下进行调整，以期通过监督缔约

---

[1] OEIGWG, Legally Binding Instrument to Regulate, in International Human Rights Law, the Activities of Transnational Corporations and Other Business Enterprises, Revised Draft, 2019.

国的预防、惩治义务来促进工商企业对于人权责任的履行。这一趋势不仅是对联合国编纂工作的经验总结，也是结合国际人权法理论与实践的进步而形成一种突破，是朝着"硬法化"方向发展的实质性进步，并将进一步推进工商业人权责任规则体系的发展。在整个编纂过程中，联合国不仅始终发挥着引领作用，而且在调和国家利益，促进共识方面发挥着至关重要的作用。此外，联合国在消除贫困、促进发展权的软法治理方面也有一系列的成果。

（二）监督和管理作用

全球人权治理仍然需要一定的监督，确保多元主体的行为尊重和保护人权。对此，联合国人权机制所建立的宪章机制和条约机制责无旁贷地承担相关职责。现实世界中，也只有联合国人权机制堪当此任，究其原因，完全是由其权威性决定的。在全球治理中，人权领域由于缺乏直接的互惠关系而缺乏行动的主动性，而其他组织和机构在调动国家意愿方面又存在力不从心的问题，唯有联合国才具有监督国家行为的全球性政治权威，从而有效促动人权的进步。首先，联合国人权机制在监督涉及国际安全的人权问题方面具有独一无二的价值。根据联合国集体安全机制的安排，联合国可以根据《联合国宪章》第六章和第七章的授权，通过安理会的力量，借助维和行动和使用武力的行动来维护世界和平，制止和防治大规模侵犯人权事件的产生。其次，作为重要的全球人权治理的主体，联合国人权机制在参与治理过程中可能更多触及具体人权问题的解决，或者直接与私人主体进行沟通与合作，这就需要联合国发挥类似于国家的"行政"功能，来治理和规范有关人权问题或者相关主体，从而促进人权问题的改善。除此之外，作为人权治理的主角——联合国需要更多的权威在特定事项上发挥协调行动和管理的作用，特别是当政府统治作用在跨国界问题上踌躇不决、在对于共同的人权问题无能为力、联合国更应该发挥主导和管理作用。因此，随着全球人权治理进程的深化，联合国人权机制的职能也在逐步加强，作为独立人格者，其不仅仅是一个组织者和协商者，还是一个管理者和争端的解决者，特别是在网络空间、处理科技发展与人权、自然与人权和谐共存等人类共同面对的问题上，联合国人权机制将发挥更大的监督和管理作用。

三、联合国人权机制在全球治理中的组织和协调作用

在国际层面，通过国际法框架规范和解决人权问题是一个非常重要的途径，但是对于尚无条件通过国际法调整的人权问题，就需要联合国人权机制发挥组织协调的平台作用，促进对话与交流，从而推进全球人权治理的不断深化。

（一）聚焦人权问题，引起国际关注

实践中，各国政府对于国际层面的人权问题不同程度地缺乏政治偏好。尽管二战后国际社会认识到人权是世界和平的基石，对于人权的尊重和保障关系着人类的命运，但是在多数情况下，人权被视为国内事务，政府间对于通过国际人权机制改善本国或他国人权问题，乃至共同人权问题都缺乏动力。近年来，人权主流化改善了对于人权重视不足的问题，并将其纳入安全和发展领域中予以共同保障；此外，全球化人权问题的紧迫性和共同利益也在改变着国际社会对于人权问题态度。尽管如此，依据人权问题和国家利益的依存关系，国家对于不同层次的人权问题仍然持有不同程度的重视，并形成了一定的优先级划分。其一，对于涉及和平、安全的人权问题给予较大重视，冲突中的人权问题往往得到优先解决。其二，国际社会共同关注的问题，例如环境和资源等问题，各国虽有政治意愿，但是却缺乏核心动力和共同行动的能力，因而怠于行动。其三，对于生存和发展的问题，发展中国家和发达国家负有"共同而差别"的责任，但是由于一国对于他国人权问题缺乏推动的责任感，导致发展权的实现受挫。其四，对于弱势群体的权利更是普遍关注不足。在人权问题解决动力不足的情况下，联合国人权机制发挥着重要的组织和倡导作用，以便在最高层面上引起国家的关注。[1] 联合国利用其权威性进行积极倡导，通过论坛等为非政府组织提供对话渠道，使很多人权议题得到广泛的讨论，促动全球协商和研究，进而引发国际社会广泛的关注，为该问题的解决铺垫基础。

---

〔1〕 参见薛晓芃："全球治理转型与中国的责任定位：基于全球问题属性的研究"，载《东北亚论坛》2018 第 6 期，第 54-57 页。

（二）协调国家利益

不同于传统的国际人权保障的对象，全球人权治理涉及更多共同的、新型的人权问题。而对于发展权、环境权等人权问题的治理势必会涉及利益分配问题。因此，联合国人权机制在参与全球治理的过程中，在很大程度上需要协调国家间的利益，共同推进人权问题的行动和解决。

首先，从全球人权治理结构切入利益的分配问题。在全球人权治理的发展过程中，随着新兴国家的逐步强大，全球人权治理结构也在发生着变化。有的学者将这个变化通过权力分散的方向进行描述，指明权力的转移加重了国家在全球人权治理中的利益摩擦。其核心就在于新兴国家的经济腾飞带来综合实力的提升，使其不再满足于现有的国际秩序框架，而迫切寻求有利于其发展的更公平、合理的利益分配框架，以及能够平等参与构建新秩序的机会。因此，新兴国家的利益需求与传统国家的利益产生了系统摩擦、分配冲突和制度效应冲突。[1] 其次，从"共同与分别"责任模式看国家利益的分配问题。在很多人权问题的治理方面，发达国家与发展中国家负有不同的责任。这其中需要发达国家承担更多的责任，推动世界人权状况的普遍提升。这就形成了国家间利益的博弈，只有协调发展才能有效敦促各国共同行动，彼此合作。以发展权为例，在该项权利实现的过程中，发达国家需要履行提供国际合作和技术支持等更多的人权责任，而落实这些责任确属一个利益分割的问题。又如健康权和专利权的冲突以及跨国公司的人权责任，也主要涉及发达国家的让利问题。而环境权中的碳排放问题更是影响一国发展，关系到国家间的利益平衡。对于这些问题的解决都需要联合国提供平台并组织对话和协调。尽管在全球治理中，出现了区域或者次国家级的制度安排，但是联合国在解决利益摩擦问题上仍然发挥着传统的、无可替代的重要作用。

---

〔1〕　Miles Kahler, "Rising Powers and Global Governance: Negotiating Change in a Resilient Status quo", *International Affairs*, 2013, vol. 89., No. 3, pp. 728~729.

（三）促动治理体系的多元化结构变革，建立全球人权治理的伙伴关系

治理不同于统治，既包括传统的自上而下的管理和规范过程，也包括自下而上的解决和沟通过程。全球治理不再是国家权力的统治，而是没有政府的治理。这里面蕴含着制度性、观念性和行为模式的转变。在全球人权治理的过程中，国家面对挑战性的人权问题而无力独立处理，不仅需要国家间的合作，更需要与非政府组织的协作、甚至与跨国公司等私人主体的合作。因此，全球化和全球人权治理模式的建立既是治理主体多元化以及治理体系丰富的前提，也是必然的结果，同时又是一个权力的分散过程。对于世界性权力分散趋势进行观察，可以发现这个分散过程的几个路线。一是权力从发达国家向新兴国家的转移。主要表现为新兴国家经济超速发展引发的社会发展以及对于国际话语权的获得和构建国际秩序能力的提升。二是国家主体向非国家主体的权力转移。[1]主要表现为通过私有化等方式，将传统的国家人权职能向国际组织、非政府组织、工商业的转移，国家的主导性和对于国际组织的控制力在减弱，非国家主体的人权责任在增强。正向郭道晖教授所认为的："现代国家与社会一体化的局面已逐渐被打破，同时又出现了社会多元化与经济全球化的新趋势，国家权力不再是统治社会的唯一权力了，人类社会出现了权力多元化和社会化的趋向。权力多元化是政治民主化的必然要求，权力社会化则是权力人民性的进步和人类社会发展的必然归宿。"[2] 三是国家权力向次国家层次的扩散。全球人权治理体系不再限于与中央政府建立合作体系，而是将一部分工作移向地方政府，利用当地优势和资源开展相应的治理。例如，全球气候变化治理的权威就在经历着从中央政府向地方自治体的转移。[3]

因此，面对全球化中权力分散的趋势和全球人权治理的需求，联合

---

〔1〕 Water J. M. Kickert, Erik-Hans Klijin, *Managing Complex Networks: Strategy for the Public Sector*, Sage Publications, 1997, p.9.

〔2〕 郭道晖："权力的多元化与社会化"，载《法学研究》2001年第1期。

〔3〕 参见薛晓芃："全球治理转型与中国的责任定位：基于全球问题属性的研究"，载《东北亚论坛》2018第6期。

国人权机制应该进一步促进建立更广泛的全球伙伴关系，积极推动多层次人权治理体系的构建。对此，联合国人权机制需要着重从如下几个方面来进行推动。首先，联合国人权机制应进一步落实民主化进程，为更多发展中国家以及新兴国家提供平等的参与机会及其制度保障，激励新兴国家在人权治理中发挥更加积极适当的作用。其次，在全球治理中，联合国等国际组织、国内社会组织以及工商业将发挥越来越重要的作用。对此，联合国人权机制应进一步充分发挥其职能作用，一方面作为"国家代理人"实施治理，另一方面作为一个独立的国际人格者参与治理。对于后者，联合国不再是一个简单意思的集合和实施者，而是作为一个具有一定的自我主张和独立行动能力的主体来进行人权治理。最后，联合国人权机制应该成为全球人权治理的枢纽。对此，该机制需要与其他国际和非国际组织以及工商业建立广泛的联系，为其提供参与全球治理的机会和渠道，并搭建合作平台，充分发挥各主体的治理能力和潜力，为其提供制度和框架，并将这些主体和机制与联合国体系相连接，逐步构建一个多样性的、错层的、有机联系的全球人权治理体系，并在其中保有一定组织力和领导力。

第三节　中国对于全球人权治理的新贡献及展望

中国在过去几十年参与全球人权治理的实践，为推进全世界人权的进步作出了卓越的贡献。随着全球化的进一步深入发展以及国际地位的提升，中国关于全球人权治理中的理论与实践也拥有了新的突破和成就。这些成就不仅影响着包括联合国人权机制在内全球治理体系的发展方向，同时也帮助中国通过联合国平台实现了参与全球人权治理的战略。

一、中国对于全球人权治理的新贡献：构建人类命运共同体的思想

近年来，中国在全球人权治理方面最大的贡献，一是帮助世界 1/3 的人口脱贫，缩短了全球人权治理在发展权等领域的进程，帮助国际社会进一步凝练了人权发展的主题；二是通过经济的发展，为全球经济发展注入新的活力，让世界分享中国发展的红利，为全球人权治理提供安全稳定的国际环境，为人权的发展提供了政治、经济基础。近年来，中国提出的"构建人类命运共同体"的思想正在潜移默化地影响着全球人权治理的发展模式，同时也引领着联合国人权机制的改革方向，从而促进中国在全球人权治理中发挥更重要的作用。

（一）对于全球人权治理的影响

"构建人类命运共同体"的思想是中国政府针对全球化时代的特点、全世界生存和发展的问题及需求所提出的重要战略思想，旨在追求本国利益时兼顾他国合理关切，在谋求本国发展中促进各国共同发展。该思想具体包括如下等内涵：建立平等相待、互商互谅的伙伴关系，营造公道正义、共建共享的安全格局，谋求开放创新、包容互惠的发展前景，促进和而不同、兼收并蓄的文明交流，构筑尊崇自然、绿色发展的生态体系。人类命运共同体思想体现着相互依存的国际权力观、共同利益观、可持续发展观和全球治理观。

"构建人类命运共同体"的思想既是中国已有国际人权话语的重述和升华，又具有重要的创新意义。面对全球化所加剧的粮食安全、资源短缺、气候变化、环境污染、疾病流行、跨国犯罪等人类共同的人权挑战，中国所倡导的人类命运共同体思想，结合国内经济发展对于人权保障的经验和模式，着眼于世界人权发展的需要，倡导和平促发展、发展促人权的新理念，并通过合作共赢的新型国际关系来促进人权问题的解决，推动全球人权事业的发展。该思想超越了狭隘的民族国家利益观，着眼于人类共同发展的需求，强调了人权义务的共同性和连带性，主张依照共商、共建和共享的原则，通过联合国为主体的合作平台，促进全球人权治理的制度化、规范化、程序化，从而为优化全球人权治理、充实和丰富新的治理价值和模式提供了中国的智慧和力量。

第一，构建人类命运共同体的思想为全球人权治理提出了新的价值。它突破了原有的人权价值，在尊重个人自由与平等的基础上，强调了国家和民族之间的平等和发展机会，突出了人权的连带性以及国家间的责任，创新性地将全人类的概念引入了全球人权治理的框架中，提出了崭新的、独立的人权目标，擢升了共同的人权利益的价值。构建人类命运共同体的思想不仅体现了中国对于人权尊重和保障的坚定信念，还体现了中国作为国际人权秩序维护者的责任感和推进国际社会发展的公益性。人类命运共同体为各国参与全球治理提供了新的合法性的价值，将成为合作的扎实基础。

第二，构建人类命运共同体的思想为全球人权治理提出了新的合作共赢的实现方式。在传统的国际人权保障模式中，监督和建议、甚至是惩罚是最为常见的实现方式，但是面对全球化过程中的很多人权问题却不能提供适当的解决方案。未来的全球人权治理需要全球参与，对此，"构建人类命运共同体"思想所提出的合作共赢的理念则是与全球人权治理最为契合的价值观和行为模式。首先，国际合作对于减少人权侵犯和提升人权状况具有重要价值，人权关乎每个人的切身利益，人权的国际合作和普遍提升会让世界各国人民共同受益。世界各国在国际交流与合作中，不仅吸取了其他国家的人权发展经验，也将一国的人权观点向国际社会进行了广泛传播，是一个相互学习、相互裨益的过程，实现了文明互鉴，共同推进人权发展的良好效果。其次，国际合作能够促进人权意识的提高、推动人权交流与合作的努力及实践，符合各国的共同利益。人权领域的交流与合作可以帮助各国提高和深化对于人权的重视，从总体上有益于人权在世界范围的整体提升。最后，国际技术援助与合作对于处理全球化凸显的人权问题——环境权、跨国企业的人权责任等问题具有重要的意义。

（二）"构建人类命运共同体"思想对于联合国人权机制改革的影响

"构建人类命运共同体"的思想不仅高度契合联合国在人权、安全与发展领域的目标和多边主义宗旨，而且为有效提升联合国人权机制的凝聚力提供了新的动力。联合国人权机制引入该思想将有助于其更好地应对全球人权问题，并参与全球人权治理。其中，"全人类"的视野高度提升了联合国人权机制关注和保障的主体范围和价值取向，引导该机制将全世界视为一个地球村，在注重个人、民主和国家之间的平等保障的同时，也关注影响人类整体的人权问题和利益。"命运共同体"的内涵一方面强调了国家和人民间的相互依赖，另一方面强调了全人类在面对不可预测的未来时所表现出来的休戚与共的状态。在全球化的阶段，各国和人民之间交往密切、频繁，全世界在不同程度上、不同领域内保持着多样的共存关系，一国的贫困、动荡会在不同程度上影响其他国家，所有人民和民族的生死存亡、贫富哀乐都紧密地联系在一起。因此，只有相互扶持、促进和利益共享，才能促进世界的和平与发展，它反映了全球化时代利益格局的新变化，同时也映射了全球化时代中人权问题的严峻性和整体性。[1] 全球人权治理关于全员参与、合作行动的理念要求联合国人权机制能够注重培育国家间的团结与合作，关注国家间的平等发展，同时还要搭建合作平台和行动机制，从而增强处理全球人权问题的能力建设和行动力。因此，"构建人类命运共同体"思想与全球人权治理的理念是高度契合的，两者都强调全世界在共同的人权问题上的共同解决与合作。具体而言，"构建人类命运共同体"是想对于联合国人权机制的改革提出了如下指引：①针对全球治理以及"人类命运共同体"思想所倡导的理念，关注共同利益，特别强调对于全球人权问题的解决及相关机制的建立，巩固对话与合作机制，推进"和谐共存、共同发展"。②通过制度保障落实对于国家利益的平等保障，建立协商机制以及利益协调机制，从而推进人权治理。③推进联合国人权机制内部，乃至整个联合国的人权价值多元化进程，构建世界各国普遍接受的全球人权治理价值，力求联合国的人权行动符合各国的利益需求，夯实合作的信念，调动共同行动的动力和团结力。

二、联合国人权机制纳入"人类命运共同体思想"的成果

"人类命运共同体"概念的提出，是对国际社会的历史、现状以及

---

[1] 刘杰："人类命运共同体蕴含的人权发展新理念"，载中国人权研究会主编：《构建人类命运共同体与全球人权治理》，五洲传播出版社 2018 年版，第 37~38 页；常建："构建人类命运共同体及其对全球人权治理的启示"，载中国人权研究会主编：《构建人类命运共同体与全球人权治理》，五洲传播出版社 2018 年版，第 104 页。

发展趋势的高度本质概括，为联合国三项核心实务——和平、发展与人权提供了新的整合基础和发展动力，并逐步得到了国际社会的普遍共鸣。2017年1月18日，习近平主席在日内瓦出席"共商共筑人类命运共同体"高级别会议，发表了题为《共同构建人类命运共同体》的主旨演讲，并对该思想深刻、全面、系统阐释。同年2月10日，联合国社会发展委员会第55届会议通过关于"非洲发展新伙伴关系的社会层面"决议，将"构建人类命运共同体"理念首次写入联合国决议。同年3月1日，中国常驻联合国日内瓦办事处的马朝旭大使在联合国人权理事会第34次会议上，代表140个国家发表题为"促进和保护人权，共建人类命运共同体"的联合声明。此后，"人类命运共同体"思想于2017年3月17日，首次进入安理会关于阿富汗安全问题的第2344号决议，并先后分别于3月22日和6月22日，在人权理事会关于"在所有国家实现经济、社会和文化权利问题""食物权"以及"腐败对享有人权的影响""发展对享有所有人权的贡献"等决议中得到确认。[1] 同年，人类命运共同体思想还写入了联大"防止外空军备竞赛进一步切实措施"和"不首先在外空放置武器"两份安全决议。[2] 2018年3月23日，联合国人权理事会第37届会议通过了中国提出的"在人权领域促进合作共赢"决议。该决议呼吁各国共同努力，构建相互尊重、公平正义、合作共赢的新型国际关系，构建人类命运共同体，强调各国要坚持多边主义，加强人权领域对话与合作，实现合作共赢。2018年9月10日，第72届联大通过了77国集团所提交关于"非洲发展新伙伴关系和非洲冲突起因"的决议，重申了"合作共赢"和"人类命运共同体"理念，以此加强对非洲国家实现可持续发展、建设持久和平的支持。由此，"人类命运共同体思想"分别在人权理事会、安理会和联合国大会中逐步得到广泛的讨论，并取得国际共识。

面对联合国人权机制在落实"构建人类命运共同体"思想上的各项成果，中国有必要思索如何将这一思想在联合国组织中进一步扩散，

---

〔1〕 Report of the Human Rights Council, the thirty-four session, UN Doc. A/72/53.

〔2〕 UN Doc. A/72/407

并进入制度层面予以保障和实施。尽管这一个问题在中国的国际话语权中有所探讨，但是聚焦全球人权治理和人类命运共同体这个更为具体的议题，还有三个方面是特别值得重视和实践的。其一，借助全球急迫性的人权问题，进一步打造"构建人类命运共同体思想"认识框架，促动全球共识，夯实合作共赢的信心。其二，借助国际合作项目，加强与非洲等国家的伙伴关系，深化"构建人类命运共同体"的信念和决心，并开拓良好实践。其三，进一步利用联合国等国际论坛充分讨论"构建人类命运共同体"思想，主动设立相关人权议题、促成决议，并在时机成熟之时在特别程序等机制下设立专题，为"构建人类命运共同体"思想的共识和制度化提供机制保障。

三、中国通过联合国实现全球人权治理的展望

随着中国综合实力的提升，中国在联合国人权事务中的领导地位不断提升。如何利用联合国人权机制实现中国进行全球治理的战略是一个值得思考的问题，决定着中国在未来全球治理的权威和政治格局中的影响力。与此同时，中国还应该着眼世界人权发展的需要和大国责任，与联合国共同推进全球治理的进程。

（一）聚焦全球化所带来的人类共同面对的生存和发展问题

凝练人权发展的主题，聚焦全球最主要的人权需求是中国在特别程序实践中的重要使命之一，也是增进联合国人权职能的重要目标。尽管经历了历史发展，世界人权水平得到普遍提升，但是目前各国仍然面临着新的生存和发展考验。对于发展中国家而言，经济落后、发展不利始终是阻碍人权保障不断提升的症结所在，实现持续性的发展才是从根本上解决人权问题的最重要的方式。举目当今世界，还有很多的国家仍然饱受战乱、饥饿和各种灾难的蹂躏，全球仍有 7 亿多人生活在贫困线以下，生存问题仍然非常严峻。[1] 与此同时，全球化进一步加深了发展不平衡的弊病，致使很多国家和个人被置于人类整体发展的边缘，并引发了各种社会矛盾甚至危及了国内和国际的安全与和平。对此，国际社

---

〔1〕 参见世界银行发表的关于 2015 年世界贫困人口的数据，载 https：//www. world-bank. org/en/topic/poverty/overview，访问日期：2019 年 7 月 1 日。

会为世界性的发展提出了平等和包容等人权原则，同时也为发展权的实现提供了重要的动力。[1] 除此之外，随着全球化的发展，国家间相互依存的程度不断加深，难民潮、恐怖袭击、流行性瘟疫等问题成为了危及全人类生存的新挑战。因此，生存和发展权依然是全球范围内人权发展中最基本的、也是最主要的方面。鉴于此，特别程序应彻底摆脱无益的政治纷争，力求凝心聚力，有效解决这一影响世界整体发展的人权问题。

（二）维护多边机制，促进联合国在全球治理中的核心地位

当今社会，全球化以及世界政体的碎片化使国际秩序的演进出现了诸多不确定性，并对联合国未来的发展产生了全面的挑战。英国脱欧以及单边主义等问题集中反映了民族主义对于集体安全机制等多边机制价值的侵蚀，使世界各国的合作意愿在政治、经济、社会和文化等领域全面降低，并部分形成了"社会联系弱化、社会组织退化和失序"的威胁，[2] 这一趋势不仅与全球化浪潮背道而驰，还释放出危及世界安全、发展与人权保障的信号。因此强化各国的共同合作、巩固联合国的地位既是反对战争、维持世界和平的重要历史经验，也是面对人类共同的人权问题至关重要的应对模式。此外，全球人权治理主张多元主体、运用多种制度或非制度性的安排，通过协商与合作的方法来促进人权问题的解决，而强化联合国的核心地位仍然是未来发展的重中之重，强化联合国组织的凝聚力则是当务之急的重要举措。[3] 这种向心力的建设不仅需要强化联合国在规则制定和秩序监督中独一无二的国际地位，彰显其作为国际合作的中心平台价值，而且还需要进一步促进联合国人权文化的多元性以及工作机制的民主作风的改革，逐步促进共商共建的、公正

---

〔1〕 Transforming Our World: The 2030 Agenda for Sustainable Development, para. 23-27, UN Doc. A/RES/70/1, 2015.

〔2〕 参见李明明："欧洲去一体化：理论逻辑与现实发展"，载《外交评论》2018年第6期。

〔3〕 参见俞可平："全球治理引论"，载《马克思主义与现实》2002年第1期。参见饶戈平、黄瑶："论全球化进程与国际组织的互动关系"，载《法学评论》2002年第2期，第6~11页。参见陈一峰："全球治理视野下的国际组织法研究"，载《外交评论》2013年第5期。

开放的人权监督和发展理念，从而巩固国际社会的合作意愿，强化联合国面对世界多极化下人权挑战的能力建设。未来，国际秩序更需要国际社会的组织化和制度化维护，而联合国始终都是推动国际秩序不断健康发展的重要枢纽。只有不断强化在联合国平台上的团结和协作，世界各国才能维持持久和平，共同解决危及人类生存和发展的棘手问题。特别程序曾经饱受国家间人权分歧之苦，并撕裂了各国对于联合国的信任。作为多边主义的重要支柱，对此，中国始终致力于倡导多元文化和联合国的改革，旨在提升人权机制的公平和效率。中国今后的实践，应进一步通过特别程序加强对于联合国人权机制的组织建设，坚守平等与合作的宗旨，提倡广泛民主参与的精神，积极拓展特别程序在人权领域的软法治理，促进联合国在全球治理中的核心地位。

（三）着眼于大国的人权责任，促进全球人权治理

作为负责任的大国，中国在人权领域承担着重要的使命，从而推动全球人权治理，促进人权的共同提高和发展。结合人权国际保障和历史和现状，这种责任首先要定位于保障世界的和平发展。人权是和平的基石，这不仅是对二战最深刻的反思，更是人类最重要的历史经验之一。联合国组织的建立源于对和平的渴望，更是对于和平的守护。战乱对于人权的践踏让每个国家清楚地认识到只有和平才能免于匮乏、恐惧、饥饿，使人人享有尊严和自由的生活。中国始终坚持和平发展道路，坚定不移地走和平发展道路，广泛开展友好交往和互利合作，并在维和行动中发挥着越来越重要的作用，为世界和平做出重大的贡献。世界经济发展的曲折性、国际政治格局演进的复杂性以及全球化带来的新的安全问题，都需要世界各国团结起来积极应对。在当今时代，和平已不仅仅指没有世界范围的大战，威胁世界和平的因素囊括了国际恐怖主义、民族分裂势力、网络安全等非传统安全领域；地区冲突和战争此起彼伏已成为影响世界和平的最主要因素之一。中国对于安全的维护，一方面，着眼于影响安全的深层次原因，竭力通过经济发展带动全面发展，努力从根本上消除了国家动荡以及人权侵害的根本要素。近年来，中国的经济腾飞不仅改变了国内贫困落后的局面，改善了中国人民的生活，而且还

为维护国际经济秩序，帮助世界走出经济危机的低迷状态发挥了中流砥柱的作用。在未来，中国将进一步通过与世界分享中国的发展红利的方式，致力于全球人民共同发展，维护和平与安全。另一方面，中国倡导构建新型国际关系，努力消除国家间的对立与对抗，增强互信与合作，并将通过实施"一带一路"倡议等方式，加大对于其他国家的援助和支持，通过合作共赢的方式，贯彻"构建人类命运共同体"的思想，践行中国的承诺，从而为全球人权治理贡献中国的智慧与力量。

总体而言，全球人权治理理念与实践的博兴是全球化深入发展的一个必然结果，新的全球化人权问题呼唤着新的治理模式和治理价值，同时也为联合国人权机制带来了一系列冲击。面对这些挑战，联合国需要巩固其在全球人权治理领域的枢纽地位，不仅要为国家和非国家主体参与全球人权治理提供规制与机制保障，搭建合作平台，而且要在民主建设、效率提升以及合法性方面进行改革，从而在全球治理中发挥更大的作用。作为发展中国家和新兴国家的代表，中国结合国内和国家人权保障的实践，将"构建人类命运共同体"的思想引入了全球人权治理的实践中，它为每个国家在全球化中处理自身与全球利益的冲突提供了一个重要的思路，更为全球治理提供了新的价值，并逐步取得了全球共识。未来中国在全球人权治理中，应该聚焦世界人权发展的主要问题，支持联合国发挥多边组织在人权事务中的作用，着眼于大国的人权责任，在全球治理中发挥引领作用，逐步走向世界的中心。

结　论

　　对于中国与联合国人权机制的研究，一方面既展示了联合国人权机制在实施国际人权法方面的作用、缺陷及发展趋势，也显示了该机制在实现话语权以及全球治理中的价值及核心地位；另一方面，探索和反思了中国在相关实践中的成就和不足，以及中国在该机制及国际人权事务中的作用，以及面对全球化、人权主流化以及单边主义的冲击等变化，着眼于中国的发展需求，对于利用联合国人权机制提升在国际人权事务中的地位提出思考和对策。

　　本书对于中国与联合国人权机制互动实践的研究，得出如下结论：

　　联合国人权机制对于实施国际人权法发挥着重要作用，推动了世界人权的发展。具体而言，主要表现在如下方面：其一，制定了国际人权法及其标准。联合国自建立以来，人权理事会及前身人权委员会等机构制定了几十项国际人权公约，推动了国际社会对于人权价值和标准的国际共识，为促使世界各国接受和承担保障人权的国际义务发挥了重要的作用。其二，建立了以联合国组织为依托的国际人权对话与合作的平台，为促进世界范围内对人权的尊重、保障和实现，以及加强各国的人权能力建设提供了共享的资源和有力的组织保障。其三，建立了一整套实施机制，监督国际人权法在国际层面和国内层面的实施。联合国人权机制对国际人权法的监督主要是通过国家报告、来文审查以及调查等方式，实现对于国家行为的审查和纠正，以及对人权受害者的国际救济，从而推动人权的发展。

　　联合国人权机制对于国际人权法的监督和实施为国际法的实施问题

带来了理论与实践上的突破。不同于传统国际法上依靠国家自我遵守和自助的实施机制，联合国人权机制对于国际人权法的实施是国际组织为监督主体的实施机制。它是联合国借助国际组织的内部整体实力，依据国际人权法、国际组织法，运用政治和法律相结合的方法，通过国际对话的方式，帮助国家发现和正视人权问题，并通过提供建议的方式来敦促国家履行人权义务并提高人权状况。联合国人权机制对于国际人权法的实施，不仅增加了新的实施主体，而且还丰富了实施方式，从而提高了实施的效力和效率。此外，鉴于国际人权法主要调整的是国家与其领土及管辖范围内的个人间的法律关系，在国家间彼此监督的意愿缺乏的情况下，联合国人权机制为敦促国家履行国际人权义务提供了重要的平台和途径，更加符合国际人权法的特点和实施需求。

联合国人权机制对于国际人权法的实施具有不同于传统实施机制的特点。由于国际人权法旨在调整国家与个人的纵向关系，国家既是人权的侵犯者又是人权的保障者。因此，联合国人权机制主要不是通过惩罚性的、司法性的、赔偿性的责任机制来推动国际人权法的实施，而是通过鼓励性、对话性的、能力建设性的、合作性的措施来促动国家对于国际人权义务的履行和对于人权的尊重、保障和实现。因此，联合国人权机制对于国际人权法的实施，更加依靠国家的合作，同时又不可避免地受到联合国组织内部和国际政治关系的影响。回望联合国人权机制曾经严重政治化的历史，面对全球化带来的各种冲击，联合国人权机制应扩大人权文化的多样性和代表性，促进工作方法逐步从"点名并指责"等对抗式，逐步向"对话与交流"等合作式的转变，并通过机制的改革，减轻相应的报告负担等措施来强化各国的合作意愿，提升人权机制的效率。在这一过程中，中国积极推动联合国人权机制的改革，为该机制的民主化作出了巨大的贡献。

联合国人权机制由宪章机制和条约机制共同构成，这些机制不仅能够为国家间的人权对话提供平台，也能够为国家或者个人就人权问题提供"准司法"救济，既能审查大规模侵犯人权的事件，也能受理侵犯个人权利的个案，从而满足联合国对不同国家、地区和不同人权领域事件的监督需求。但是随着这个监督体系的日益扩大，其在设计和运行中的缺陷也日益突显。职能的重复、资源的匮乏、监督的漏洞以及后续行动的缺乏等问题严重削弱了联合国人权机制的监督能力。因此，联合国自 20 世纪启动了各项改革，旨在减轻国家的负担，提高整个人权机制的工作效率和监督能力。

作为联合国改革的核心思想和动力，人权主流化有效地促动了联合国人权机制对人权资源的整合。人权主流化旨在将人权原则纳入联合国的各项职责之中，在提高人权事务地位的同时，对联合国及其外部的人权资源进行了综合利用，强化联合国人权机制的监督作用。无论宪章机制的改革还是加强条约机制的进程，都推动了每个人权机制内部，宪章机制与条约机制之间的，乃至联合国人权机制与派出机构和非政府组织的合作和资源的整合。联合国人权机制的整合强化了人权机制之间的合作，而且使联合国组织内部和外部的人权资源得到合理的配置和使用，在有效缓解资源紧张的同时，弥补了联合国人权机制所存在的监督漏洞，并强化了监督能力。首先，整合提升了监督的整体性和统一性。它弥合了每个人权机制在职能上的差异和局限性，强化了各自的监督职能，使联合国人权机制的整体监督效果实现增值。其次，整合提升了监督效率和协调性。整合不仅实现了联合国人权机制内部的信息共享，节约了运行成本，而且还简化了监督程序，减轻了工作负荷，并避免了机制间的职能重复，强化了协调性发展，提高了监督效率。最后，整合提高了监督的持续性。整合使每个人权机制成为彼此的后续行动，使联合国人权机制的监督效果得到整体提升。

中国与联合国人权机制的合作经历了一个曲折的过程。在过去的几十年里，中国在联合国人权机制中的实践由被动参与逐渐转变为主动合作。这种变化一方面是受到了国际政治关系和国内政治环境的影响，反映了中国综合国力的提高和对外开放的态度；另一方面也反映了政府加大人权保障的决心和信心。纵观中国在联合国人权机制的实践，不但为国际人权法注入了新的概念和多元化的价值，同时也为各项机制的平稳运行争取了政治力量上的平衡和公平、平等的环境，中国对于联合国人权机制的支持，以及变对抗为合作的主张，符合联合国人权机制的监督需求，在争取国家合作的同时，促动了各国对于国际人权法的普遍接受和对联合国人权机制的认同，因此推动了该人权保障机制的长足发展。

中国通过与联合国人权机制的合作，强化了对国际人权义务的履行能力，加强了对国内人权保障的同时，提升了在国际人权事务中的影响力和国际人权形象。首先，中国通过接受联合国人权机制的监督，加强了国际人权对话。中国利用联合国人权机制提供的平台，向世界展示了真实的人权状况，与国际社会进行深入的沟通和对话。其次，通过参与联合国人权机制的实践，中国也实现了对于其他国家人权状况的监督，并为中国发表人权主张，逐渐掌握国际人权话语权获得了宝贵的机会。最后，通过履行人权建议和国际合作，中国推动了对国内人权保障的发展，提升了人权状况的水平，使联合国人权机制的监督目的得到了实现。

中国与联合国人权机制的合作的过程中，对于人权文化多元性的倡导增进了各国合作的基础。中国对于发展权以及经济、社会和文化权利应得到平等的观点，弥合了各国在人权问题上分歧，促进了各国共识。实践中，中国在国别人权问题上，坚持平等尊重国家主权的宗旨，在人权政治化的问题上，成为了制衡霸权的正义力量，维护了联合国人权机制的公平。中国积极参与联合国改革，推进和增强联合国在人权事务中的职能及其效率。

中国与联合国人权机制的合作同样也是中国提升话语权的过程。国际人权话语权意味着一国对于其人权理念、制度在国际层面进行交流并产生影响力的综合实力，是塑造人权价值、改变人权内容，建立和发展人权机制和方式，界定人权发展目标和国家合作方式的发言权和影响力。中国在过去几十年形成的以生存权和发展权为核心的，主导和平促发展、发展促人权的国际人权话语，在与联合国人权机制合作的过程中不断得到体现，改变着联合国的工作方式和人权理念。新时代，中国需要进一步完善人权话语，借助联合国的平台，使中国的主张被世界各国接受，进而重塑国际人权秩序。

　　中国与联合国人权机制的合作，将夯实联合国在未来全球治理中的核心地位，作为多边主义的有力支持者，中国积极参与联合国在人权方面的行动和努力。中国全面参与和维护以联合国为核心的制定和实施国际人权法的各项活动，促进联合国在人权领域的软法治理。与此同时，中国还提出了"构建人类命运共同体"思想，为联合国应对全球化的挑战提供了中国智慧，同时提升了中国在全球治理中的地位。

　　总览中国目前在联合国人权机制中的实践，中国在取得成就的同时也存在提升的空间。面对中国国内和世界人权发展的需要，以及中国的国际地位和人权责任，中国在未来需要进一步完善与联合国人权机制的合作，在人权事务中发挥更重要的作用，从而引领世界人权事业的共同发展。

参考文献

一、联合国文件

1. Human Rights Council, UN Doc. A/RES/60/251, 2014.

2. Institution-building of the United Nations Human Rights Council, UN Doc. A/HRC/RES/5/1, 2007.

3. Follow-up to Human Rights Council Resolution 5/1, UN Doc. A/HRC/RES/6/102.

4. In Larger Freedom: towards Development, Security and Human Rights for all, Report of the Secretary-General, UN. Doc. S/59/2005.

5. In Larger Freedom: towards Development, Security and Human Rights for all, Addendum: Human Rights Council, Explanatory note by the Secretary-General, UN Doc. A/59/2005/Add. 1.

6. National Report Submitted In Accordance With Paragraph 15 (A) of the Annex To Human Rights Council Resolution 5/1: China, UN Doc. A/HRC/WG. 6/4/CHN/2, 2008.

7. Compilation prepared by the Office of the High Commissioner for Human Rights in accordance with paragraph 15 (b) of the annex to Human Rights Council resolution 5/1 and paragraph 5 of the annex to Council Resolution 16/21, UN Doc. A/HRC/WG. 6/4/CHN/2, 2008.

8. Summary prepared by the Office of the High Commissioner for Human Rights in accordance with paragraph 15 (b) of the annex to Human Rights Council resolution 5/1 and paragraph 5 of the annex to Council resolution 16/21, UN Doc. A/HRC/WG. 6/4/CHN/3, 2009.

9. Report of the Working Group on the Universal Periodic Review: China, UN Doc. A/HRC/11/25, 2009.

10. National Report Submitted in accordance with Paragraph 5 of the annex to Human Rights Council Resolution 16/21: China, UN Doc. A/HRC/WG. 6/17/CHN/1, 2013.

11. Compilation prepared by the Office of the High Commissioner for Human Rights in accordance with paragraph 15 (b) of the annex to Human Rights Council resolution 5/1 and paragraph 5 of the annex to Council Resolution, 16/21, UN Doc. A/HRC/WG. 6/17/CHN/2, 2013.

12. Report of the Working Group on the Universal Periodic Review: China, UN Doc. A/HRC/25/5, 2013.

13. Report of the Working Group on the Universal Periodic Review: China, Addendum: Views on Conclusions and/or Recommendations, Voluntary Commitments and Replies Presented by the State under Review, UN Doc. A/HRC/25/5/Add. 1, 2014.

14. The Present Report was Prepared Pursuant to Human Rights Council resolutions 5/1 and 16/21, Compilation on China, UN Doc. A/HRC/WG. 6/31/CHN/2, 2018.

15. Report of the Working Group on the Universal Periodic Review: China, Addendum, Views on Conclusions and/or Recommendations, Voluntary Commitments and Replies Presented by the State under Review, UN Doc. A/HRC/40/6/Add. 1, 2018.

16. National report submitted in accordance with paragraph 5 of the annex to Human Rights Council resolution 16/21: China, UN Doc. A/HRC/WG. 6/31/CHN/1, 2018.

17. Report of the Working Group on the Universal Periodic Review: China, Addendum, A/HRC/40/6/Add. 1.

18. Compilation Prepared by the Office of the High Commissioner For Human Rights, In Accordance With Paragraph 15 (B) of the Annex To Human Rights Council Resolution 5/1, United States of America, UN Doc. A/HRC/WG. 6/9/

USA/2.

19. Compilation prepared by the Office of the United Nations High Commissioner for Human Rights in accordance with paragraph 15 (b) of the annex to Human Rights Council resolution 5/1 and paragraph 5 of the annex to Council resolution 16/21, United States of America, UN Doc. A/HRC/WG. 6/22/USA/2.

20. Compilation Prepared by the Office of the High Commissionerfor Human Rights, In Accordance with Paragraph 15 (B) of the Annex to Human Rights Council Resolution 5/1, United Kingdom of Great Britain and Northern Ireland, UN Doc. A/HRC/WG. 6/1/GBR/2.

21. Compilation prepared by the Office of the High Commissioner for Human Rights in accordance with paragraph 5 of the annex to Human Rights Council resolution 16/21, United Kingdom of Great Britain and Northern Ireland, UN Doc. A/HRC/WG. 6/13/GBR/2.

22. Compilation Prepared by the Office of the High Commissioner for Human Rights, In Accordance With Paragraph 15 (B) of the Annex To Human Rights Council Resolution 5/1, France, UN Doc. A/HRC/WG. 6/2/FRA/2.

23. Compilation prepared by the Office of the High Commissioner for Human Rights in accordance with paragraph 5 of the annex to Human Rights Council resolution 16/21, France, UN Doc. A/HRC/WG. 6/15/FRA/2.

24. Compilation Prepared by the Office of the High Commissioner For Human Rights, In Accordance With Paragraph 15 (B) Of the Annex To Human Rights Council Resolution 5/1, Germany, UN Doc. A/HRC/WG. 6/4/DEU/2.

25. Compilation prepared by the Office of the High Commissioner for Human Rights in accordance with paragraph 5 of the annex to Human Rights Council resolution 16/21, Germany, UN Doc. A/HRC/WG. 6/16/DEU/2.

26. Compilation Prepared by the Office of the High Commissioner For Human Rights, In Accordance With Paragraph 15 (B) of the Annex To Human Rights Council Resolution 5/1, Japan, UN Doc. A/HRC/WG. 6/2/JPN/2.

27. Compilation prepared by the Office of the High Commissioner for Human Rights in accordance with paragraph 5 of the annex to Human Rights Council reso-

lution 16/21, Japan, UN Doc. A/HRC/WG. 6/14/JPN/2.

28. Compilation Prepared by the Office of the High Commissioner For Human Rights, In Accordance With Paragraph 15 (B) of the Annex To Human Rights Council Resolution 5/1, Russian Federation, UN Doc. A/HRC/WG. 6/4/RUS/2.

29. Compilation prepared by the Office of the High Commissioner for Human Rights in accordance with paragraph 5 of the annex to Human Rights Council resolution 16/21, Russian Federation, A/HRC/WG. 6/16/RUS/2, 2013.

30. Report of the Working Group on the Universal Periodic Review: China, Addendum, A/HRC/40/6/Add. 1, 2019.

31. Follow-up to the Human Rights Council resolution 16/21 with regard to the Universal Periodic Review, UN Doc. A/HRC/DEC/17/119, 2011.

32. Review of the Work and Functioning of the Human Rights Council, UN Doc. A/HRC/RES/16/21.

33. Code of Conduct for Special Procedures Mandate-holders of the Human Rights Council, art. 4 (1). UN Doc. A/HRC/RES 5/2, 2007.

34. Manual of Operations of the Special Procedures of the Human Rights Council.

35. Coordination Committee of Special Procedure: Internal Advisory Procedure to Review Practice and Working Methods, 2008.

36. Report of the Inter-sessional Working Group on Enhancing the Effectiveness of the Mechanism of the Commission on Human Rights, UN Doc. E/CN. 4/2000/112.

37. The Regulations Governing the Status, Basic Rights and Duties of Officials other than Secretariat Officials, and Experts of Mission, UN Doc. ST/SGB/2002/13.

38. Terms of Reference for Fact-Finding Missions by Special Procedures, UN Doc. E/CN. 4/1998/45, 1998.

39. The right to education: Report submitted by the Special Rapporteur, Katarina Tomaševski, Addendum, Mission to China, UN Doc. E/CN. 4/2004/45/

Add. 1, 2003.

40. Civil and Political Rights, Including the Questions of Torture and Detention, Report of the Special Rapporteur on torture and other cruel, inhuman or degrading treatment or punishment, Manfred Nowak, Mission to China, E/CN. 4/2006/6/Add. 6.

41. Implementation of the Declaration on the Elimination of All Forms of Intolerance and of Discrimination Based on Religion or Belief, Report Submitted by Mr. Abdelfattah Amor, Special Rapporteur, UN Doc. E/CN. 4/1996/95/Add. 1.

42. Follow-Up Table Addressed to the Chinese Authorities, UN Doc. A/51/542.

43. Report of the Special Rapporteur on the Right to Food: Mission to China, A/HRC/19/59/Add. 1, 20 January 2012.

44. Report submitted by the Special Rapporteur on the right to food, Olivier De Schutter, Addendum, Preliminary note on the mission to China (15-23 December 2010), UN Doc. A/HRC/16/49/Add. 3, 2011.

45. Question of the Human Rights of All Persons Subjected to Any Form of Detention Or Imprisonment, Report of the Working Group on Arbitrary Detention, UN Doc. E/CN. 4/1997/4.

46. Report of the Working Group on the issue of discrimination against women in law and in practice: Mission to China, UN Doc. A/HRC/26/39/Add. 2, 2014.

47. Report of the Independent Expert on the Effects of Foreign Debt and Other Related International Financial Obligations of States on the Full Enjoyment of All Human Rights, Particularly Economic, Social and Cultural Rights on His Mission to China, UN Doc. A/HRC/31/60/add. 1.

48. Report of the Special Rapporteur on extreme poverty and human rights on his mission to China, UN Doc. A/HRC/35/26/Add. 2.

49. Note Verbale Dated 2003/12/10from the Permanent Mission of China to the United Nations Office at Geneva Addressed to the Office of the United Nations High Commissioner for Human Rights, UN Doc. E/CN. 4/2004/g/16.

50. Preparation of Two Draft International Covenants on Human Rights, UN Doc. A/RES/543 (VI), A/2529.

51. Compilation of Guidelines on the Form and Content of Reports to be Submitted by States Parties to the International Human Rights Treaties, Report of the Secretary-General, UN Doc. HRI/GEN/2/Rev. 6, 2009.

52. Guidelines for the Treaty-Specific Document to Be Submitted by States Parties Under Article 40 of the International Covenant on Civil and Political Rights, UN Doc. CCPR/C/66/Rev. 2.

53. Guidelines for the Treaty-Specific Document to Be Submitted by States Parties Under Article 40 of the International Covenant on Civil and Political Rights, UN Doc. CCPR/C/2009/1.

54. Guidelines on Treaty-Specific Documents to Be Submitted by States Parties Under Articles 16 and 17 of the International Covenant on Economic, Social and Cultural Rights, UN Doc. E/C. 12/2008/2.

55. Guidelines for the CERD-Specific Document to be Submitted by States Parties Under Article 9, Paragraph 1, of the Convention: International Convention on the Elimination of All Forms of Racial Discrimination, UN Doc. CERD/C/2007/1.

56. Guidelines on the Form and Content of Initial Reports Under Article 19 to Be Submitted by States Parties to the Convention Against Torture, UN Doc. CAT/C/4/Rev. 3.

57. General Guidelines Regarding the Form and Contents of Periodic Reports to Be Submitted by States Parties Under Article 19, Paragraph 1, of the Convention: Convention Against Torture and Other Cruel, Inhuman or Degrading Treatment or Punishment, UN Doc. CAT/C/14/Rev. 1.

58. Compilation of Guidelines on the Form and Content of Reports to Be Submitted by States Parties to the International Human Rights Treaties: Report of the Secretary-General, UN Doc. HRI/GEN/2/Rev. 5.

59. Committee on the Rights of the Child: General Guideline Regarding the Form and Content on Initial Report to Be Submitted Under Article 44, 1 (A) of

the Convention, UN Doc. CRC/C/5.

60. Committee on the Rights of the Child: General Guidelines Regarding the Form and Content of Periodic Reports to Be Submitted by States Parties Under Article 44, Paragraph 1 (B), of the Convention, UN Doc. CRC/C/58/Rev. 1.

61. Guidelines on Treaty-Specific Document to Be Submitted by States Parties Under Article 35, Paragraph 1, of the Convention on the Rights of Persons with Disabilities, UN Doc. CRPD/C/2/3. Compilation of Guidelines on the Form and Content of Reports to be Submitted by States Parties to the International Human Rights Treaties: Addendum, UN Doc. HRI/GEN/2/Rev. 2/Add. 1.

62. Guidelines for the Periodic Reports to be Submitted by States Parties under Article 73 of the Convention: International Convention on the Protection of the Rights of all Migrant Workers and Members of Their Families, UN Doc. CMW/C/2008/1.

63. Report of the Committee against Torture Thirty-seventh session, Thirty-eighth session, UN Doc. A/62/44.

64. Report of the Committee against Torture Forty-first session, Forty-second session, UN Doc. A/64/44.

65. Focused Reports Based on Replies to Lists of Issues Prior to Reporting: Implementation of the New Optional Reporting Procedure, UN Doc CCPR/C/99/4, 2010.

66. Committee on Economic, Social and Cultural Rights: Rules of Procedure of the Committee, Art. 58 (2), UN Doc. E/C12/1990/4/Rev. 1.

67. Committee on Economic, Social and Cultural Rights: Report onthe Twenty-Fifth, Twenty-Sixth and Twenty-Seventh Sessions, UN Doc. E/C12/2001/17.

68. Report of the Committee on the Elimination of Racial Discrimination 58th Session, 59thSession, UN Doc. A/56/18.

69. Report of the Committee against Torture Thirty-seventh session, Thirty-eighth session, UN Doc. A/62/44.

70. Report of the Committee on the Elimination of Racial Discrimination,

General Assembly Official Records, Fifty-first Session Supplement No. 18, UN Doc. A/51/18, 1996.

71. Report of the Committee on the Elimination of Racial Discrimination, UN Doc. A/45/18, 1991.

72. Committee on Economic, Socialand Cultural Rights: Report on the Twentieth and Twenty-First Sessions, E/2000/22-E/C. 12/1999/11, 2000.

73. Committee on Economic, Social and Cultural Rights: Report on the Forty-fourth, Forty-fifth sessions, UN Doc. E/2011/22, E/C. 12/2010/3.

74. Report of the Human Rights Committee (2002), vol. I, UN Doc. A/57/40, para. 55 and Annex III.

75. Report on the Working Methods of the Committee on the Rights of the Child,

76. Report on the Working Methods of the Human Rights Treaty Bodies Relating to the State Party Reporting Process, UN Doc. HRI/ICM/2010/2.

77. Report of the Committee on the Elimination of Discrimination against Women Forty-fourth session, Forty-fifth session, UN Doc. A/65/38.

78. Committee on Economic, Social and Cultural Rights: Report on the forty-second and forty-third sessions (2010), UN Doc. E/2010/22-EC12/2009/3.

79. Report of the Committee on the Elimination of Racial Discrimination Sixty-second session, Sixty-third session, UN Doc A/58/18.

80. Report of Committee against Torture, Forty-third session, forty-forth session, UN Doc. A/65/44.

81. Report of the Committee on the Elimination of Discrimination against Women, Twentieth session, Twenty-first session, UN Doc. A/54/38/Rev. 1.

82. Committee on Economic, Social and Cultural Rights Guidelines on Treaty-Specific Documents to Be Submitted by States Parties Under Articles 16 and 17 of the International Covenant on Economic, Social and Cultural Rights, UN Doc. E/C. 12/2008/2.

83. Implementation of the International Covenant on Economic, Social and Cultural Rights, Initial reports submitted by States parties under articles 16 and 17

of the Covenant, Addendum, People's Republic of China, UN Doc. E/1990/5/
Add. 59, 2004.

84. Committee on the Rights of the Child Consideration of Reports Submitted
by States Parties Under Article 44 of the Convention, Second Periodic Report of
States Parties Due In 1997, China, UN Doc. CRC/C/83/add. 9.

85. Core Document Forming Part of the Reports of States parties: China, UN
Doc. HRI/CORE/CHN/2010.

86. Human Rights Committee, Recent decisions on procedures, UN Doc. A/
56/40, 2001.

87. Guidelines for the Participation of Partners in the Pre-sessional Working
Group of the Committee on the Rights of the Child, UN Doc. CRC/C/90 Annex
VIII.

88. Overview of the working methods of the Committee on the Elimination of
Discrimination against Women in relation to the reporting process, in Ways and
means of expediting the work of the Committee on the Elimination of Discrimination
against Women, Annex III, UN Doc. CEDAE/C/2009/II/4.

89. Rules of Procedure of Human Rights Committee, CCPR/C/3/rev. 11.

90. Committee against Torture: Rule of Procedure, CAT/C/3/Rev. 6, R68
(2), R70.

91. Rule of Procedure of meetings of state parties to the international conven-
tion on the Eliminations all forms of discriminations against women, UN Doc.
CERD/SP/2/Rev. 1, Rule 65 (2).

92. Terms of Reference for the Work of the CERD Follow up Coordinator
(2005), UN Doc. CERD/C/66/Misc11/Rev2.

93. Non-governmental Organization Participation in the Activities of the Com-
mittee on Economic, Social and Cultural Rights, UN Doc E/C12/2000/6.

94. Implementation of the Convention on the Rights of Persons with Disabili-
ties, Initial reports submitted by States Parties under article 35 of the Convention,
China, CRPD/C/CHN/1.

95. Committee on the Rights of Persons with Disabilities: Concluding obser-

vations on the initial report of China, adopted by the Committee at its eighth session, CRPD/C/CHN/CO/1.

96. Committee on the Rights of the Child: Concluding observations on the combined third and fourth periodic reports of China, adopted by the Committee at its sixty-fourth session (16 September – 4 October 2013), CRC/C/CHN/CO/3-4.

97. Committee on the Rights of the Child: Consideration of reports submitted by States parties under article 44 of the Convention Third and fourth periodic reports of States parties due in 2009, China, CRC/C/CHN/3-4.

98. Implementation of the International Covenant on Economic, Social and Cultural Rights Initial Reports Submitted by States Parties Under Articles 16 and 17 of the Covenant Addendum People's Republic of China, UN Doc. E/C. 12/CHN/2, 2012.

99. Consideration of Reports Submitted by States Parties Under Articles 16 and 17 of the Covenant, Concluding observations of the Committee on Economic, Social and Cultural Rights: People's Republic of China (including Hong Kong and Macao) UN Doc. E/C. 12/1/Add. 107.

100. Consideration of Reports Submitted by States Parties Under Article 9 of the Convention, Concluding Observations of the Committee on the Elimination of Racial Discrimination: China, CERD/C/CHN/CO/10-13.

101. Committee on the Elimination of Racial Discrimination: Concluding Observations on the Combined Fourteenth to Seventeenth Periodic Reports of China, UN Doc. CERD/C/CHN/CO/14-17.

102. Committee on the Elimination of Racial Discrimination: Consideration of reports submitted by States parties under article 9 of the Convention Fourteenth to seventeenth periodic reports of States parties due in 2015, China, CERD/C/CHN/14-17.

103. Committee against Torture: Consideration of reports submitted by States parties under article 19 of the Convention, Fifth periodic report due in 2012, China, CAT/C/CHN/5.

104. Committee against Torture: Concluding observations on the fifth periodic report of China, CAT/C/CHN/CO/5.

105. Concluding comments of the Committee on the Elimination of Discrimination against Women: China, UN Doc. CEDAW/C/CHN/5-6.

106. Consideration of Reports Submitted by States Parties under Article 18 of the Convention on the Elimination of All Forms of Discrimination against Women, Combined Seventh and Eighth Periodic Report of States Parties, China, UN Doc. CEDAW/C/CHN/7-8.

107. Committee on the Elimination of Discrimination Against Women: Concluding Observations the Combined Seventh and Eighth Periodic Reports of China, UN Doc. CEDAW/C/CHN/CO/7-8.

108. Consideration of Reports Submitted by States Parties Under Article 44 of the Convention: Convention on the Rights of the Child: Concluding Observations of the Committee on the Rights of the Child: United Kingdom of Great Britain and Northern Ireland, UN Doc. CRC/C/15/Add. 34.

109. Consideration of Reports Submitted by States Parties Under Article 40 of the Covenant: Comments of the Human Rights Committee: United Kingdom of Great Britain and Northern Ireland, UN Doc. CPR/C/79/Add. 55.

110. Consideration of Reports Submitted by States Parties Under Article 40 of the Covenant: International Covenant on Civil and Political Rights: Concluding Observations of the Human Rights Committee: Peru, UN Doc. CCPR/C/79/add. 72.

111. CESCR General Comment No. 1: UN Doc. HRI/GEN/1/Rev7.

112. CRC Committee General Comment No 2: UN Doc. CRC/GC/2002/2

113. Concept Paper on the High Commissioner's Proposal for a Unified Standing Treaty Body, UN Doc. HR/2, 2006.

114. Effective Functioning of Bodies Established Pursuant to United Nations Human Rights Instrument, UN Doc. E/CN4/1997/74.

115. Guidelines on the independence and impartiality of members of the human rights treaty bodies ("the Addis Ababa guidelines"), UN Doc. A/67/222.

116. Harmonized Guidelines on Reporting Under the International Human Rights Treaties, Including Guidelines on A Core Document and Treaty – Specific Documents, UN Doc. HRI/MC/2006/3.

117. United Nations Reform: Measures and Proposals, Note by the Secretary-General, UN Doc. A/66/860.

118. Strengthening and Enhancing the Effective Functioning of the Human Rights Treaty Body System, UN Doc. A/RES/68/268, 2014.

119. Reporting Obligation of States Parties to International Instrument on Human Rights and Effective Functioning of Bodies Established Pursuant to Such Instruments, UN Doc. A/RES/43/115.

120. Effective Implementation of International Instrument on Human Rights, Including Reporting Obligation under International Instrument on Human Rights Annex, UN Doc. A/44/668.

121. Interim Report on Updated Study by Mr. Philip Alston, UN Doc. A/CONF. 157/PC/62/Add. 11/Res. 11/Rev. 1, Addendum.

122. Final Report on Enhancing the Long – term Effectiveness of the United Nations Human Rights Treaty System, UN Doc. E/CN. 4/1997/74.

123. Strengthening of the United Nations: An Agenda for Further Change, Report of the Secretary-General, UN Doc. A/57/387.

124. Background Note on the Secretary-General Proposals for Reform of the Treaty Body System, UN Doc. HRI/ICM/2003/3.

125. Plan of Action Submitted by the United Nations High Commissioner for the Human Rights, Report of the Secretary – General, UN Doc. S/59/2005/Add. 3.

126. Concept Paper on the High Commissioner's Proposal for a United Standing Treaty Body, UN Doc. HRI/MC/2006/2.

127. Intergovernmental Process of the General Assembly on Strengthening and Enhancing the Effective Functioning of the Human Rights Treaty Body System, UN Doc. A/RES/66/254. 15, 2012.

128. Strengthening and enhancing the effective functioning of the human rights

treaty body system, UN Doc. A/RES/68/268, 2014.

129. Extension of the Intergovernmental Process of the General Assembly on Strengthening and Enhancing the Effective Functioning of the Human Rights Treaty Body System, UN Doc. A/RES/66/295, 2012.

130. Navanethem Pillay: Strengthening the United Nations Human Rights Treaty Body System: A Report by the United Nations High Commissioner for Human Rights, 2012.

131. Report of the Secretary-General, Measures to Improve further the Effectiveness, Harmonization and Reform of the Treaty Body System, UN Doc. A/66/344.

132. Protection against Violence and Discrimination Based on Sexual Orientation and Gender Identity, UN Doc. A/HRC/RES/32/2.

133. Review of the Special Procedures System, UN Doc. E/CN. 4/1997/L. 87.

134. Right to Development, A/HRC/RES/33/14.

135. Right to Development, A/HRC/RES/30/28; Right to Development, A/RES/70/155

136. United Nations Millennium Declaration, UN Doc. A/RES/55/2.

137. We the Peoples: The Role of the United Nations In the 21st Century: Report of the Secretary-General, UN Doc. A/54/2000.

138. Report of the Human Rights Council, the thirty-four session, UN Doc. A/72/53.

139. Transforming Our World: The 2030 Agenda for Sustainable Development, para. 23-27, UN Doc. A/RES/70/1, 2015.

二、著作

（一）中文著作：

1. 徐显明主编：《国际人权法》，法律出版社 2004 年版。

2. 徐显明主编：《人权法原理》，中国政法大学出版社 2008 年版。

3. 饶戈平主编：《国际组织法》，北京大学出版社 1996 年版。

4. 饶戈平主编：《国际组织与国际法实施机制的发展》，北京大学出版社 2013 年版。

5. 国际人权法教程项目组编写：《国际人权法教程》，中国政法大学出版社 2002 年版。

6. 彭锡华：《〈公民权利和政治权利国际公约〉国际监督制度研究》，吉林人民出版社 2001 年版。

7. 葛明珍：《〈经济、社会和文化权利国际公约〉及其实施》，中国社会科学出版社 2003 年版。

8. ［英］R. J. 文森特：《人权与国际关系》，凌迪、黄列、朱晓青译，知识出版社 1998 年版。

9. 刘杰：《国际人权体制——历史的逻辑与比较》，上海社会科学院出版社 2000 年版。

10. 朱晓青、柳华文：《〈公民权利和政治权利国际公约〉及其实施机制》，中国社会科学出版社 2003 年版。

11. 李步云主编：《人权法学》，高等教育出版社 2005 年版。

12. 蔡高强等：《人权国际保护与国内实践研究》，法律出版社 2007 年版。

13. ［奥］曼弗雷德·诺瓦克：《〈公民权利和政治权利国际公约〉评注》，孙世彦、毕小青译，生活·读书·新知三联书店 2008 年版。

14. 孙世彦：《国际人权法下的义务》，中国社会科学出版社 2013 年版。

15. ［德］乌·贝克、哈贝马斯等：《全球化与政治》，中央编译出版社 2000 年版。

16. ［瑞典］英瓦尔·卡尔松、［圭］什里达特·兰法尔主编：《天涯成比邻：全球治理委员会的报告》，中国对外翻译出版社公司 1995 年版。

17. 李东燕等：《全球治理：行为体、机制与议题》，当代中国出版社 2015 年版。

18. 倪世雄等：《当代西方国际关系理论》，复旦大学出版社 2001 年版。

19. 刘贞晔等：《全球公民社会研究：国际政治的视角》，中国政法大学出版社 2015 年版。

20. 曾令良、余敏友主编：《全球化时代的国际法——基础、结构与挑战》，武汉大学出版社 2005 年版。

21. 中国人权研究会主编：《构建人类命运共同体与全球人权治理》，五洲传播出版社 2018 年版。

22. 吴文成：《选择性治理：国际组织与规范倡导》，上海人民出版社 2017 年版。

23. 王明国：《全球治理机制与东亚一体化进程》，世界知识出版社 2015 年版。

24. 郭曰君：《国际人权法实施机制研究：以经济、社会和文化权利为中心》，中国政法大学出版社 2018 年版。

25. 朱利江：《联合国人权理事会普遍定期审议机制研究》，世界知识出版社 2020 年版。

26. 汤林森：《文化帝国主义》，冯建三译，上海人民出版社 1999 年版。

（二）外文著作：

1. Anne F. Bayefsky, *The UN Human Rights Treaty System：Universality at the Crossroads*, Transnational Publishers, 2001.

2. Anne F. Bayefsky, *The UN Human Rights Treaty System in the 21ˢᵗ Century*, Kluwer Law International, 2000.

3. Hurst Hannum, ed. , *Guide to International Human Rights Practice*, University of Pennsylvania Press, Philadelphia, 1992.

4. J. Symonides ed. , *Human Rights：international Protection, Monitoring, Enforcement*, UNESCO, Akdershot：Ashgate, 2003.

5. Gudmundur Alfredsson, Jonas Grimheden, *International Human Rights Monitoring Mechanisms：Essays in Honour of Jakob Th. Möller*, Marinus Nijhoff Publisher, 2ⁿᵈ, 2009.

6. B. G. Ramcharan ed. , *Human Rights and Human Security*, Kluwer Law International, 2002.

7. David Welssbrodt and Constance de la Vega, *International Human Rights Law：An Introduction*, University of Pennsylvania Press, 2007.

8. Manfred Nowak, *Introduction to the International Human Rights Regime*, Martinus Nijhoff Publishers, 2003.

9. M. Cherif Bassiouni and William A. Schabas, *New Challenges for the UN Human Rights Machinery*, Intersentia, 2011.

10. Philip Alston and James Crawford ed. , *The Future of UN Human Rights Treaty Monitoring*, Cambridge University Press, 2000.

11. B. G. Ramcharan, *International Law and Fact-Finding in the Field of Human Rights*, Martinus Nijhoff Publishers, 1982.

12. Oliver De Schutter, *International Human rights law: Cases, Materials and Commentary*, Cambridge University Press, 2010.

13. Miko Lempinen, *Challenges Facing the System of Special Procedures of the United Nations Commission on Human Rights*, Abo Akademi Press, 2001.

14. Miko Lempinen, the *United Nations commission on Human Rights and the Different Treatment of Governments-An Inseparable Part of Promoting and Encouraging Respect for Human Rights*? Åbo Akademi Press, 2005.

15. Ingrid Nifosi-Sutton, *The UN Special Procedures in the Field of Human Rights*, Intersentia, 2005.

16. Philip Alston ed. , *The United Nations and Human Rights: A Critical Appraisal*, Oxford University Press, 1992.

17. Yogesh Tyagi, *The UN Human Rights Committee*, Cambridge University Press, 2011.

18. Michael O' Flaherty, Liz Heffernan, *International Covenant on Civil and Political Rights: International Human rights Law in Ireland*, Brehon Publishing, 1995.

19. Dominic McGoldrick, *The Human Rights Committee: Its Role in the Development of the International Covenant on Civil and Political Rights*, Clarendon Press, 1991.

20. Sarah Joseph, Jenny Schultz, Melissa Castan, *The International Covenant on Civil and Political Rights: Cases, Materials, and Commentary*, Oxford University Press, 2004.

21. Henry Steiner, Philip Alston, and Ryan Goodman, *International Human rights in Context: Law, Politics, Morals*, 3rd ed., Oxford University Press, 2008.

22. JavaidRehman, *International Human rights Law*, 2nd ed., Pearson, Education Ltd. 2008.

23. Bertie G. Ramcharan, the *Protection Roles of UN Human Rights Special Procedures*, Brill, 2008.

24. Ton J. M. Zuijdwijk, *Petitioning the United Nations—A Study in Human Rights*, St. Martin's Press, 1982.

25. *Manual on Human Rights Reporting*, United Nations Publication, 1997.

26. Dr. Bertrand G. Ramcharan, *The Protection Roles of UN Human Rights Special Procedures*, Martinus Nijhoff Publishers, 2009.

27. Rosa Freedman, *The United Nations Human Rights Council: A Critique and Early Assessment*, Routledge Press, 2013.

28. Corneliu Bjola ed., Markus Kornprobst, *Arguing Global Governance: Agency, Lifeworld and Shared Reasoning*, Routledge 2010.

29. Bertrand Ramcharan, The Advent of Universal Protection of Human Rights: Theo van Boven and the Transformation of the UN Role, Springer International Publishing, 2018.

30. Surya P. Subedi, The effectiveness of the UN human rights system, Routledge, 2017.

三、期刊文章

（一）中文文章

1. 李步云：“论人权的三种存在形态”，载《法学研究》1991 年第 4 期。

2. 徐显明：“'基本权利'析”，载《中国法学》1991 年第 6 期；

3. 徐显明：“生存权论”，载《中国社会科学》1992 年第 5 期。

4. 徐显明：“人权观念在中国的百年历程”，载《社会科学论坛》2005 年第 3 期。

5. 刘海年：“不同文化背景的人权观念”，载《中国法学》1994 年第

3 期。

  6. 董云虎："人权概念的由来及其历史演变"，载《世界知识》1992 年第 13 期。

  7. 韩大元："宪法文本中'人权条款'的规范分析"，载《法学家》2004 年第 4 期。

  8. 鞠成伟："儒家思想对世界新人权理论的贡献——从张彭春对《世界人权宣言》订立的贡献出发"，载《环球法律评论》2011 年第 1 期。

  9. 黄建武："儒家传统与现代人权建设——以张彭春对《世界人权宣言》形成的贡献为视角"，载《中山大学学报：社会科学版》2012 年第 6 期。

  10. 罗艳华："中国参与国际人权合作的历程与展望"，载《思想理论教育导刊》2005 年第 1 期。

  11. 罗艳华："联合国对国际人权保护机制的构建及中国的参与"，载《国际政治研究》2015 年第 6 期。

  12. 刘波："中国参与国际人权规范的连续性和变动性问题研究"，载《人权》2012 年第 6 期。

  13. 万鄂湘、陈建德："论国际人权条约的准司法监督机制"，载《武汉大学学报（人文科学版）》1997 年第 6 期。

  14. 莫纪宏："论人权的司法救济"，载《法商研究》2000 年第 5 期。

  15. 彭锡华："国际人权条约实施的国际监督制度"，载《西南民族学院学报（哲学社会科学版）》2001 年第 10 期。

  16. 曾令良："联合国人权条约实施机制：现状、问题和加强"，载《江汉论坛》2014 年第 7 期。

  17. 张爱宁："国际人权保护实施监督机制的新动向"，载《法学》2010 年第 1 期。

  18. 孙世彦："《经济、社会、文化权利国际公约任择议定书》生效五年之观察"，载《国际法研究》2018 年第 6 期。

  19. 黎尔平："国际人权保护机制的构成及发展趋势"，载《法商研究》2005 年第 5 期。

  20. 柳华文："联合国与人权的国际保护"，载《世界经济与政治》

2015 年第 4 期。

21. 朱利江:"试论联合国人权普遍定期审议中的议会参与",载《人权》2017 年第 1 期。

22. 何志鹏:"人权全球化与联合国的进程",载《当代法学》2005 年第 5 期。

23. 江国青:"国际法实施机制与程序法律制度的发展",载《法学研究》2004 年第 2 期。

24. 王秀梅:"国际法体系化机制及其进路",载《政法论丛》2007 年第 2 期。

25. 尹生:"核心国际人权条约缔约国报告制度:困境与出路",载《中国法学》2015 年第 3 期。

26. 戴瑞君:"论联合国人权条约监督机制的改革",载《法学杂志》2009 年第 3 期。

27. 吴晓晖:"论联合国人权条约监督机制的改革的若干理论和实践问题",载《武大国际法评论》2011 年第 1 期。

28. 陈拯:"内发的变革:中国与国际人权规范互动的自主性问题",载《外交评论(外交学院学报)》2012 年第 2 期。

29. 毛俊响:"国际人权话语权的生成路径、实质与中国的应对",载《法商研究》2017 年第 1 期。

30. 陈正良、周婕、李包庚:"国际话语权本质析论——兼论中国在提升国际话语权上的应有作为",载《浙江社会科学》2014 年第 7 期。

31. 李彬:"传播学的关键概念",载《国际新闻界》2002 年第 5 期。

32. 梁凯音:"论国际话语权与中国拓展国际话语权的新思路",载《当代世界与社会主义》2009 年第 3 期。

33. 阮建平:"话语权与国际秩序的建构",载《现代国际关系》,2003 年第 5 期。

34. 柳华文:"改革开放 40 年与中国人权发展道路",载《世界经济与政治》2018 年第 9 期。

35. 袁正清、李志永、主父笑飞:"中国与国际人权规范重塑",载《中国社会科学》2016 年第 7 期。

36. 秦亚青："行动的逻辑：西方国际关系理论'知识转向'的意义"，载《中国社会科学》2013 年第 12 期。

37. 郑永年："确立中国外交政策的国际话语权"，载《公共外交通讯》2010 年春季号（创刊号）。

38. 刘志强："新时代中国人权话语体系的表达"，载《法律科学（西北政法大学学报）》2018 年第 5 期。

39. 韦宗友："国际议程设置：一种初步分析框架"，载《世界经济与政治》2011 年第 10 期。

40. 何颖、霍建国："全球治理对人权保障与发展双重作用的分析"，载《人权》2012 年第 1 期。

41. 俞可平："全球治理引论"，载《马克思主义与现实》2002 年第 1 期。

42. 肖欢容、张沙沙："全球治理实践的维度论析"，载《江西师范大学学报（哲学社会科学版）》2019 年第 3 期。

43. 孙萌："论联合国人权机制的整合"，载《世界经济与政治》2017 年第 7 期。

44. 薛晓芃："全球治理转型与中国的责任定位：基于全球问题属性的研究"，载《东北亚论坛》2018 第 6 期。

45. 李明明："欧洲去一体化：理论逻辑与现实发展"，载《外交评论（外交学院学报）》2018 年第 6 期。

46. 饶戈平、黄瑶："论全球化进程与国际组织的互动关系"，载《法学评论》2002 年第 2 期。

48. 陈一峰："全球治理视野下的国际组织法研究：理论动向及方法论反思"，载《外交评论》2013 年第 5 期。

49. ［英］威廉·科尔曼、周思成："世界秩序、全球化和全球治理"，载《中国治理评论》2013 年第 1 期。

（二）外文文章

1. Antonio Cassese, "The Admissibility of Communications to the United Nations on Human Rights Violations", *Human Rights Journal*, Vol. 5, 1972.

2. Yvone Terlingen, "The Human Rights Council: A New Era in UN Human

Rights Work？", *Ethics & International Affairs*, Volume 21.2, 2007.

3. Paulo Sergio Pinheiro, "Being A Special Rapporteur: A Delicate Balancing Act", *The International Journal of Human Rights*, vol. 15: 2, 2011.

4. Nigel S. Rodley, "On the responsibility of special rapporteurs", *The International Journal of Human Rights*, vol. 15: 2, 2011.

5. Jeroen Gutter, "Special Procedures and the Human Rights Council: achievements and challenges ahead", *Human Rights Law*, Volume 7, Issue 1, 2007.

6. Ladan Rahmani-Ocora, "Giving the Emperor Real Clothes: The UN Human Rights Council", *Global Governance*, vol. 12, 2006.

7. Michael O'Flaherty, "The Concluding Observations of United Nations Human Rights Treaty Bodies", *Human Rights Law Review*, vol. 6, 2006.

8. John P. Humphrey, "The United Nations Sub-Commission on the Prevention of Discrimination and the Protection of Minorities", *American Journal of International Law*, Vol. 62, No. 4, 1968.

9. Thomas Buergenthal, "Remarks at the 87th Annual Meeting of the American Society of International Law", Proceedings of the ASIL Annual Meeting vol. 87, ASIL, 1993.

10. Nigel S. Rodley, "United Nations Treaty Bodies System and Special Procedures on the Commission on Human Rights-Complementarity or Competition?", *Human Rights Quarterly*, vol. 25, No. 4, 2003.

11. Philip Alston, "Reconceiving the UN Human Rights Regime: challenges confronting the new UN Human Rights Council", *Melbourne Journal of International Law*, vol. 7, 2006.

12. Jack Donnelly, "International human rights: a regime analysis", *International Organization*, Vol. 40, No. 3, 1986.

13. Francoise J. Hampson, "An Overview of the Reform of the UN Human Rights Machinery", *Human Rights Review*, vol. 7, 2007.

14. Michael O'Flaherty&Claire O' Brien, "Reform of the UN Human Rights Treaty Monitoring Bodies: A critique of the Concept paper on the High

Commissioner's Proposal for a Unified Standing Treaty Body", *Human Rights Review*, vol. 7, 2007.

15. Rachael Lorna Johnstone, "Cynical Savings or Reasonable Reform? Reflections on a Single Unified UN Human Rights Treaty Body", *Human Rights Review*, vol. 7, 2007.

16. Michael Bowman, "Towards a Unified Treaty Body for Monitoring Compliance with UN Human Rights Conventions? Legal Mechanisms for Treaty Reform", *Human Rights Review*, vol. 7, 2007.

17. Michael Kirby, "Special Procedures—Reflections on the Office of UN Special Representative for Human Rights in Cambodia", *Melbourne Journal of International Law*, Vol 11.

18. Thomas Buergenthal, "The Evolving International Human Rights System", *The American Journal of International Law*, Vol. 100, No. 4, 2006.

19. Martin Scheinin, "The Proposed Optional Protocol to the Covenant on Economic, Social and Cultural Rights: A Blueprint for UN Human Rights Treaty Body Reform-Without Amending the Existing Treaties", *Human Rights Law Review*, vol. 6, 2006.

20. Virginia Mantouvalou, "Extending Judicial Control in International Law: Human Rights Treaties and Extraterritoriality", *International Journal of Human Rights*, Vol. 9, No. 2, 2005.

21. Bertie G. Ramcharan, "The Future of the UN High Commissioner for Human Rights", *The Round Table*, Vol. 94, No. 1, 2005.

22. Theo Van Boven, "The United Nations High Commissioner for Human Rights: The History of a Contested Project", *Leiden Journal of International Law*, vol. 20, 2007.

23. Dinusha Panditaratne, "Reporting on Hong Kong to UN Human Rights Treaty Bodies: ForBetter or Worse Since1997?", *Human Rights Law Review*, vol. 8, No. 2, 2008.

24. Lyal S. Sunga, "How can UN human rights special procedures sharpen ICC fact-finding?", *The International Journal of Human Rights*, Vol. 15, No. 2,

2011.

25. Helen Upton, "The Human Rights Council: First Impressions and Future Challenges", *Human Rights Law Review*, vol. 7, No. 1, 2007.

26. William Korey, "Human Rights NGOS: The Power of Persuasion", *Ethics & International Affairs*, vol. 13, No. 1, 2006.

27. Adrian Manzi, "The Rationality of Human Rights: Between the Legal System and Human Sciences", *Nomadas*, *Critical Journal of Social and Juridical Sciences*, Vol. 18, No. 2, 2008.

28. Philip C. Aka, "The Human Rights Action Plan for China (2009 – 2010)", *International Legal Materials*, Vol. 48, No. 4, 2009.

29. Gauthier De Beco, "Monitoring corruption from a human rights perspective", *The International Journal of Human Rights*, Vol. 15, No. 7, 2011.

30. Keisuke Iida, "Human Rights and Sexual Abuse: The Impact of International Human Rights Law on Japan", *Human Rights Quarterly*, Volume 26, Number 2, 2004.

31. Yvonne Terlingen, "The Human Rights Council: A New Era in UN Human Rights Work?", *Ethics & International Affairs*, vol. 21, No. 2, 2007.

32. Jeremy Paltiel, "Does a half-full glass justify a leap of faith? Incremental change and human rights in China", *International Journal*, Vol. 61, No. 2, 2006.

33. Christine Bell, Johanna Keenan, "Human Rights Nongovernmental Organizations and the Problems of Transition", *Human Rights Quarterly*, Volume 26, Number 2, 2004.

34. Zenon Stavrinides, "Human Rights Obligations under the United Nations Charter", *The International Journal of Human Rights*, Volume 3, Issue 2, 1999.

35. Hong Xiao, "Values Priority and Human Rights Policy: A Comparison between China and Western Nations", *Journal of Human Values*, vol. 11, No. 2, 2005.

36. Sanzhuan Guo, "Implementation of Human Rights Treaties by Chinese Courts: Problems and Prospects", *Chinese Journal of International Law*, Vol. 8, No. 1, 2009.

37. Robert K. Goldman, "History and Action: The Inter-American Human Rights System and the Role of the Inter - American Commission on Human Rights", *Human Rights Quarterly*, vol. 31, 2009.

38. Ngozi F. Stewart, "International Protection of Human Rights: The United Nations System", *The International Journal of Human Rights*, Vol. 12, No. 1, 2008.

39. Tony Evans, "International Human Rights Law as Power/Knowledge", *Human Rights Quarterly*, Volume 27, Number 3, August 2005.

40. Elias Davidsson, "Legal boundaries to UN sanctions", *The International Journal of Human Rights*, Vol 7, No. 4, 2003.

41. Mohamed Elewa Badar, "Basic principles governing limitations on individual rights and freedoms in human rights instruments", *The International Journal of Human Rights*, Vol 7, No. 4, 2003.

42. Dinah PoKempner, "Making Treaty Bodies Work: An Activist Perspective", *Proceedings of the Annual Meeting*, Vol. 91, 1997.

43. Gauthier De Beco, "Monitoring corruption from a human rights perspective", *The International Journal of Human Rights*, Vol. 15, No. 7, 2011.

44. C. Raj Kumar, "National Human Rights Institutions and Economic, Social, and Cultural Rights: Toward the Institutionalization and Developmentalization of Human Rights", *Human Rights Quarterly*, Volume 28, No. 3, 2006.

45. Kerstin Martens, "Professionalized Representation of Human Rights NGOs to the United Nations", *The International Journal of Human Rights*, vol. 10, No. 1, 2006.

46. Lawrence C. Moss, "Opportunities for Nongovernmental Organization Advocacy in the Universal Periodic Review Process at the UN Human Rights Council", *Journal of Human Rights Practice*, Vol 2, Number 1, 2010.

47. Marie Törnquist-Chesnier, "NGOs and international law", *Journal of Human Rights*, vol 3, No. 2, 2004.

48. Sujay Ghosh, "NGOs as Political Institutions", *Journal of Asian and African Studies*, Vol. 44, No. 5, 2009.

49. Claire Breen, "Rationalizing the Work of UN Human Rights Bodies or Reducing the Input of NGOs? The Changing Role of Human Rights NGOs at the United Nations", *Non-StateActors and International Law*, vol. 5, 2005.

50. Steven Seligman, "Politics and principle at the UN Human Rights Commission and Council (1992-2008) ", *Israel Affairs*, Vol. 17, No. 4, 2011.

51. Surya P. Subedi, "Protection of Human Rights through the Mechanism of UN Special Rapporteurs", *Human Rights Quarterly*, Volume 33, No. 1, 2011.

52. Rachel Murray, "Recent Developments in the African Human Rights System2007", *Human Rights Law Review*, vol. 8, No. 2, 2008.

53. Gina Bekker, "Recent Developments in the African Human Rights System 2008-09", *Human Rights Law Review*, vol. 9, No. 4, 2009.

54. Mashood A. Baderin, "Recent Developments in the African Regional Human Rights System", *Human Rights Law Review*, Vol. 5, No. 1, 2005.

55. John R. Crook, "Contemporary Practice of The United States Relating to International Law", *American Journal of International Law*, Vol. 99, No. 3, 2005.

56. Judith Schönsteiner, Alma Beltrán y Puga and Domingo A. Lovera, "Reflections on the Human Rights Challenges of Consolidating Democracies: Recent Developments in the Inter-American System of Human Rights", *Human Rights Law Review*, Vol. 11, No. 2, 2011.

57. Michael O' Flaherty, "Reform of the UN Human Rights Treaty Body System: Locating the Dublin Statement", *Human Rights Law Review*, vol. 10: 2, 2010.

58. Norbert Götz, "Reframing NGOs: The Identity of an International Relations Non-Starter", *European Journal of International Relations*, vol. 14 (2), 2008 .

59. Kerstin Martens, " Professionalized Representation of Human Rights NGOs to the United Nations", *The International Journal of Human Rights*, Vol. 10, No. 1, 2006.

60. Pitman B. Potter, "China and the International Legal System: Challenges

of Participation", *The China Quarterly*, vol. 191, 2007.

61. Joanna Naples-Mitchell, "Perspectives of UN special rapporteurs on their role: inherent tensions and unique contributions to human rights", *The International Journal of Human Rights*, Vol. 15, No. 2, 2011.

62. Christophe Golay, Claire Mahon and Ioana Cismas, "The impact of the UN special procedures on the development and implementation of economic, social and cultural rights", *The International Journal of Human Rights*, Vol. 15, No. 2, 2011.

63. Oliver Hoehne, "Special Procedures and the New Human Rights Council -A Need for Strategic Positioning", *Essex Human Rights Review*, Vol. 4 No. 1, 2007.

64. Ted Piccone, "The contribution of the UN's special procedures to national level implementation of human rights norms", *The International Journal of Human Rights*, Vol. 15, No. 2, 2011.

65. Ineke Boerefijn, "Establishing State Responsibility for Breaching Human Rights Treaty Obligations: Avenues under UN Human Rights Treaties", *Netherlands International Law Review*, Vol. 56, No. 2, 2009.

66. Manisuli Ssenyonjo, "Reflections on state obligations with respect to economic, social and cultural rights in international human rights law", *The International Journal of Human Rights*, Vol. 15, No. 6, 2011.

67. Björn Ahl, "Statements of the Chinese Government before Human Rights Treaty Bodies: Doctrine and Practice of Treaty Implementation", *Australian Journal of Asian Law*, Vol 12, 2010.

68. Manfred Nowak, "The Need for a World Court of Human Rights", *Human Rights Law Review*, vol. 7, No. 1, 2007.

69. Laura Reidel, "What are Cultural Rights? Protecting Groups with Individual Rights", *Journal of Human Rights*, Vol. 9, No. 1, 2010.

70. Philip Alston, Jason Morgan-Foster and William Abresch, "The Competence of the UN Human Rights Council and its Special Procedures in relation to Armed Conflicts: Extrajudicial Executions in the 'War on Terror'", *The Euro-*

pean Journal of International Law, Vol. 19, no. 1, 2008.

71. Jarvis Matiya, "Repositioning the international human rights protection system: the UN Human Rights Council", *Common Wealth Law Bulletin*, Vol. 36, No. 2, 2010.

72. Ladan Rahmani-Ocora, "Giving the Emperor Real Clothes: The UN Human Rights Council", *Global Governance*, vol. 12, 2006.

73. Dejo Olowu, "The United Nations Human Rights Treaty System and The Challenges ofCommitment and Compliance in The South Pacific", *Melbourne Journal of International Law*, Vol 7, 2006.

74. Felice D. Gaer, "A Voice Not an Echo: Universal Periodic Review and the UN Treaty Body System", *Human Rights Law Review*, vol. 7, No. 1, 2007.

75. Raed A. Alhargan, "The impact of the UN human rights system and human rights INGOs on the Saudi Government with special reference to the spiral model", *The International Journal of Human Rights*, Vol. 16, No. 4, 2012.

76. Ángel Alonso Arroba, "The New United Nations Human Rights Council: What Has Change? What Can Change?", *Crossroads*, Vol. 6, No. 2, 2006.

77. Surya P. Subedi, Steven Wheatley, Amrita Mukherjee and Sylvia Ngane, "The role of the special rapporteurs of the United Nations Human Rights Council in the development and promotion of international human rights norms", *The International Journal of Human Rights*, Vol. 15, No. 2, 2011.

78. Nico Schrijver, "The UN Human Rights Council: A New 'Society of the Committed' or Just Old Wine in New Bottles?", *Leiden Journal of International Law*, vol. 20, 2007.

79. Benjamin Rivlin, "The United Nations Human Rights Council: A US Foreign Policy Dilemma", *American Foreign Policy Interests*, Vol. 30, No. 5, 2008.

80. James W. Nickel, "Is Today's International Human Rights System A Global Governance Regime?", *Journal of Ethics*, vol. 6, No. 4, 2002.

81. Nigel Rodley, "United Nations Human Rights Treaty Bodies and Special Procedures of the Commission on Human Rights? Complementarity or Competi-

tion?", *Human Rights Quarterly*, Vol. 25, No. 4, 2003.

82. Michael K. Addo, "Practice of United Nations Human Rights Treaty Bodies in the Reconciliation of Cultural Diversity with Universal Respect for Human Rights", *Human Rights Quarterly*, Volume 32, No. 3, 2010.

83. Kerstin Mechlem, "Treaty Bodies and the Interpretation of Human Rights", *Vanderbilt Journal of Transnational Law*, Vol. 42, 2009.

84. Felice D. Gaer, "Implementing international human rights norms: UN human rights treaty bodies and NGOs", *Journal of Human Rights*, Vol. 2, NO. 3, 2003.

85. Beata Faracik, " 'Constructive Dialogue' As a Cornerstone of the Human Rights Treaty Bodies Supervision", *Bracton Law Journal*, vol. 38, 2006.

86. Hanna Beate Schöpp-Schilling, "Treaty Body Reform: The Case of the Committee on the Elimination of Discrimination Against Women", *Human Rights Law Review*, vol. 7, No. 1, 2007.

87. Chen Dingding, "China's Participation in the International Human Rights Regime: A State Identity Perspective", *Chinese Journal of International Politics*, Vol. 2, 2009.

88. Pitman B. Potter, "China and the International Legal System: Challenges of Participation", *The China Quarterly*, vol. 191, 2007.

89. Björn Ahl, "The Rise of China and International Human Rights Law", *Human Rights Quarterly*, Vol. 37, 2015.

90. Björn Ahl, "Exploring Ways of Implementing International Human Rights Treaties in China", *Netherlands Quarterly of Human Rights*, Vol. 28, No. 3, 2010.

91. Katrin Kinzelbach, "Will China's Rise Lead to a New Normative Order? An Analysis of China's Statements on Human Rights at the United Nations (2000-2001) ", *Netherlands Quarterly of Human Rights*, Vol. 30, No. 3, 2012.

92. Chen Dingding, "China's Participation in the International Human Rights Regime: A State Identity Perspective", *Chinese Journal of International Politics*, Vol. 2, 2009.

93. Hong Xiao, "Values Priority and Human Rights Policy: A Comparison between China and Western Nations", *Journal of Human Values*, vol. 11, No. 2, 2005.

94. Jost Delbruck, "Globalization of Law, Politics, and Markets－Implications for Domestic Law: A European Perspective", *Indiana Journal of Global Legal Studies*, Vol. 1, No. 1, 1993.

95. Miles Kahler, "Rising Powers and Global Governance: Negotiating Change in a Resilient Status quo", *International Affairs*, vol. 89, No. 3, 2013.

96. Thomas Hale, Charles Roger, "Orchestration and transnational climate governance", *The Review of International Organizations*, vol. 9, no. 1, 2014, .

四、中国政府的文件：

1. 国务院新闻办公室：《新时代的中国与世界》白皮书（2019 年）

2. 国务院新闻办公室：《为人民谋幸福：新中国人权事业发展 70 年》白皮书（2019 年）

3. 国务院新闻办公室：《2014 年中国人权事业的进展》白皮书（2015 年）

4. 国务院新闻办公室：《2013 年中国人权事业的进展》白皮书（2014 年）

5. 国务院新闻办公室：《2012 年中国人权事业的进展》白皮书（2013 年）

6. 国务院新闻办公室：《2009 年中国人权事业的进展》白皮书（2010 年）

7. 国务院新闻办公室：《2004 年中国人权事业的进展》白皮书（2005 年）

8. 国务院新闻办公室：《2003 年中国人权事业的进展》白皮书（2004 年）

9. 国务院新闻办公室：《2000 年中国人权事业的进展》白皮书（2001 年）

10. 国务院新闻办公室：《中国人权进展 50 年》白皮书（2000 年）

11. 国务院新闻办公室：《1998 年中国人权事业的进展》白皮书（1999 年）

12. 国务院新闻办公室：《1996 年中国人权事业的进展》白皮书（1997 年）

13. 国务院新闻办公室：《中国人权事业的进展》白皮书（1995 年）

14. 国务院新闻办公室：《中国人权状况》白皮书（1991 年）

附件：《联合国人权理事会的体制建设决议》

人权理事会

决议

5/1. 联合国人权理事会的体制建设

人权理事会，

遵循联合国大会 2006 年 3 月 15 日第 60/251 号决议赋予的任务授权行事，

审议了理事会主席提交的关于体制建设的案文草稿，

1. 通过本决议附件所载题为"联合国人权理事会：体制建设"的草案，包括其中的附录，

2. 决定作为优先事项将以下决议草案提交大会通过，以便于及时执行其后所载的案文：

"大会，

注意到人权理事会 2007 年 6 月 18 日第 5/1 号决议，

1. 欢迎本决议附件所载题为'联合国人权理事会：体制建设'的案文，包括其中的附录。"

2007 年 6 月 18 日
第 9 次会议

［决议未经表决获得通过。］〔1〕

---

〔1〕　见 A/HRC/5/21，第三章，第 60~62 段。

附　件

联合国人权理事会：体制建设

一、普遍定期审议机制

A. 审议工作的依据

1. 审议工作的依据是：《联合国宪章》；《世界人权宣言》；一国加入的人权文书；各国作出的自愿保证和承诺，包括申请入选人权理事会（下称"理事会"）时所作出的保证和承诺。

2. 除以上各项外，鉴于国际人权法和国际人道主义法相辅相成和相互关联的性质，审议工作还要考虑到适用的国际人道主义法。

B. 原则与目标

1. 原　则

3. 普遍定期审议应：促进所有人权的普遍性、相互依存性、不可分割性以及相互关联；是一种建立在客观可靠的资料以及互动对话的基础上的合作机制；确保普遍涉及到并且平等对待所有国家；是一个由联合国会员国驱动、注重行动的政府间进程；让受审议国家充分参与；

补充而不是重复其他人权机制，从而另有一层价值；客观、透明、不作选择、具有建设性、非对抗、非政治化地进行；不给所涉国家或理事会的议程造成过多负担；不过于冗长，应切合现实，不应花费过多的时间、人力和财力；不削弱理事会应对紧急人权状况的能力；充分纳入性别观点；在不损及审议工作依据中规定的主要依据所载各项义务的前提下，考虑到各国的发展水平和特点；根据大会 2006 年 3 月 15 日第 60/251 号决议和经济及社会理事会 1996 年 7 月 25 日第 1996/31 号决议以及理事会在这方面可能作出的任何决定，确保所有相关的利益攸关方、包括非政府组织和国家人权机构的参与。

2. 目　标

4. 审议工作的目标为：改善实地的人权状况；履行国家的人权义务和承诺，评估该国积极的事态发展以及面临的挑战；与所涉国家协商并征得其同意，增强该国的能力，并加强技术援助；各国及其他利益攸关方交流共享最佳做法；支持在增进和保护人权方面的合作；鼓励与人权理事会、其他人权机构和联合国人权事务高级专员办事处全面合作和交往。

C. 审议的周期性安排和顺序

5. 审议在理事会通过普遍定期审议机制之后开始。

6. 审议顺序应反映普遍性和平等对待的原则。

7. 审议顺序应尽快确定，以便各国做好应有的准备。

8. 理事会的所有成员国都要在其成员任 dk 期内接受审议。

9. 理事会的初始成员，特别是当选任期为一年或两年的成员，应首先接受审议。

10. 接受审议的既应有理事会的成员国，也应有理事会的观察员国。

11. 在选择要审议的国家时应注重公平地域分配。

12. 应以确保充分注重公平地域分配的方式，从每个区域组中抽签选出接受审议的第一个成员国和观察员国。然后从由此选出的国家开始，按国名字母顺序进行安排，但其他国家如有自愿要求予以审议的除外。

13. 两个审议期之间的间隔期应当合理，以便考虑到各国有无能力为审议工作提出的要求作好准备，其他利益攸关方有无能力对之作出回应。

14. 第一审议期将为期 4 年。这样，工作组每年 3 届、每届为期 2 周的会议期间，共计将审议 48 个国家。[1]

D. 审议工作的程序和模式

1. 文 件

15. 审议所依据的文件有：

所涉国家根据理事会第六届会议（第二个周期的第一届会议）拟将通过的一般准则准备的资料，其形式可以是国家报告，以及所涉国家认为相关的任何其他资料，这些资料既可以口头陈述，也可以书面提交；但归纳此种资料的书面材料不超过 20 页，以确保所有国家同等对待，并且不给审议机制造成过大负担。鼓励各国通过在国家一级与所有相关的利益攸关方广泛磋商准备这种资料；

此外还有人权事务高级专员办事处汇总各条约机构、特别程序报告中所载资料、包括所涉国家的意见和评论、及其他相关的联合国正式文件编成的一份汇编，其篇幅不得超过 10 页。

---

〔1〕 普遍定期审议是一个不断演化的进程；在第一个审议期结束后，理事会可依据最佳做法和经验教训，审查这个机制的模式和周期性安排。

理事会在审议工作中还应考虑的其他有关利益攸关方另外为普遍定期审议提供的可信和可靠的资料。人权事务高级专员办事处人权事务高级专员办事处将编制这种资料概述，篇幅不超过 10 页。

16. 人权事务高级专员办事处人权事务高级专员办事处编制的文件应按照理事会就所涉国家准备的资料通过的一般准则的结构编拟。

17. 国家的书面陈述和人权事务高级专员办事处人权事务高级专员办事处的概述应在工作组开始审议前提前 6 周备齐，以确保这些文件按照大会 1999 年 1 月 14 日第 53/208 号决议以联合国的 6 种正式语文同时分发。

2. 模 式

18. 审议工作的模式如下：

审议由一个工作组进行，工作组由理事会主席主持，由理事会 47 个成员国组成。每个成员国自行决定本国代表团的组成情况；[1] 观察员国可参加审议，包括参加互动对话；其他相关的利益攸关方可列席工作组的审议工作；将从理事会成员国和不同区域组中抽签选出 3 名报告员，组成一个报告员小组（"三人小组"），以便于每次审议工作的进行，包括工作组报告的编写。处人权事务高级专员办事处应为报告员提供必要的协助和专门知识。

19. 所涉国家可要求 3 名报告员中的 1 名选自其所属区域组，并可请求替换 1 名报告员，但仅限 1 次。

20. 报告员可要求回避参加某一次审议工作。

21. 接受审议的国家与人权理事会的互动对话将在工作组内进行。报告员可将关注或存疑的问题整理后转交接受审议的国家，以便于其进行准备，使互动对话重点突出，同时保障审议工作的公正和透明。

22. 工作组对每个国家的审议时间将为 3 小时。另外最多安排 1 小时由理事会全体会议审议工作组的审议结果。

23. 工作组将为通过每个接受审议国家的报告各安排半小时。

24. 工作组从审议到通过每个接受审议国家的报告的时间应该有一个合理的范围。

---

〔1〕 应设立一个普遍定期审议自愿信托基金，以便于发展中国家、特别是最不发达国家参加普遍定期审议机制。

25. 最后结果将由理事会全体会议通过

E. 审议结果

1. 结果的形式

26. 审议结果的具体形式将为一份报告，其中载有审议工作的议事记要、结论和（或）建议以及所涉国家自愿作出的承诺。

2. 结果的内容

27. 普遍定期审议是一个合作性机制。其结果主要可有：对被审议国家的人权状况、包括该国的积极事态发展和面临的挑战的客观透明的评估；最佳做法的介绍；对加强合作以增进和保护人权的强调；与所涉国家协商并征得其同意后提供技术援助和能力建设；[1] 接受审议的国家自愿作出的承诺和保证。

3. 结果的接受通过

28. 接受审议的国家应充分参与结果的产生过程。

29. 在理事会全体会议接受通过结果之前，所涉国家应有机会就互动对话期间未充分解决的一些求答或关注的问题作出答复。

30. 在理事会全体会议就审议结果采取行动之前，所涉国家和理事会成员国以及观察员国将得到机会就审议结果发表意见。

31. 在全体会议通过结果之前，其他相关的利益攸关方将有机会作一般性评论。

32. 得到所涉国家支持的建议将予以标明。其他建议，连同所涉国家的相关评论，将予注明。两者均应列入理事会通过的结果报告。

F. 审议工作的后续行动

33. 作为一种合作性机制的普遍定期审议，其结果首先应由所涉国落实，并酌情由其他相关的利益攸关方落实。

34. 此后的审议工作应主要着重审议前次结果的落实情况。

35. 理事会议程上应有一个专门关于普遍定期审议的后续行动的常设项目。

36. 国际社会将与所涉国协商并征得其同意，协助贯彻能力建设和技

---

〔1〕 理事会应就采用现有供资机制还是设立新机制问题作出决定。

术援助方面的建议和结论。

37. 理事会在审议普遍定期审议的结果时，将决定是否及何时需要采取具体的后续行动。

38. 在竭尽一切努力鼓励一国与普遍定期审议机制合作而未果的情况下，理事会将酌情处理执意坚持不与机制合作的问题。

二、特别程序
A. 任务负责人的甄选与任命

39. 提名、甄选任命任务负责人时亟需参照下列一般标准：（a）专门知识、（b）任务领域的经验、（c）独立性、（d）公正性、（e）人品和（f）客观性。

40. 应适当考虑性别平衡和公平地域分配以及不同法系的适当代表性。

41. 任务负责人合格人选的技术和客观要求将由理事会第六届会议（第二个周期的第一届会议）核准，以确保合格人选高度合格，确实在人权领域具有公认的能力，拥有相关的专门知识以及广泛的专业经验。

42. 下列实体可推荐特别程序任务负责人的候选人：（a）各国政府；（b）在联合国人权系统内的各区域组；（c）国际组织或其办事处（如人权高专办）；（d）非政府组织；（e）其他人权机构；（f）个人提名。

43. 人权事务高级专员办事处要立即按标准格式编制、保持并定期更新一份公开的合格人选名单，其中要包含个人资料、专门知识领域和专业经验。任务受权即将出缺的要予公布。

44. 要遵守不同时兼任多项人权职务的原则。

45. 任务负责人担任某项职务的任期，无论是专题任务还是国别任务，均不超过6年（专题任务负责人不超过两个任期，一期三年）。

46. 个人在政府或任何其他组织或实体担任决策职务并可能会与所涉任务需负的责任发生利益冲突的要予剔除。任务负责人将以个人身份任职。

47. 应设立一个咨商小组，在理事会审议任务负责人甄选问题的届会开始前至少提前1个月向主席提出一份名单，列明资历最合适所涉任务并符合一般标准和特定要求的候选人。

48. 咨商小组也要适当审议提请其注意的获提名候选人从合格人选公开名单中除名的情况。

49. 在理事会会议年度开始时，将请各区域组指定一名咨商小组成员以个人身份参加工作。咨商小组由人权事务高级专员办事处协助工作。

50. 咨商小组将考虑列入公开名单的候选人；但是，在非常情况下，如某个职位需要如此，小组可考虑再提名资历相当于或更适合该职位要求的候选人。向主席提出的推荐要公开，并且依据确凿可靠。

51. 咨商小组在确定是否具备每项任务所需的专门知识、经验、技能及其他相关的条件时，应酌情考虑利益攸关方的意见，包括现任或即将卸任的任务负责人的意见。

52. 理事会主席应根据咨商小组的建议，并在广泛协商、尤其是通过区域协调人开展协商之后，为每个空缺确定 1 名适当的候选人。主席应至少在审议任命的理事会届会开始前 2 周向成员国和观察员提交一份候选人名单。

53. 必要时，主席可进一步开展协商，以确保推荐的候选人得到认可。特别程序任务负责人的任命随后经理事会核准后即完成手续。任务负责人要于届会闭幕前正式任命。

B. 各项任务的审查、合理调整和改进

54. 任务的审查、合理调整和改进以及新任务的设置，应遵循普遍性、公正性、客观性和非选择性原则以及建设性国际对话与合作的原则，以加强包括发展权在内的所有人权、公民权利、政治权利以及经济、社会、文化权利的增进和保护。

55. 每项任务的审查、合理调整和改进在谈判相关决议的背景下开展。任务的评估可在理事会与各特别程序任务负责人的互动对话过程中单辟一段时间进行。

56. 任务的审查、合理调整和改进以国际公认的人权标准、特别程序制度及大会第 60/251 号决议为框架，注重任务的相关性、范围和内容。

57. 任何精简、合并或可能撤消任务的决定所遵循的始终应该是改进对人权的享受和保护的需要。

58. 理事会始终应争取作出改进的方面有：

各项任务始终应清晰地展示，它们能加强保护和增进人权的工作，而且能在人权体系内部成为一体；对所有人权均应给予同等的关注。各专题

任务之间的平衡兼顾，大体上应反映出公民权利、政治权利、以及经济、社会、文化权利、包括发展权的同等重要性；应竭尽努力避免不必要的重复；将确定并处理专题方面空白的领域，主要途径是采取设立特别程序之外的办法，如扩大现有任务、提请任务负责人注意全局性的问题或者请相关任务负责人采取联合行动；如考虑合并任务，应注意到每项任务的内容和主要职能以及每个任务负责人的工作量；

在设置或审查任务时，应努力确定整个机制（专家、报告员或工作组）的结构是否对加强人权保护工作最切实有效；新任务应尽可能明确和具体，以避免含混。

59. 不妨编制一份任务负责人、任务职衔以及甄选和任命程序的统一名称手册，以便更好地了解整个体系。

60. 专题任务期将为 3 年。国别任务期将为 1 年。

61. 附录一所列各项任务将延长到理事会按工作方案安排开始对之进行审议之日。[1]

62. 现任任务负责人如未超过 6 年任期的期限（附录二），可继续工作。任期已超过 6 年的任务负责人，在特殊情况下，任期可延长至理事会审议相关任务以及甄选和任命进程结束之时。

63. 关于设置、审查或撤消国别任务的决定也应考虑到合作及真诚对话的原则，争取加强会员国履行人权义务的能力。

64. 如发生侵犯人权或缺乏合作的情形而需理事会注意时，应适用客观性、非选择性、消除双重标准和政治化倾向的原则。

三、人权理事会咨询委员会

65. 人权理事会咨询委员会（下称"咨询委员会"）由以个人身份任职的 18 名专家组成，将行使理事会智囊团的职能，并在理事会的指导下开展工作。这个附属机构的设立及其运作应按下列指导方针实施。

A. 提 名

66. 联合国所有会员国均可推荐或认可本区域的候选人。会员国在挑选候选人时应征求本国人权机构和民间社会组织的意见，并为此收列支持

---

〔1〕 国别任务须符合下列标准：有一项理事会授权的任务尚待完成；有一项大会授权的任务尚待完成；任务的性质为咨询服务和技术援助。

其候选人的机构和组织名称。

67. 目的是为了确保理事会得到的是最佳的专家意见。为此，理事会第六届会议（第二个周期的第一届会议）将订立和批准提交候选人材料的技术和客观要求。其中应包括：

人权领域公认的才干和经验；德高望重；独立性和公正性。

68. 个人在政府或任何其他组织或实体担任决策职务并可能会与所涉任务需负的职责发生利益冲突的，要予剔排。当选的委员会成员将以个人身份任职。

69. 要遵守不同时兼任多项人权职务的原则。

B. 选 举

70. 理事会要从按商定要求提名的候选人名单中以无记名方式选出咨询委员会成员。

71. 候选人名单要在选举日之前 2 个月停止申报。秘书处将在选举之前至少 1 个月向会员国和公众提供候选人名单和相关资料。

72. 应适当考虑性别平衡和不同文明及法系的适当代表性。

73. 人选的地域分配如下：非洲国家：5 名；亚洲国家：5 名；东欧国家：2 名；拉丁美洲和加勒比国家：3 名；西欧和其他国家：3 名

74. 咨询委员会成员的任期为 3 年，可连选连任 1 次。在第一个任期内，三分之一的专家任期将为 1 年，另有三分之一的任期为 2 年。成员任期的交错安排应以抽签方式确定。

C. 职 能

75. 咨询委员会的职能是，按照理事会要求的方式和形式向理事会提供专家意见，主要侧重于研究报告和根据调研提出的咨询意见。另外，此种专家意见只应理事会的要求，依照其决议，并在其指导下提出。

76. 咨询委员会应以贯彻执行为其取向，其意见的范围应限于与理事会的任务、即增进和保护所有人权有关的专题性问题。

77. 咨询委员会不得通过决议或决定。咨询委员会可在理事会规定的工作范围内，提出进一步提高理事会程序的效率的建议以及在理事会规定的工作范围之内进一步开展调查的建议，供理事会审议和批准。

78. 在理事会请咨询委员会提供实质性意见时，理事会要向咨询委员会发出具体的指导方针，并在今后认为必要时全部或部分审查这些指导方针。

D. 工作方法

79. 咨询委员会每年最多召开两届会议，最长为期 10 个工作日。在征得理事会事先批准的情况下，可临时额外安排会议。

80. 理事会可要求咨询委员会承担某些可以通过较小的团队或个人集体执行的任务。咨询委员会将向理事会汇报这种工作的情况。

81. 咨询委员会成员可在休会期间个别或分组交流信息。然而，咨询委员会非经理事会授权不得设立附属机构。

82. 咨询委员会完全可以在履行任务过程中，按照理事会的模式与各国、国家人权机构、非政府组织和其他民间社会实体建立互动关系。

83. 会员国和观察员，包括不是理事会成员的国家、专门机构、其他政府间组织和国家人权机构以及非政府组织，有权按照各种安排，包括经济及社会理事会第 1996/31 号决议和人权委员会及本理事会沿用的惯例，在确保这些实体作出最为切实的贡献的情况下，参加咨询委员会的工作。

84. 理事会将在第六届会议（第二个周期的第一届会议）上决定土著居民问题工作组、当代形式奴役问题工作组、少数群体问题工作组以及社会论坛继续开展工作的最佳机制。

四、申诉程序

A. 目标和范围

85. 目前正在建立一个申诉程序，以处理世界任何地方在任何情况下发生的一贯严重侵犯所有人权和基本自由且得到可靠证实的情况。

86. 经济及社会理事会 2000 年 6 月 19 日第 2000/3 号决议修订的 1970 年 5 月 27 日第 1503（XLVIII）号决议曾作为工作的依据，在必要之处作了改进，以确保申诉程序公正、客观、高效、注重受害者、且能及时启动。程序将保持其机密性，以期增强与所涉国家的合作。

B. 来文受理标准

87. 就本程序的目的而言，述及侵犯人权和基本自由问题的来文可以受理的条件是：

没有明显的政治动机，其目标与《联合国宪章》、《世界人权宣言》和

人权法领域其他适用的文书一致;

以事实说明所指控的侵权行为,包括据称遭到侵犯的权利;

没有使用辱骂性的语言。然而,如果此种来文在删除了辱骂性语言之后,仍符合其他的受理标准,则可对其加以审议;是由声称自己是侵犯人权和基本自由行为受害人的一个人或一批人提出的,或是由真诚本着人权原则行事、不采取含有政治动机并有违《联合国宪章》规定的立场的、声称直接并可靠了解有关侵犯人权情况的任何个人或一批人,包括非政府组织在内提交的。然而,如果来文得到可靠证实,只要提供的证据清楚,便不得仅仅因为具体提交人对情况的了解是第二手的而不予受理;依据的不完全是大众传媒的报道;所述案件似乎显示存在一贯严重侵犯人权并已得到可靠证实的情况,但目前还没有由一个特别程序、条约机构、或联合国其他人权申诉程序或类似的区域申诉程序处理的;已用尽国内补救办法,或者此种补救办法看来不会奏效或会被不合理地拖延。

88. 根据《有关国家机构地位的原则》(《巴黎原则》)、特别是根据关于准司法管辖权的原则建立和运作的国家人权机构,可充当处理个人侵犯人权行为的有效办法。

C. 工 作 组

89. 将成立两个不同的工作组,其任务是审查来文,并提请理事会注意一贯严重侵犯人权和基本自由且已得到可靠证实的情况。

90. 这两个工作组要尽量在协商一致的基础上开展工作。在无法取得协商一致时,要以简单多数票作出决定。这两个工作组可确定自己的议事规则。

1. 来文工作组:组成、任务和权力

91. 咨询委员会要在适当顾及性别平衡的情况下,从每个区域组指定 1 名、共计 5 名成员组成来文工作组。

92. 如果出现空缺,咨询委员会要从委员会中同一区域组指定一位独立且高度合格的专家补缺。

93. 由于审查和评估收到的来文需要有独立的专家意见和连续性,来文工作组的独立且高度合格的专家任期为 3 年。其任期只能延长一次。

94. 来文工作组主席要与秘书处一起,在将收到的来文转交所涉国家

之前，依据受理标准，对来文进行初步筛选。明显缺乏根据的或匿名的来文由主席加以剔除，因而不会转送所涉国家。从负责和透明的角度考虑，来文工作组主席要向全体成员提供初步筛选后驳回的所有来文清单。该清单应说明所有作出驳回来文的决定的理由。所有其他未被剔除的来文将转送所涉国家，以便获得该国对侵权指控的意见。

95. 来文工作组成员要就来文可否受理做出决定，并评估侵权指控的案情实质，包括评估该来文本身或与其他来文结合起来看是否显示某种一贯严重侵犯人权和基本自由并已得到可靠证实的情况。来文工作组要向情况工作组提供一份材料，载列所有可予受理的来文以及就这些来文提出的建议。如果需要对一个案件作进一步的审议或需要补充资料，来文工作组可在下届会议之前继续保持对该情况的审议，同时请所涉国家提供补充资料。来文工作组可决定撤消某一案件。来文工作组的所有决定都要严格依据可受理标准作出并有正当理由。

2. 情况工作组：组成、任务和权力

96. 每个区域组要在适当考虑到性别平衡的情况下，指定一个理事会成员国的代表参加情况工作组的工作。情况工作组组员任期为一年。如果组员所涉国家仍然是理事会成员，其任期可以延长一次。

97. 情况工作组成员应以个人身份任职。为填补一个空缺，该空缺所属的区域组要从同一区域组的成员国中指定一位代表。

98. 根据要求，情况工作组要在来文工作组提供的资料和建议的基础上，通常以关于所涉情况的决议或决定草案的形式，向理事会提出关于一贯严重侵犯人权与基本自由且已得到可靠证实的情况的报告，并向理事会建议应采取的行动方针。如果情况工作组需作进一步的审议或需要补充资料，其成员可在下一届会议之前继续保持对该情况的审议。情况工作组也可决定撤消某个案件。

99. 情况工作组的所有决定都要有正当理由，并说明停止对某情况进行审议或就此建议采取的行动的理由。停止审议的决定应以协商一致方式通过；如不可能，则以简单半数决定。

D. 工作模式和保密

100. 由于申诉程序主要面向受害人，而且应以保密的方式及时开展，因此，两个工作组每年至少要举行两期会议，每期为时五个工作日，以立即审议收到的来文，包括各国就来文所作的答复以及理事会已根据申诉程序在处理的情况。

101. 所涉国家要与申诉程序合作，以联合国的一种正式语文对工作组或理事会的任何要求尽力做出实质性答复。所涉国家还要尽力在要求提出后不迟于 3 个月的时间内做出答复。但是，如有必要，该时限可在所涉国家的要求下延长。

102. 根据要求，秘书处至少要提前两周向理事会所有成员提供保密案卷，以便有充足的时间加以审议。

103. 理事会要随时根据需要，但至少每年一次审议情况工作组提请它注意的一贯严重侵犯人权和基本自由且已得到可靠证实的情况。

104. 除非理事会另行决定，情况工作组提交理事会的报告一般要以保密的方式加以审议。如果情况工作组建议理事会举行公开会议审议某一个情况，特别是在明确无误缺乏合作的情形中，理事会要在下届会议上优先审议这种建议。

105. 为确保申诉程序做到面向受害人、高效而又及时，从申诉转呈所涉国家到理事会开始审议的这段时间原则上不得超过 24 个月。

E. 申诉人和所涉国家的参与

106. 申诉程序要确保在以下关键阶段向来文提交人和所涉国家双方都通报审议情况：

当来文工作组认为来文不可受理，或来文已由情况工作组着手审议，或来文留待工作组之一或理事会审议时；

产生最终结果时。

107. 此外，在申诉人的来文已由申诉程序登记备案时，要通知申诉人。

108. 如果申诉人要求对其身份保密，则不得将其身份告知所涉国家。

F. 措　施

109. 根据惯例，就某一情况采取行动，应该选择如下的一种：在没有必要作进一步审议或采取行动时，停止对有关情况的审议；继续保持对该有关情况的审议，并请所涉国家在合理的时间范围内进一步提供资料；继续保持对该有关情况的审议，并任命一位独立的高级专家监测该情况并向理事会提出报告；停止在秘密申诉程序下对该问题进行审查，以便对同一问题进行公开审议；建议人权高专办向所涉国家提供技术合作、能力建设援助或咨询服务。

五、议程和工作方案框架

A. 原　则

普遍性；公正性；客观性；非选择性；建设性对话与合作；可预测性；灵活性；透明度；问责制；均衡；包容性/全面性；性别观点；决定的执行情况和后续行动

B. 议　程

项目 1：组织和程序事项

项目 2：联合国人权事务高级专员的年度报告以及高级专员办事处的报告和秘书长的报告

项目 3：增进和保护所有人权、公民、政治、经济、社会和文化权利，包括发展权

项目 4：需要理事会注意的人权状况

项目 5：人权机构和机制

项目 6：普遍定期审议

项目 7：巴勒斯坦及其他阿拉伯被占领土的人权状况

项目 8：《维也纳宣言和行动纲领》的后续行动和执行情况

项目 9：种族主义、种族歧视、仇外心理和相关的不容忍现象，《德班宣言和行动纲领》的后续行动和执行情况

项目 10：技术援助和能力建设

C. 工作方案框架

项目 1：组织和程序事项：选举主席团成员；通过年度工作方案；通过届会工作方案，包括其他事项；甄选和任命任务负责人；选举人权理事会咨询委员会成员；通过届会报告；通过年度报告

项目 2：联合国人权事务高级专员的年度报告以及高级专员办事处的报告和秘书长的报告

介绍年度报告和更新增补情况

项目3:增进和保护所有人权、公民、政治、经济、社会和文化权利,包括发展权

经济、社会、文化权利;公民权利和政治权利;民族权利以及特定群体和个人;发展权

各项人权的相互关系与人权专题议题;

项目4:需要理事会注意的人权状况

项目5:人权机构和机制

人权理事会咨询委员会的报告

申诉程序的报告

项目6:普遍定期审议

项目7:巴勒斯坦及其他阿拉伯被占领土的人权状况

以色列对巴勒斯坦和其他阿拉伯被占领土的占领对人权的侵犯及影响

巴勒斯坦人民的自决权

项目8:《维也纳宣言和行动纲领》的后续行动和执行情况

项目9:种族主义、种族歧视、仇外心理和相关的不容忍现象,《德班宣言和行动纲领》的后续行动和执行情况

项目10:技术援助和能力建设

六、工作方法

110. 根据大会第60/251号决议的规定,工作方法应当透明、公正、均衡、公平、务实,有利于实现明确性、可预测性和包容性。工作方法还可随着时间的推移而加以更新和调整。

A. 体制安排

1. 有关可能提出的决议或决定的简报会

111. 这种有关可能提出的决议或决定的简报会只是为了说明情况,使各代表团了解已经或准备提交讨论的决议和决定。这种简报会应由感兴趣的代表团组织。

2. 主席就决议、决定和其他相关事项召开的不限名额的情况介绍会

112. 主席要就决议、决定和其他相关事项召开不限名额的情况介绍会,提供有关决议和决定草案谈判进展情况的信息,使各代表团能够大致了解这些草案的状况。这类会议的作用完全是提供信息,辅之以外联网提

供的资料，会议要具有透明度和包容性。这类会议不得作为谈判场所。

3. 主要提案国召集的有关提案的非正式磋商

113. 非正式磋商是谈判决议和（或）决定草案的主要手段，由提案国负责召开。在每项决议和（或）决定草案由理事会审议并采取行动之前，应至少举行一次不限参加名额的非正式磋商。磋商的安排应尽可能及时、透明和包容各方，并考虑到各代表团、特别是较小的代表团的实际困难。

4. 主席团的作用

114. 主席团要处理程序和组织事项。主席团要定期将其会议的内容以简报的形式及时进行通报。

5. 其他工作方式可包括小组讨论、研讨会和圆桌会议

115. 是否采用其他的这种种工作方式、包括议题和模式，将由理事会视具体情况逐项决定。这些方式可用作理事会就一些问题加强对话和促进相互了解的手段，应联系理事会的议程和年度工作方案加以运用，强化和（或）补足理事会的政府间性质。这些方式不得用来替代或取代现有的人权机制和既定的工作方法。

6. 高级别会议

116. 高级别会议在理事会主要届会期间每年举行一次。高级别会议之后举行一般会议，供没有参加高级别会议的代表团作一般性发言。

B. 工作作风

117. 工作中：

有提案要早作通报；

决议和决定草案要早提交，最好在届会的倒数第二周结束之前；

所有报告都要早分发，尤其是特别程序的报告，至少要在理事会审议报告之前 15 天、以所有联合国正式语文及时分发给各代表团；

一项国别决议的提案国有责任在采取行动前为其提议争取到尽量广泛的支持（最好得到 15 个成员的支持）；

在不影响各国有权决定如何定期提出提案草案的情况下，要少用决议，避免决议泛滥，为此要：

尽量减少不必要地提出与大会/第三委员会重合的提议；

对议程项目加以归类集中；

错开提出决定和（或）决议的时间以及审议就议程项目/议题采取行动的时间。

C. 决议和决定以外的结果

118. 这可包括建议、结论、讨论摘要和主席声明。由于这类结果的法律影响不同，因此对决议和决定应该是补充而不是取代。

D. 理事会的特别会议

119. 以下规定旨在补充大会第60/251号决议规定的总框架和人权理事会的议事规则。

120. 特别会议的议事规则要与理事会例会适用的议事规则一致。

121. 如根据大会第60/251号决议第10段规定要求举行特别会议，要向理事会主席和理事会秘书处提出。请求要具体说明提请审议的项目，提出国如有任何其他相关资料似愿提供的，也可列入其中。

122. 在正式请求提出后，特别会议要尽快召开，但原则上不早于正式收到请求后2个工作日，也不晚过其后5个工作日。除非理事会另行决定，否则特别会议的时间不得超过3天（6次工作会议）。

123. 理事会秘书处要将要求举行特别会议的请求和提出国在请求中提供的其他任何资料以及特别会议的召开日期，立即通报所有联合国会员国，并以最方便迅速的通讯手段，通知各专门机构、其他政府间组织和各国的国家人权机构，以及具有咨商地位的非政府组织。特别会议的文件，尤其是决议和决定草案，应以所有联合国正式语文公平、及时和透明地分发。

124. 理事会主席应在特别会议召开之前，就会议的进行和组织工作举行不限名额的非正式磋商。为此，也可请秘书处提供补充资料，包括关于以往历届特别会议工作方法的资料。

125. 理事会成员国、相关国家、观察员国、专门机构、其他政府间组织和国家人权机构，以及具有咨商地位的非政府组织，均可根据理事会的议事规则，向特别会议提交材料。

126. 如果请求召开特别会议的国家或其他国家准备在特别会议上提出决议或决定草案，则应根据理事会的相关议事规则，提供决议或决定草案的案文。但应敦促提案国尽早提交案文。

127. 决议或决定草案的提案国应就其决议或决定草案的案文举行不限

名额的磋商，以求各方尽量广泛地参与审议，如有可能争取达成协商一致。

128. 特别会议应允许开展广泛参与的辩论，注重成果并着眼于取得实际有用的结果，其落实情况能够加以监测并能够向理事会下届例会提出报告，以作出可能的后续决定。

七、议事规则〔1〕

届 会

议事规则

第 1 条

人权理事会要采用为大会各个主要委员会订立的可适用的议事规则，但此后大会或理事会另有决定者除外。

例 会

届会数目

第 2 条

人权理事会全年定期开会，每个理事会年度排定的会议不少于 3 届，其中包括一届主要会议，会期合计不少于 10 周。

成员就任

第 3 条

新当选的人权理事会成员国要在理事会年度的第一天开始就任，取代任期已结束的成员国。

会议地点

第 4 条

人权理事会设在日内瓦。

特 别 会 议

特别会议的召开

第 5 条

人权理事会特别会议的议事规则与人权理事会例会适用的议事规则相同。

第 6 条

---

〔1〕 方括号内的数字系指大会或其主要委员会的相同或相应的规则（A/520/Rev. 16）。

人权理事会必要时举行特别会议,要经理事会一名成员请求并获得理事会三分之一成员的支持。

理事会观察员的参与和与之进行的协商

第 7 条

(a) 理事会要采用为大会各个委员会订立的适用的议事规则,但以后大会或理事会另有决定者除外。包括非理事会成员的国家、专门机构、其他政府间组织和国家人权机构以及非政府组织在内的观察员的参与及理事会与之进行的协商,要依据包括经社理事会 1996 年 7 月 25 日第 1996/31 号决议在内的各种安排和人权委员会所循惯例进行,同时要确保这些实体作出最切实的贡献。

(b) 国家人权机构的参与要依据人权委员会议定的安排和惯例,包括 2005 年 4 月 20 日第 2005/74 号决议进行,同时要确保这些实体作出最切实的贡献。

例会的工作安排和议程

组织会议

第 8 条

(a) 在每个理事会年度开始时,理事会要举行一次组织会议,选举主席团成员,审议并通过理事会年度各届例会的议程、工作方案和日历,有可能时还要注明结束工作的预计日期、审议各项目的大概日期以及分配给每个项目的会议次数。

(b) 理事会主席还要在每届会议开始前两周召开组织会议,必要时在理事会届会期间召开此种会议,讨论与该届会议有关的组织和程序问题。

主席和副主席

选 举

第 9 条

(a) 每个理事会年度开始时,理事会要在其组织会议上从其成员的代表中选出主席一名和副主席四名。主席和副主席组成主席团。一名副主席担任报告员。

(b) 选举理事会主席时,要考虑到这一职位在以下区域组中的公平地域轮换:非洲国家、亚洲国家、东欧国家、拉丁美洲和加勒比国家、西欧和其他国家。理事会的 4 名副主席应根据公平地域分配原则从主席所属区域组以外的区域组中产生。报告员的甄选也应基于地域轮换原则。

主 席 团

第 10 条

主席团负责处理程序和组织事项。

任 期

第 11 条

在不违反第 13 条的前提下，主席和副主席任职 1 年，同一职位不得连选连任。

主席团成员的缺席

第 12 条 [105]

主席因故不能出席某次会议或会议的一部分时，要指定一位副主席代行主席职务。副主席代理主席时，其权力和职责与主席相同。如果主席根据第 13 条不再担任主席职务，主席团余下成员要指定一名副主席代行主席职务，直到选举产生新的主席。

主席或副主席的替换

第 13 条

如果主席或任何一名副主席不再能够履行职责，或不再担任理事会成员的代表，或者该主席或副主席所代表的联合国会员国如果不再担任理事会成员，则该主席或副主席停止担任这一其职务，并要选出一名新的主席或副主席在尚未届满的任期内任职。

秘 书 处

秘书处的职责

第 14 条 [47]

人权事务高级专员办事处担当理事会的秘书处。为此，人权高专办要以所有联合国正式语文接收、翻译、印制和分发理事会、理事会各委员会和机关的文件、报告和决议；为会议发言提供口译服务；编写、印刷和分发届会的记录；负责保管并在理事会档案库中妥善保存文件；向理事会各成员和观察员分发理事会所有文件，并且通常履行理事会可能要求履行的所有其他支助职能。

记录和报告

提交大会的报告

第 15 条

理事会要向大会提交年度报告。

人权理事会的公开会议和非公开会议

一般原则

第 16 条 ［60］

理事会会议要公开举行，但理事会确定非常情况需要会议非公开举行者除外。

非公开会议

第 17 条 ［61］

理事会在非公开会议上作出的所有决定，均要尽早在理事会公开会议上宣布。

会议的掌握

工作组和其他安排

第 18 条

理事会可设立工作组以及作出其他安排。参加这些机构的问题，要由成员根据第 7 条作出决定。这些机构的议事规则要酌情沿用理事会的议事规则，但理事会另有决定者除外。

法定人数

第 19 条 ［67］

主席在至少有三分之一的理事会成员出席会议的情况下，可宣布会议开始并准许进行辩论。任何决定都要有过半数成员出席会议才能作出。

法定多数

第 20 条 ［125］

理事会的决定要由出席会议并参加表决的成员的简单多数作出，但须符合第 19 条的规定。

附件一

秘书长任命的海地人权状况独立专家

秘书长任命的索马里人权状况独立专家

秘书长任命的布隆迪人权状况独立专家

利比里亚技术合作和咨询服务问题独立专家

刚果民主共和国人权状况独立专家

人权与国际团结问题独立专家

少数群体问题独立专家

结构调整政策和外债对充分享有所有人权尤其是经济、社会、文化权利的影响问题独立专家

人权与赤贫问题独立专家

苏丹人权状况特别报告员

缅甸人权状况特别报告员

朝鲜民主主义人民共和国人权状况特别报告员

1967 年以来被占领的巴勒斯坦领土人权状况特别报告员（这个任务已确定持续到占领结束为止）

适足生活水准权所含适足住房问题特别报告员

当代形式的种族主义、种族歧视、仇外心理和相关的不容忍现象问题特别报告员

法外处决、即决处决或任意处决问题特别报告员

宗教或信仰自由问题特别报告员

非法运输和倾倒有毒和危险产品及废料对享受人权的不良影响问题特别报告员

贩卖人口、特别是贩卖妇女和儿童行为的受害者人权问题特别报告员

移民人权问题特别报告员

法官和律师独立性问题特别报告员

反恐中注意增进与保护人权和基本自由问题特别报告员

增进和保护见解和言论自由权问题特别报告员

人人有权享有最佳身心健康问题特别报告员

教育权问题特别报告员

食物权问题特别报告员

买卖儿童、儿童卖淫和儿童色情制品问题特别报告员

土著人民人权和基本自由情况特别报告员

酷刑和其他残忍、不人道或有辱人格的待遇或处罚问题特别报告员

暴力侵害妇女、其原因及后果问题特别报告员

人权与跨国公司和其他工商企业问题秘书长特别代表

秘书长柬埔寨人权事务特别代表

人权维护者处境问题秘书长特别代表

国内流离失所者的人权问题秘书长特别代表

非洲人后裔问题专家工作组

任意拘留问题工作组

被强迫或非自愿失踪问题工作组

以雇用军为手段侵犯人权并阻挠行使民族自决权问题工作组

图书在版编目（ＣＩＰ）数据

中国与联合国人权机制：影响与变革/孙萌著. —北京：中国政法大学出版社，2020.8

ISBN 978-7-5620-9628-3

Ⅰ.①中… Ⅱ.①孙… Ⅲ.①人权法－研究－中国 Ⅳ.①D922.74

中国版本图书馆CIP数据核字(2020)第159224号

书　　名　　**中国与联合国人权机制：影响与变革**

　　　　　　Zhongguo Yu Lianheguo Renquan Jizhi：Yingxiang Yu Biange

出 版 者　　中国政法大学出版社

地　　址　　北京市海淀区西土城路 25 号

邮　　箱　　fadapress@163.com

网　　址　　http://www.cuplpress.com (网络实名：中国政法大学出版社)

电　　话　　010-58908435(第一编辑部) 58908334(邮购部)

承　　印　　北京中科印刷有限公司

开　　本　　650mm×960mm　1/16

印　　张　　19.75

字　　数　　284 千字

版　　次　　2020 年 10 月第 1 版

印　　次　　2020 年 10 月第 1 次印刷

定　　价　　79.00 元

本书为教育部哲学社会科学研究后期资助项目成果